CAPITALISM ALONE

只有資本主義的世界

《經濟學人》年度選書
亞馬遜暢銷書

・專文導讀——
劉瑞華 / 清華大學經濟系教授

・關注推薦——
Gordon Brown / 英國前首相
萬毓澤 / 中山大學社會系教授
蔡依橙 /「陪你看國際新聞」創辦人

世界銀行研究部前首席經濟學家
布蘭科・米蘭諾維奇
BRANKO MILANOVIC

全球只剩一種經濟體制：資本主義。
以美國為首的「自由」資本主義，因不平等而飽受批評；
以中國為首的「威權」資本主義，逐漸被認為更有效率。
真相到底是什麼？資本主義的未來又會如何演變？

THE FUTURE OF THE SYSTEM THAT RULES THE WORL

書系緣起

早在二千多年前，中國的道家大師莊子已看穿知識的奧祕。莊子在〈齊物論〉中道出態度的大道理：莫若以明。

莫若以明是對知識的態度，而小小的態度往往成就天淵之別的結果。

「樞始得其環中，以應無窮。是亦一無窮，非亦一無窮也。故曰：莫若以明。」

是誰或是什麼誤導我們中國人的教育傳統成為閉塞一族。答案已不重要，現在，大家只需著眼未來。

共勉之。

導讀 這世界怎麼了？又會怎麼樣呢？

清華大學經濟系教授／劉瑞華

這本書的書名很清楚，這世界只有資本主義了。英文書名更傳神地表達孑然一身的孤獨，若是人，孤獨久了會不會產生幻覺、人格分裂呢？資本主義的人格分裂不是幻覺，這本書要告訴你現今的世界正處在兩種資本主義體制對立，而且可能衝突的當口，我們不得不想，將來會如何？

還沒翻幾頁，這本書就讓我想起法蘭西斯．福山（Francis Fukuyama）的「歷史終結論」。一九八九年他的一篇文章掀開了當時知識界看待世界的新視角，書籍出版後讓他借自黑格爾（Georg Wilhelm Friedrich Hegel）歷史哲學的結論廣為人知。簡單地講，歷史終結的發生就是資本主義已經打敗社會主義，不再有意識形態之爭，歷史也不再具有提供人類進化的功用，可以功成身退了。

現在看來，三十年後資本主義的問題還很多，人類的意識形態之爭仍然處處可見，歷史並未終結，卻像是被遺忘了。本書的作者布蘭科．米蘭諾維奇就是站在這個角度，指給讀者一個方向，看過去，也看未來。

作者指出，現今世界雖然只有資本主義，卻有兩種資本主義，分別是以美國為代表的「自由菁英資本主義」，以及以中國為代表的「政治資本主義」。許多臺灣的讀者對於這樣的區分也許比較容易接受，不過，若從資本主義的起源思考，即使保守地以十八世紀工業革命算起，改革開放才不到四十年的中國，可以和美國相提並論嗎？

就在前幾年，福山教授來臺演講時，他的看法仍然傾向於中國正在經歷資本主義發展的過程，後進者有快速跟上的優勢，是否能趕上而與美國並駕齊驅，已經值得懷疑，更何況中國還有政治自由化的挑戰。這種看法雖然在美中矛盾升高之後較常受到質疑，不過仍是主流。這本書會受到知識界相當普遍的重視，與其有別於主流的看法，有很大的關係。

當前國際關係複雜，有些論者戰略性地誇大「中國威脅論」，看到這本書強調美中對立或許會見獵心喜。不過，這本書的重點並非放在政治訴求。而且，作者並未忽視前段所指出時序的差異，強調的是美國式自由菁英資本主義的缺陷留給政治資本主義抗衡的機會，這個缺陷就是貧富不均。

貧富不均其實是老問題，從工業革命之後，經濟成長帶來的富裕就被批評同時也造成了貧窮。馬克思主張的手段經歷過共產政權興衰的變化，帶來一九八〇年代的改革開放。如今的問題是，如果經過改革的中國可以在號稱平等之下，創造快速經濟成長，自由菁英資本主義的貧富不均就顯得格外難堪。

本書所呈現的兩種資本主義，雖然是對立的競爭，但並非你死我活的鬥爭，而是在面對全球化的危機挑戰時，何者能夠通過考驗？作者顯然擔心美國式的自由菁英在即時處理問題的作為不看好，卻也懷疑政治介入的方式將會付出很大的代價。我在撰寫本文時，新型冠狀病毒（COVID-19）從武漢蔓延全世界，在中國造成死亡人數在六千人之前已經叫停，而美國則剛超過八萬人。

從「歷史終結」到「只有資本主義的世界」，看似延續，其實在思考方式上有根本的差異。我不禁想起記憶裡高中時期的三民主義課程，帶著鄉音的孫老師反覆說過的「正、反、合」，始終一知半解的辯證法，在這裡讓我有了一種想法。二次大戰之後的資本主義與社會主義之爭合為資本主義，那麼冷戰之後的全球化帶來了兩種資本主義之分，將來兩者是否會合？合的結果會是什麼？這本書裡沒有答案，不過也許你可以發現方法。

制度的差異所形成的競爭具有演進的性質，應該可以經由學習而調整。對全球化抱持正面樂觀看法的學者，因此認為人類社會都將趨向相同的方式，達成相同的成果。這種預期實際上並不會在可見的未來發生，一是因為有可能發生歷史經驗從未有過的新問題，二是因為制度改變的過程有種種難以處理的障礙。前者的例子就在眼前，COVID-19雖被翻譯成新型冠狀病毒，但英文名加上19，表示年份就在告知世人，這種前所未有的突發疾病將來還有，而且再出現時未必和之前的相同。後者則需要一種「路徑依賴」（path dependence）的理論來說明。

歷史經驗可以提供文明與國家優勝劣敗的知識，現實的制度競爭結果更可以帶來學習機會，得知改革的目標。然而，即使在知道應該改變或必須改變之後，改革仍然未必進行，或者進行後未必實現，甚至即使實現也未必一如原先的意圖。這種情況在「路徑依賴」的解釋下，是因為改革的起點並不在學習對象的路徑上，從自己的位置要達到別人所在的位置，無法依循別人的路徑，而必須找出自己的路徑。最麻煩的是，你能採取的步驟已經被自己的路徑所限制了。這個理論還引發了一個問題：我們在哪一條路徑上？

臺灣的讀者應該很自然地會想，我們屬於哪一種資本主義？不論在理智與情感上你的答案是什麼，都必須經過事實觀察的檢驗。當武漢開始爆發疫情，臺灣採取的管制手段比較接近哪一邊，應該不難判斷。政府防疫中心徵用口罩與禁止出口將實施至六月，近半年來口罩採取配給制、停止販售，而社會大眾普遍接受這種政府介入市場的危機處理方式。如果在疫情危機和緩之後，你願意思考一下臺灣應該朝向哪一種資本主義發展，那你應該翻開下一頁，繼續看下去。

目錄

第三章　政治資本主義／93

政治資本主義大多數是殖民地或類殖民地社會發生共產革命後的產物，本章會先討論共產主義在全球歷史中的定位，以及共產革命對殖民地社會的影響；接著會以中國為例，闡述政治資本主義的主要特徵、矛盾，還有國際角色。

第四章　資本主義與全球化的互動／165

全球化使資本與勞動力流動四方。本章開頭探討全球化下的勞動力，接著論及資本，其中，最能反映資本流動的，莫過於所謂的全球價值鏈。而後，將闡述全球化——即資本和勞動力的流動——對社會福利的影響。最後會討論全球的貪汙腐敗。因貪腐與全球化密不可分，因此把貪腐和兩項生產要素的流動和社會福利的未來放在同一個層級討論。

第五章　全球資本主義的未來／221

資本主義的未來演變，取決於自由菁英資本主義是否能踏入更先進的「人民資本主義」：資本所得集中度較低、所得不平等較低、跨世代所得流動性較高。但也可能出現另一種完全不同的方向：如果自由資本主義中的菁英，利用經濟權力成功掌控政治權力，自由資本主義就會邁向金權資本主義。如果年輕人受夠了主流政黨一成不變的政策，並因此對民主程序幻滅，認為民主程序無法促成有意義的改變，那麼自由資本主義就更有可能轉變成政治資本主義。

第一章 後冷戰世界的輪廓

〔資產階級〕強迫一切民族，在被毀滅的威脅之下，採用資產階級的生產方法；強迫他們輸入所謂的文明，意即變為資產者。一言以蔽之，它按照自己的式樣、姿態創造世界。

——馬克思與恩格斯，《共產黨宣言》（一八四八年）

〔美洲與東印度〕通道被發現時，歐洲人憑藉他們擁有的優勢為所欲為，在這些極為遙遠的地方，做出各種不義的事情。從今往後，這些地方的土著人，可能會日漸強大，歐洲人一天天衰弱，世界上各地的居民漸漸具有同等的勇氣和實力。只有這樣，才可能互相制約，從而抑制一切獨立國的專橫，讓它們可以互相尊重雙方的權力。然而最可以建立這樣同等實力的格局，彷彿就是透過互相傳授知識與改良技術了，這樣的結果，很容易會（沒必要說一定會）伴隨著世界各國廣泛的商業來往而來臨。

——亞當・斯密，《國富論》（一七七六年）

資本主義成為唯一政治經濟體系

我以兩段節錄作為本章開頭。第一段來自卡爾・馬克思（Karl Marx）和弗里德里西・恩格斯（Friedrich Engels），寫於一百七十多年之前；第二段則來自亞當・斯密（Adam Smith）將近二百五十年前的著作。這兩本經典政治經濟學作品中的段落精確地捕捉了，甚至更勝於任何當代著作，這個世界正在經歷的劃時代劇變。其一是資本主義已經茁壯成不僅僅是主流，而是全球唯一的社會經濟系統；其二是亞洲崛起所帶來的歐洲和北美以及亞洲國家之間的經濟實力再平衡。自工業革命以來，三塊大陸的人均收入第一次漸趨靠攏，幾乎回到工業革命之前的相對關係（當然，現在的絕對收入遠比那時高出許多）。從世界歷史的角度來看，資本主義的獨霸和亞洲的經濟復興都是驚人的發展，兩者之間或者有所關聯。

全世界都照著同一套經濟原則運行：生產以利潤為導向、使用合法自由勞工、絕大多數為私人資本，並且有非集中化的協調分工，這種情況是史上第一遭。過去無論是羅馬帝國、六世紀的美索不達米亞、中世紀的義大利，或者當代的低地國（Low Countries，譯注：通常指荷比盧三國），資本主義總是和另一種生產分配模式同時存在，有時候甚至是在同一政治體之內。其中包括採集狩獵、各種奴役、農奴制（在法律上工人依附某塊土地並禁止向其他人提供勞動力），還有獨立手工藝者及小農從事的小規模生產。即使在短短一百年之前，當全球資本主義首次體現的時候，世界上仍存在著所有這些生產方式。俄國革命（Russian Revolution）之後，資本主義和共產主義共同瓜分全球版圖，後者大概擁有世界三分之一的人口。時至今日，除了一些對國際發展缺乏影響力的邊緣地區以外，只有資本主義碩果僅存。

資本主義在全球大勝所代表的許多含義是馬克思和恩格斯在一八四八年就預期到的。資本主義促進了貨品跨國交換、資金流動，有時還有勞工移動；當國外利潤高於國內利潤時，甚至會迫切追求著跨國活動。也因此，全球化在拿破崙戰爭和第一次世界大戰之間蓬勃發展並非意外，當時資本主義凌駕一切。而今日的全球化和更加穩固的資本主義勝利同時並存，也不是意外。如果共產主義打敗了資本主義，儘管創始人宣揚著國際主義的信條，共產主義無疑地不會帶來全球化。因為共產社會強調自給自足和民族主義，貨物、資金和勞工的移動都會降至最低。即使在蘇聯集團內部，貿易只是用來銷售多餘貨物或者以重商主義原則的雙邊議價來進行。正如馬克思和恩格斯所發現，這和資本主義與生俱來的擴張傾向截然不同。

資本主義生產模式的絕對主導地位其實呼應著同樣無人懷疑的意識觀點，那就是賺錢不僅僅值得敬重，更是人生最重要的目標，不管世界哪個角落或來自哪個階級的人都理解這樣的動機。面對生活經驗、性別、種族，或者出生背景不同的人，我們或許很難說服他們接受我們自身的信念、顧慮和動機。但這些人都能輕易理解金錢和利潤的語言；當我們解釋自己的目標是達成最佳交易時，他們能夠很快判斷出究竟是合作還是競爭才是經濟效益最佳的策略。事實上（借用馬克思的語彙），今日世界下層結構（經濟基礎）和上層結構（政治和司法制度）的高度統合不僅幫助資本主義維持獨霸地位，也讓每個人的目標更趨一致，溝通更簡單清楚，畢竟大家都明白對方要的是什麼。我們住在一個人人都遵循同樣原則並且理解同一套獲利語言的世界。

這麼大膽的說法的確需要一些說明。確實有些分散於世界各地的小社群不以賺錢為樂，也有些非常鄙夷金錢的個人，但他們對世界樣貌和歷史進程不具影響。這裡所主張的個人信念和價值體系吻合資本主義目標，並不意味著人類所有的行動永遠都是為了利潤。人們有時會做出真正無私的舉動或是受其他目標驅使的行為。但對大多數人來說，如果以所花費的時間和金錢來評估這些行為，它們其實只占了人生一小部分。就好比稱那些用不正當的手段獲取大量財富，然後捐出其中一小部分的億萬富翁為「慈善家」是錯誤的一樣，我們也不應該只著眼於一小部分的利他行為，卻忽視人生九〇%的時間都花在能提高生活水準的活動（主要是賺錢）上這個事實。

資本主義的一大成功是個體目標和體系目標的整合，關於這點我將在第五章詳細討論。資本主義的死忠支持者認為這份成功要歸功於資本主義的「自然性」，也就是資本主義完美反映了我們的天性：想要交易、獲取、爭取更好經濟條件和生活的欲望。但是，除了某些基本功能外，我不認為將天性欲望描述成獨立存在於社會中是正確的說法。許多欲望其實是我們在社會裡社會化之後的產物；而我們處於資本主義社會，如今唯一存在的社會。

這是一個古老觀念，知名如柏拉圖（Plato）、亞里斯多德（Aristotle）和孟德斯鳩（Montesquieu）等作者都提過，一個政治或經濟體系和社會上流行的價值與行為保持著一種和諧關係。這正是當前的資本主義。資本主義在賦予人們目標，說服人們追求它的目標上十分成功。也因此，資本主義擴張所需和人們的想法、欲望、價值觀之間呈現空前的和諧狀態。根據政治哲學家約翰．羅爾斯（John Rawls）的說法，資本主義遠勝其他競爭者之處在於它創造了系統穩定的必要條件：也就是，個人的日常行動體現社會體系所奠基的價值觀，因此進一步鞏固了這套價值觀。

然而，資本主義是以兩種不同類型的資本主義成為世界的主宰：過去兩百年在西方穩定發展出的自由菁英資本主義（將在第二章詳加討論），以及出現在中國、部分亞洲地區（新加坡、越南、緬甸）和部分歐非大陸（俄國、高加索國家、中亞、衣索比亞、阿爾及利亞、盧安達）的國家主導的政治或威權資本主義（將在第三章詳加討論）。

正如人類歷史上屢見不鮮的前例，一套體系或宗教崛起勝利之後很快就會出現相同教條下不同版本的分裂。基督教橫掃地中海和近東地區後經歷了殘酷的爭論和分裂（其中又以東正教

（Orthodoxy）和亞流教派（Arianism）最為明顯〕，最後產生了西方和東方教堂的第一次大分裂。伊斯蘭的命運也一樣，在一陣眼花撩亂地征服後，幾乎隨即分裂成遜尼派和什葉派。最後則是資本主義在二十世紀的敵人，共產主義，單一個體的狀態不多久就分裂成蘇聯領導版和中國版。在這方面，縱橫全球的資本主義並無不同：我們所看見的兩種資本主義模型不只在政治面不同，經濟面也相異，甚至社會氛圍方面雖然程度不大，但還是有差異。我認為，無論自由型和政治型資本主義之間如何競爭，都不可能出現單一種模式主導全球的局面。

亞洲崛起和世界的再平衡

政治資本主義在經濟上的成功正是上面提到第二個重大發展的推動力：亞洲崛起。亞洲崛起當然不僅僅是因為政治資本主義，印度和印尼等自由資本主義國家也成長非常迅速。但亞洲歷史上的轉型毫無疑問是由中國所主導。和資本主義晉身為全球霸權不同的是，這場改變有前例可循，因為它讓歐亞大陸經濟活動的分布大致回到了工業革命前的地位，但這當中還是有些許不同。舉例來說，雖然西歐和亞洲（中國）的相對經濟發展大致和西元第一、二世紀，還有西元第十四、十五世紀相同，但過去這兩段時期這兩塊大陸幾乎毫無互動也對另一方一無所知。我們今天對雙方相對發展水準的了解遠比當時的人們要高得多。一切和過去恰恰相反，互動熱切且持續不斷。

世界兩大區塊，西歐與其北美分支，還有亞洲，共占了七〇%的世界人口和八〇%的世界總產值；藉由貿易、投資、人口移動、技術轉移和思想交流，這兩方頻繁接觸。雙方隨之而來的競爭也比任何時候都激烈，因為彼此的體系雖然相似，卻並不相同。這場競爭可能是有意為之，一套體系試圖凌駕另一套並且征服世界其他國家，也有可能只是各自展現風華，起而仿效某一套體系的國家多過另外一套。

這場地緣再平衡正在終結西方在軍事、政治，還有經濟上在過去兩世紀屹立不搖的優勢。歷史上，任何一個地區的優勢從來不曾像十九世紀歐洲對亞非的優勢那樣強大。這份優勢的最大證明就是殖民地占領，但同樣也反映在雙方的收入差距進而導致的全球居民所得分配不均上；我們可以估算出自一八二〇年開始相對正確的差距，如圖一所示。在這份圖表，以及本書接下來所有章節中，我們用吉尼係數（Gini coefficient）來衡量不平等，吉尼係數值介於〇（完全平等）到一（絕對不平等）之間（吉尼指數通常以百分比表達，介於〇到一百之間，每一個百分點則稱為吉尼點）。

西方發生工業革命之前全球的不平等並不嚴重，而且主要原因是居住在相同國家內的個人不平等，並非因為不同國家的個人平均所得有差異。但西方崛起之後有了重大變化。全球貧富不均的情況自一八二〇年起不斷加深直到第一次世界大戰前夕，從五十五個吉尼點（大約是拉丁美洲目前的分配不均程度）上升到將近七十個吉尼點（比現在南非的分配不均程度還高）。歐洲、北美，還有之後日本的所得提高是吉尼係數上升的主因（加上中國和印度停滯不前），雖然所謂第一世界的國家中所得不平等惡化也是部分原因。一九一八年

圖一　全球收入不平等程度估計圖，1820至2013年

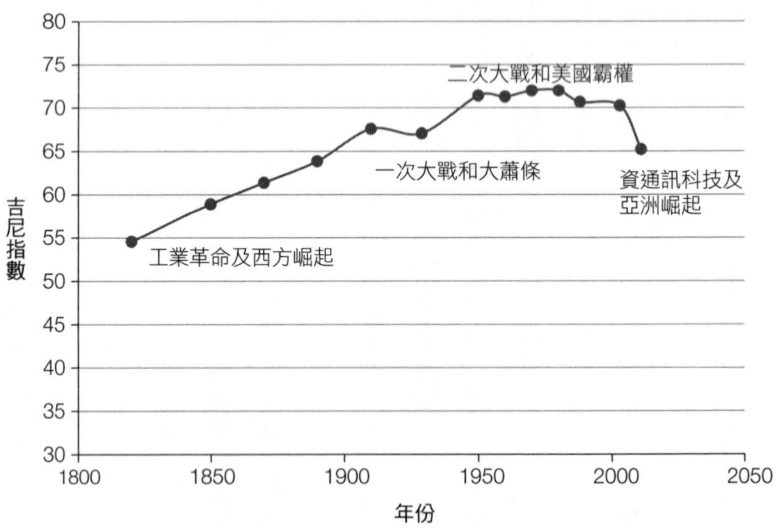

資料來源：1820至1980年資料來自參考文獻第32項，但人均國內生產毛額（GDP）則以麥迪森計畫（Maddison Project，參考文獻第132項）中的數值取代。1988至2001年的資料則根據參考文獻第119項以及本人自己的數據。所有收入都換算成2011年購買力平價（PPP）（本書撰寫時最新一回國際比較計畫是在2018年）。更多技術細節請參考附錄三。

後，全球所得不平等稍有改善（以長期來看）則是因為在第一次世界大戰和大蕭條時期，西方世界所得停止成長。

第二次世界大戰後全球所得分配不均來到歷史新高，接近七十五個吉尼點，並且一直維持在此高度直到二十世紀的最後十年。這段時間內西方和亞洲（特別是中國和印度）的所得差距並沒有繼續擴大，因為印度獨立運動和中國革命正在為這兩個巨人的成長奠下基礎。因此從一九四〇年代晚期到一九八〇年代早期，這兩個國家相較於西方始終維持在相同的相對位置。但東西雙方的貧富不均程度主要還是受到西方社會本身不平等的影響：印度和中國的人均國內生產毛額根本少於西方國家的十分之一。

所得差距到了一九八〇年代開始有了戲劇性變化。中國的種種改革在接下來四十年帶來平均八％的人均年成長，迅速縮短該國和西方世界的距離。到今天，中國的人均國內生產毛額大概是西方水準的三〇％至三五％，相當於一八二〇年時的水準，而且呈現清晰的成長趨勢（相對西方而言）；中國可能會持續成長，直到所得水準不相上下。

中國經濟革命之後，隨之而來的是印度、越南、泰國、印尼和亞洲其他地區的類似高速成長。雖然這些成長也伴隨著這些國家（特別是中國）國內的所得不平等逐漸惡化，但它們和西方國家的差距縮小則有助於改善全球的所得不平等。這就是國際吉尼指數近年來下滑的背後原因。

還有另一波科技革命造成亞洲所得逐漸趨近於西方水準，那就是資通訊科技；這一波生產革命的受益者是亞洲（將於第四章詳加討論）。資通訊科技革命不僅讓亞洲更快速地成長，也造成西方的去工業化，這部分和工業革命時期印度的去工業化有異曲同工之妙。因此，我們可以在全球所得分配的演進上看見這兩段技術革新時期的痕跡（見圖一）。資通訊科技革命的影響尚未結束，但在許多方面這些影響很接近工業革命：不同團體的成長或衰退造成全世界所得排名大洗牌，而且贏家和輸家都各自明顯集中於同一地理區塊。

我們可以將這兩個技術大革命想成彼此的對照鏡像。一個透過西方財富增加而造成全球所得不平等加深；另一個則透過東方財富增加，使得全球幾塊主大陸的收入漸漸趨近。未來整片歐亞大陸和北美洲的收入應該最終會不相上下，進一步消弭全球所得不平等的現象（不過，一個很大的未知數是非洲的發展，目前還沒有追上富裕世界並且人口成長最快）。

世界經濟力再平衡不僅僅是地緣層面，也有政治層面。中國的經濟成就動搖了西方宣稱資本主義和自由民主勢必相互連結的說法。其實，即使在西方國家，這種說法也因為民粹份子和財閥問題而受到挑戰。

世界的再平衡讓大家在思考經濟發展時第一個想到的是亞洲經驗。亞洲的經濟成功讓這個模型對其他國家更有吸引力，也形塑了我們對經濟發展和成長的看法；就好像過去兩個世紀大家紛紛借鏡英國經驗和亞當・斯密一樣。

過去四十年來，除了過去兩年之外，亞洲前五大國家（中國以外）加總起來的人均成長率要比西方整體經濟的人均成長率高，而且應該會持續如此。一九七〇年時西方世界的產出占了世界總產值五六％，亞洲（包括日本）只占了一九％。今天，這些數據比例分別是三七％和四三％。[1]拿美國和中國、德國和印度相比，我們就能清楚看見趨勢（圖二）。全球化時代亞洲強勢崛起反映在對全球化的支持人數上；亞洲的支持最熱烈，尤其是越南（受訪者中九一％認為全球化是正面力量），歐洲則最微弱，尤

圖二　美國相較於中國（左圖）和德國相較於印度（右圖），各國占全球生產毛額的百分比，1950至2016年

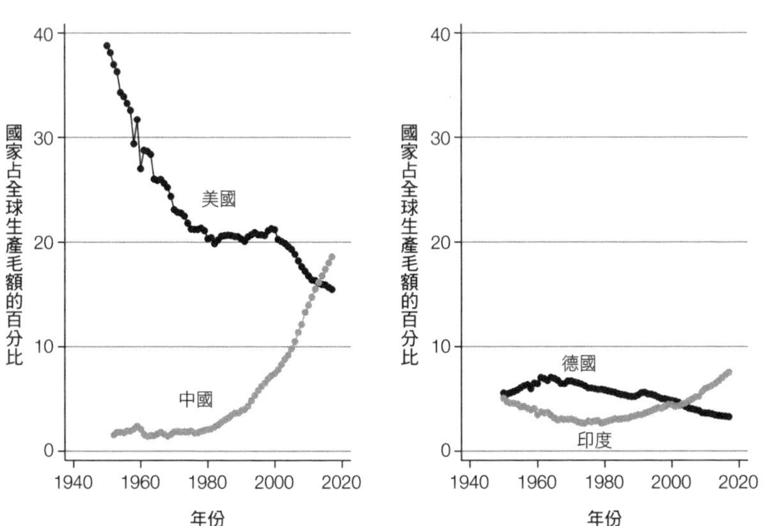

資料來源：由2017年世界銀行世界發展指標（World Bank World Development Indicators）計算而得，人均生產毛額以國際（購買力平價）元為單位。

其是法國（只有三七％受訪者支持全球化）。[2]

本書核心

西方社會對全球化的不滿有一部分來自社會大眾和菁英之間的鴻溝。菁英們過得很好，但絕大多數感受不到全球化好處的人則充滿憤怒，認為全球貿易和移民是他們生活困苦的原因（請見第四章），無論是否真是如此。這種情況類似一九七〇年代第三世界的社會，都展現出了二元化特徵：資產階級躋身全球經濟系統，而大半內陸偏遠地區則被遠遠拋下。本來只應該出現在開發中國家的「病症」〔新馬克思著作中稱之為「脫落」（disarticulation）〕似乎向北蔓延並且侵蝕了富裕社會。諷刺的是，值此同時許多開發中經濟體因為完全被納入全球供應鏈體系，二元特徵正逐漸減弱。

自由菁英資本主義和政治資本主義兩者似乎正在彼此競爭，分別以美國和中國為首。但即使姑且不論中國有意願提供並且「出口」一套在政治上，甚至是經濟上另一種版本的資本主義，政治資本主義本身特質就對世界各地（不只是亞洲）政治菁英極富吸引力：這套體系賦予政治菁英更大的自主權。它也吸引許多一般民眾，因為這似乎是高成長率的保證。另一方面，自由菁英資本主義也有很多明顯優勢，最重要的就是民主和內化的法治精神。可以說，這兩個特徵促進了創新和社會流動，因此帶來更快的經濟成長，並且提供所有人幾乎相等的成功機會。對自由菁英資本主義的最大威脅則來自於對這套隱性價值體系的牴觸作為，那就是建立自我永存的上層社會和菁英階級與他人之間的分化。這樣的威脅不僅僅對體系自身的存續造成危害，也削弱了此模型對其他國家的吸引力。

接下來的兩個章節中，我想討論這兩種現代資本主義的主要特色，重點放在它們內生的特質，而不是暫時的偏差現象。如果我們想了解自由菁英和政治資本主義的長期演進，而不僅僅是一時的變動，那麼辨別「系統特徵」和「附帶特徵」的不同就非常關鍵。我將深入探討這兩套體系所造就出的社會和經濟架構，特別是對所得不平等和階級結構的影響。我相信，這兩套體系處理這些議題的方式將影響它們的吸引力和穩定性，也連帶影響了我們在兩者間所做出的抉擇。

第二章　自由菁英資本主義

〔民主〕短期來說是一種美好愉快的生活方式，不是嗎？

——柏拉圖，《理想國》

自由菁英資本主義（liberal meritocratic capitalism）的定義並不複雜。我採用馬克思和馬克斯・韋伯（Max Weber）對資本主義的定義，意即，體系內大多數生產是來自私人擁有的生產工具，資方能僱用合法的自由勞工，而且經濟活動的協調分工非中心化。此外，加上約瑟夫・熊彼得（Joseph Schumpeter）提出的條件，絕大多數投資決定是掌握在私人企業或個體實業家手中。[1]

自由菁英資本主義的定義

「菁英」和「自由」兩詞則來自於羅爾斯在《正義論》（*A Theory of Justice*,

1971）中關於平等的不同形式定義。「菁英型平等」是「自然自由」的一種體系，在此體制內事業機會「對才能開放」；也就是說，個體想要獲得社會中任何地位都不會有法律上的限制。體系也完全承認財產繼承權。「自由型平等」則更為平等主義，因為該體系會利用高繼承稅來修正部分財產繼承，並且提供免費教育來降低世代承襲的優勢。因此「自由菁英資本主義」強調的是貨物和服務如何被製造及交換（資本主義），如何在個體間做分配（菁英主義），以及整體社會流動度有多大（自由主義）。

本章將著重於自由菁英資本主義的體系力量如何影響所得分配，並且造成上層菁英階級的形成；第三章則會檢視政治資本主義的相似議題。這兩章的內容重點都是在所得分配、所得和資本的不平等，還有階級形成，不會提到生產製造。

自由菁英資本主義的重要特徵

歷史上的資本主義

想要更充分了解自由菁英資本主義，我們可以拿它的特徵和十九世紀的古典資本主義

（classical capitalism），還有二戰末期到一九八〇年代早期出現在西歐和北美的社會民主資本主義（social-democratic capitalism）來做比較。這裡我們談的是「理想—典型」特徵，不去看各個國家以及不同時間點等差異細節。但在之後的段落，單獨探討自由菁英資本主義時，我會詳細討論一個可被視為典範國家的體系特徵，那就是美國。

表一總結了西方經濟體過去所經歷過三種類型資本主義之間的差異。為求簡單，我用一九一四年以前的英國來代表古典資本主義，二戰末期到一九八〇年代早期的西歐和美國來代表社會民主資本主義，還有二十一世紀的美國來代表自由菁英資本主義。[2]請注意，由於自由和菁英資本主義的關鍵差

表一　古典、社會民主、自由菁英資本主義的主要特徵

資本主義類型	古典 資本主義	社會民主 資本主義	自由菁英 資本主義
典型經濟結構	1914年之前英國	二戰後的西歐和美國	21世紀早期美國
1. 淨生產中的資本所得比重提升	是	否	是
2. 資本所有權高度集中	是	是	是
3. 資本充裕的個人就是富人	是	是	是
4. 資本所得高的人勞動所得也高	否	否	是
5. 富人（或有致富潛力者）彼此通婚（同質婚姻）	是 （某種程度）	否	是
6. 雙親和子女的所得高度相關（優勢傳遞）	是	是，但有些情況不顯著	是

註：「富裕」（rich）如無特定形容詞在前，表示該個人為所得富裕。

異：繼承稅與普遍可得的公共教育，過去三十年在美國已經逐漸弱化，美國模式可能已經偏向「菁英主義」而較少「自由主義」色彩。不過，既然我以美國作為所有富裕資本主義國家的範例，應該還是可以將自由菁英資本主義當成單一模型來探討。

資方和勞方之間的淨生產分配

我們先從每一種資本系統的關鍵特徵談起：淨所得在兩種生產要素之間的分配，也就是資方（通常是財產擁有者）和勞方。淨所得的分配不必然表示一個人被劃分成兩個截然不同的階級；只有當其中一個階級的個人所得完全仰賴於資本，另一個階級的個人所得完全仰賴於勞動時，這種劃分才成立。[3]我們將發現，這兩個階級是否重疊，其實是不同類型資本主義的分別。

一九一四年以前總淨所得在資本和勞動之間的分布並不明確，因為由經濟學家亞瑟・包利（Arthur Bowley）針對英國所做的首次統計在一九二〇年才出爐。根據統計結果，有人認為資本和勞動的所得分配應該幾乎沒有變化，這種說法後來被稱為包利定律（Bowley's Law）。托瑪・皮凱提（Thomas Piketty，參考文獻第一六〇項，第二〇〇至二〇一頁）針對英國和法國所統計出的數據資料則對此結論（甚至是更早之前的情況）提出強烈質疑。皮凱提發現，在一七七〇至二〇一〇年間，英國的資本所得大約在全國總所得的二〇%至四〇%之間浮動。在法國，一八二〇至二〇一〇年之間，浮動的範圍更大：從一九四〇年代的少於一五%到一八六〇年代的大於四五%。

不過，第二次世界大戰後這項數據逐漸趨於平穩，因此包利定律又重拾聲勢。比如保羅・薩謬爾森（Paul Samuelson）就在甚具影響力的著作《經濟學》（*Economics*）中將包利定律包括在先進國家的六大經濟發展基本趨勢中（雖然他允許一些「勞動比重上升」）（參考文獻第一七六項，第七四〇頁）。然而自二十世紀晚期以來，資本所得占總所得的比例不斷上升。這項趨勢在美國已經非常顯著，在大半已開發國家甚至開發中國家也都有紀錄證明，雖然開發中國家的數據必須非常謹慎使用（參考文獻第一〇八項）。

資本所得占總所得的比重上升表示資本和資本家的重要性超越了勞動力和勞工，也因此握有更多經濟和政治權力。古典資本主義和自由菁英資本主義都出現這個趨勢，社會民主資本主義則沒有（表一）。不斷上升的資本所得比重也影響了個人間的所得分配，因為通常：（一）以資本所得為主要收入的人是富人；（二）資本所得集中在相對少數人的手裡。這兩個因素自然而然地造成個人所得分配不均的情況加劇。

想要了解為什麼（一）和（二）這兩點，是更高資本所得比重自動轉化為更大個人所得分配不均的必要條件，做做下面的練習：假設資本所得占總所得的比重上升，但是每個人所拿到的資本所得和勞動所得比例都和其他人一樣。[4]資本所得的比重上升將會等比例的增加每一個人的所

資本富裕和勞動富裕的人

得，所得分配不會出現變化（衡量貧富不均是一種相對概念）。換句話說，如果「資本充裕」（也就是，由資本獲得大部分所得）和富裕這兩者之間沒有高度正相關，資本所得比重增加並不會導致個人所得分配不均惡化。請注意，在這個例子裡仍然存有富人和窮人的區別，只不過，一個人資本所得占總所得的比重和那個人整體所得在社會上的分布位置無關。

現在，假設一下窮人的所得中資本所得比重比富人的資本所得比重高。那麼以上一個例子來說，總所得中的資本所得比重上升，所得分配不均反而會減輕，因為收入較低的人會獲得比較多的收入。

但是這兩個想像場景都不是資本社會的現實情況：實際上，資本充裕和富裕兩者間有強烈的正向連結。一個人越富裕，通常來自資本的所得比重也越高。[5]這情況不管在哪一種資本主義都成立（請見表一，第二列和第三列）。至少以人類經歷過的資本主義來看，「資本充裕的人也就是富人」這一點，可說是資本主義恆常不變的特徵。[6]

接下來探討的特徵是資本富裕（在資本所得分布中屬於高所得的人）和收入富裕（在勞動所得分布中屬於高所得的人）之間的連結。你可能會以為那些資本充裕的有錢人不太可能會有高勞動所得。事實卻非如此。一個簡單的「窮人」和「富人」例子就能清楚解釋原因。窮人所得低，而且多數來自勞動所得；富人則恰恰相反。先設想情況一：窮人有四單位勞動所得和一單位資本所得；富人有四單位勞動所得和十六單位資本所得。這個情況裡富人無疑是資本充裕，但富人和窮人的勞動所得一樣多。現在，設想情況二：所有條件和情況一相同，只除了富人的勞動收入提升到八單位。富人依然資本充裕，因為他們的資本所得占總所得的比重仍然比窮人高（二十四單位裡的十六單位，也就是占了三分之二），只不過現在富人也勞動充裕（八單位相較於窮人的四單位）。

情況二是當資本充裕的人不單單富有，而且連勞動所得都相對較高。所有條件相同時，情況二的不平等比情況一嚴重。這正是古典與社會民主資本主義兩者，和自由菁英資本主義之間的一項重要差異（請見表一，第四列）。古典資本主義的概念和現實是，資本家（也就是我說的資本充裕個人）都很有錢，但一般幾乎沒有勞動收入，最極端的情況是連一點勞動收入也沒有。也難怪托斯坦．范伯倫（Thorstein Veblen）會稱這群人為「有閒階級」。相對地，勞動者則完全沒有資本所得，他們的所得完全來自勞動。[7]這種情況裡，社會完美地區分成資本家和勞動者，兩者完全沒有來自另一生產要素的所得（如果我們再加上所得完全來自地租的地主，就成為亞當．斯密所定義的三階級）。在這種被切割的社會裡，分配不均的情況非常嚴重，因為資本家通常擁有大量資本，而資本產生的回報也（通常）很高，但分配不均不會因為「資本家同時也有高勞動所得」更加惡化。

美國今天的自由菁英資本主義則不同。資本富裕的人現在經常也是勞動富裕（比較時髦的說法是，這些人有高「人力資本」）。古典資本主義下的高所得族群多半是金融家、收租者，還有擁有大量工業建築的人（但並未受僱於人，所以沒有勞動所得），今天高所得人口中很大一部分是高薪經理人、網路設計者、醫師、投資銀行家，和其他白領專業人士。這些人都是受薪階級，需要工作才能獲得高額薪水。[8]但是同樣一群人不管是因為繼承或者從工作累積了足夠資金，也擁有許多金融資產並從中獲得高所得。

皮凱提和其他作者在二〇一四年合著的《二十一世紀資本論》（*Capital in the Twenty-First Century*）中詳細記錄了總收入排名前一％（甚至更菁英，排名前〇．一％）的人勞動所得比重明顯提升。[9]重要的是，因為高所得收入者的資本所得已經很高，同一批人的高勞動所得會使不平等更嚴重。這是自由菁英資本主義的特殊現象，程度也遠勝其他資本主義。

婚姻模式

接下來我們來看看各個資本主義下的婚姻模式（表一，第五列）。經濟學家在研究所得或財富不均時，我們會以家戶為觀察單位。因此，一個家戶中是否每一位成員都富裕會有很大不同。由於家戶多半來自婚姻的結合，檢視人們如何選擇配偶便很重要。在婚姻模式這一點，自由菁英資本主義也和另外兩種資本主義不一樣。

為了說明相異之處，我們來比較美國一九五〇年代和二十一世紀彼此的婚姻配對。第二次世界大戰後，男性傾向迎娶來自相似社經地位團體的女性，但丈夫越富裕，太太外出工作或有自己收入的情況越低。今天，有錢、教育程度高的男性傾向迎娶有錢、教育程度高的女性。我們用個簡單的例子來呈現上面兩種情況對所得分配有什麼影響。假設有兩名男性，一名收入五十單位，另一名收入一百單位；兩名女性，一名收入十單位，另一名收入二十單位。假設配對原則是門當戶對（同質婚姻），也就是丈夫收入和妻子收入為正相關：賺一百單位的男性和賺二十單位的女性結婚，較窮的男性則和較窮的女性結婚。但是假設有錢男性的太太在婚後離開職場（像一九五〇年代），另一對夫妻則繼續工作，那麼兩個家庭的所得比例將是一百比六十。但如果同質婚姻的條件不變，兩位妻子婚後都選擇繼續工作（像今天這個年代），那麼兩個家庭的所得比例則是一百二十比六十。也就是，不平等程度上升。

這個例子顯示在同質婚姻的情況下，如果女性的職場參與率提升，不平等也會提高。假使過去社會的婚姻配對較為隨機或異質性高（富裕男性娶貧窮女性），那麼現在不平等提高的情況會更明顯。有些人認為，同質婚姻在自由菁英資本主義下盛行是因為社會風氣轉變，越來越多女性接受高等教育（事實上，女性畢業率已經超越男性）和投入職場。也有可能（純屬猜測）人們的喜好改變，現在不論男女都傾向和自己相似的伴侶結為連理。不管什麼原因，同質婚姻增加是加深不平等的一項事實。然而，它只會在從異質婚姻（或同質婚姻但配偶不參與職場）過渡到同質婚姻的時期發揮作用。一旦同質婚姻和勞動力參與率達到極限，婚姻模式就不會繼續影響所得分配；雖然是在高點，不平等程度將維持穩定。

跨世代傳遞的不平等

我們最後要檢視的資本主義特徵是後天優勢的傳遞，尤其是跨世代的財富和「人力資本」，衡量的方法是雙親所得和子女所得的相關性（表一，第六列）。雖然缺乏早期資料，但可以合理推斷這種傳遞不管在哪一型資本主義都很明顯。近年來可用資料越來越多，我們已經明白當社會較為平等，教育普及、教育成本由國家負擔，而且遺產稅率高時，跨世代傳遞也明顯減弱。北歐社會的跨世代所得相關性特別低，可能是因為在社會民主資本主義黃金時期，這種相關性很低，特別是在西歐。[10]今日美國則恰恰相反，跨世代優勢傳遞不平等和所得分布不均兩者都高。這並不令人訝異，好幾份比較了多個社會的研究報告都發現這兩個特徵有強烈相關性（參考文獻第五五項，第一一頁；參考文獻第四二項，第二七頁）。可想而知，高度不平等的美國也有高度跨世代傳遞的不平等。

自由菁英資本主義的複雜本質

那麼，比較了不同類型資本主義之後我們有什麼發現？在表中檢視的六個面向裡，自由菁英資本主義表現出會加深不平等的特徵。它和古典資本主義最大的不同在於高資本所得的個人同時也擁有高勞動所得，而且可能身處高同質婚姻。而它和社會民主資本主義則差異更大：自由菁英資本主義下，資本所得占總所得比重上升，資本家擁有高勞動所得，同質婚姻比例幾乎肯定更高，而且應該也有更多跨世代傳遞的不平等優勢。

不過在進一步探討這六個面向之前，我必須先申明三件事。雖然自由菁英資本主義在六項經濟結構上都為「是」，但不一定意味它比其他的資本主義不平等。事實上，它絕對比古典資本主義平等（參考文獻第一四六項，第二章）。在此我尚未納入像是直接賦稅或轉移等重分配的力量；重分配是從社會民主資本主義「傳承」下來，古典資本主義所欠缺的精神。這些力量能緩解光靠市場所得法則造成的不平等現象。

第二，每一樣結構特徵的「是」都無法告訴我們該特徵對分配不均的影響程度多大。舉個例子，古典和自由菁英資本主義都有資本所有權高度集中的特徵，但古典資本主義的集中程度遠高於後者。一九一四年左右，全英國七〇%的財富集中於國內前一%的富人手上，今天則是國內前二〇%的富人（參考文獻第九項）。財富仍然高度集中，但程度遠低於過去。

第三，有些自由菁英主義的特徵可能在道德上為人接受，甚至受到歡迎。的確，當資本家的勞動所得提升時，不平等也跟著惡化，但人們能夠靠著勞動致富難道不是件好事嗎？比起只有資本能產生高所得，資本和勞動兩者都能提供高收入豈不是更好？同質婚姻也確實加深了分配不均，但這應該是好事，表示越來越多女性投入、社會重視有薪工作，還有偏好選擇和自己相似的伴侶，不是嗎？導致分配不均惡化的結構卻也是多數人傾向的選擇，之後我們在檢視自由菁英資本主義特徵並且討論如何解決社會分配不均時應該時時謹記這份矛盾。

自由菁英資本主義不平等惡化的系統性和非系統性原因

截至目前，我們在討論催化自由菁英資本主義社會不平等的力量時都著重在系統性或基礎因素。這些因素當然是影響所得分配的關鍵，但非系統性或突發因素也有關係。比方在美國和其他國家，有部分不平等惡化的原因是因為雇主願意為了高教育水準勞工的技能而支付更高的薪資溢酬，這並非自由菁英資本主義的系統特徵。溢酬上升是因為高技能勞工短缺，同時科技的進步使得高技能員工生產力更高，市場需求更大（參考文獻第九二項）。但自由菁英資本主義的系統並沒有壓抑更多高技能員工投入就業。人們在進修上並沒受到法律限制，事實上多數西歐國家的高等教育非常便宜，甚至免費。所以勞工無法及時追趕上科技變化並不是系統性因素。

想更了解系統性和非系統性因素的分別，可以回去看之前討論的第一項特徵，資本所得比重上升。這個現象是自由菁英資本主義的系統特徵，因為這是勞工議價能力低弱的結果。議價能力低弱的原因則是：（一）後工業資本主義下勞工組織發生變化，原本聚集在同一處勞動的大量勞工，現在分散各處而且彼此很少互動，難以組織動員；（二）全球化，更確切地說是全球化帶來的國際勞動力供給上升，其中包括生產活動外包。這些現象是因為近代資本主義下工作本質的深層變化和全球化，兩者都很難在中期內出現反轉。

同質性配對也是系統性原因，某種程度是因為男性和女性的教育機會漸趨平等，而教育機會平等則是菁英資本主義（更是自由主義）的系統特徵：無論性別、種族、性取向和其他，政府都承諾平等對待。除此之外，同質婚姻是系統性因素還有一個隱晦原因。一個至少在正式場合中排斥歧視的社會，人們可以更自由表達想追求相似配偶的意願。換言之，對某種類型配偶的偏好並非毫無歷史背景，只不過會隨著社會類型而改變。[11]

經濟學家常常無法區分系統性和非系統性因素，因為對皮凱提的重要公式缺乏了解，尤其是 $r > g$（意指資本的報酬率大過經濟體的成長率）。比方說德布拉吉・雷（Debraj Ray，參考文獻第一七一項）便指出這種關係是取決於資本家的儲蓄習慣：如果資本家將所有的資本報酬花光，那麼即使 $r > g$ 也對接下來的資本所得沒有影響，因為資本存貨和資本收益都將保持不變。因此，雷認為，不管是資本產出率上升或者資本家的資本所得比重上升都不是必然的趨勢。

這個結論沒有錯，但沒有意義。正確之處在於，如果資本家確實花光所有的利潤，資本和分配不均的確不會上升。但資本主義也不復存在啊！事實上，資本主義的重要特徵之一（可能是最重要的）就是，它是成長系統，資本家不會像封建領主一樣花光盈餘而是會持續投資。從亞當．斯密、馬克思一直到熊彼得、約翰．梅納德．凱因斯（John Maynard Keynes），他們所觀察到的資本家或資本企業家模式一直是累積儲蓄和利潤再投資。如果資本家們停止這麼做，皮凱提發現的規律也就不成立，但是我們正在討論的也就不是資本主義而是別的東西了。

如果要探討自由菁英資本主義和政治資本主義（第三章）的演進，那麼系統性和非系統性特徵的區別絕對是關鍵。研究系統性特徵時，我們要分離出非系統性變數和各國家特性，專注於定義系統性的要素和它們對系統性演進的可能影響。

系統的不平等

國民所得中資本所得比重不斷上升

大約十年前，大家開始注意到國民淨所得中來自資本的所得比重不斷上升。過去經濟學的普遍觀點是資本和勞動所得的比重應該呈穩定狀態，國家中約七〇%的所得會分配給勞動，另外三〇%的是資本（如之前「歷史上的資本主義」中所提的包利定律）。而且這種說法也有理論解釋，當中涉及了資本和勞動的所謂統一替代彈性：當勞動成本相對於資本上升了 x 個百分點（勞動成本變貴），那麼勞動相對於資本的使用率就會下降 x 個百分點。生產過程減少使用變貴的勞動力，會恰好抵銷上升的成本，所以該項生產要素占總所得的比重會維持不變（既然只有兩種生產要素，因此另一項也會維持不變）。

勞動和資本所得比重恆常不變的觀點如此盛行，以至於經濟學家鮮少注意到所得如何在勞動和資本間進行分配，或者資本所得的集中是怎麼一回事。他們的焦點完全放在勞動所得和高教育程度勞動者相對於低教育程度勞動者的薪資溢價上漲；這似乎成了貧富不均惡化的唯一解釋。這是克勞蒂亞・高第（**Claudia Goldin**）和羅倫斯・卡茲（**Lawrence Katz**）在二〇一〇年著作《教育和科技的競速》（*The Race between Education and Technology*）的論點。書裡引用楊・亭博根（**Jan Tinbergen**）關於科技改變提高了高技能勞工生產力的觀點，因此當高技能勞工的供給不夠充分，勞動所得的不均等就會開始加劇。

但資本被徹底忽略。這是個錯誤，因為國家所得中的資本所得比重不斷升高，正如麥可・艾斯比（**Michael Elsby**）、巴特・侯賓（**Bart Hobijn**），和艾賽格・沙信（**Ayşegül Şahin**）所呈現的美國數據（參考文獻第七三項），以及盧卡斯・卡拉巴包尼斯（**Loukas Karabarbounis**）和布倫特・奈曼（**Brent Neiman**）所呈現的富裕及開發中國家數據（參考文獻第一〇八項）。[12]他們發現原本在一九七〇年代占美國總所得約六七％的勞動所得，在二〇一〇年已經下滑了四到五個百分點。那麼資本所得比重勢必上升了四到五個百分點，以原來只占國家所得三分之一來看，這是很大幅的上升。[13]在一份涵蓋了已開發、新興和開發中經濟體的報告中（參考文獻第六一項），研究者們發現先進經濟體中勞動所得的下滑，主要是因為中等技能勞工薪資降低導致。

資本所得比重上升的原因仍然備受爭論，而且看起來也不會在短期內就有結果。我們甚至可能無法確切地回答這個問題，因為每一個被視為解釋的因素只要變動，在其他條件不變的情況下，都可能發揮預期中的影響。但許多因素可能是相互依存的，它們會同時間變動，所以一項一項分析或許能找出計量經濟上的理由，但無法提供令人滿意的分析解釋。

卡拉巴包尼斯和奈曼在二〇一三年主張，資本所得比重增加並不是因為產出的組合發生變化（像是高資本比重的產業產出增加），因為他們發現不同產業領域的資本比重都呈現上升態勢，甚至發生在美國不同地區。他們認為資本比重上升是因為資本商品的成本降低（可以想成相對便宜的電腦），於是資本的使用增加（以科技取代低技能勞動力），產出的比重也增加。但他們也說這不是全部的原因：另外一部分是因為壟斷和漲價越來越嚴重，這一點已經有其他學者提出證明。[14]

根據羅伯特．梭羅（Robert Solow），資本所得比重上升來自於勞動力和資本之間相對議價力的改變。當有組織的勞工相對有力，好比一九四九年汽車公會和雇主之間所簽訂的底特律條約（Treaty of Detroit），勞工就能推動對勞方有利的所得分配。[15]但當勞工組織式微，伴隨著勞動需求轉向服務業，還有全球資本主義體系讓世界受薪勞工數量倍增，勞工的力量微弱，於是所得分配機制開始對資本有利。[16]

辛查・巴凱（Simcha Barkai，參考文獻第二〇項）提出一個有趣的觀點，他認為資本和勞動所得的比重都在衰退，而第三種生產要素：創業（通常被視為資本的一部分），其重要性越來越高。根據這個觀點，資本所得（定義只指資本所有者的收入）下滑，企業利潤（創業家的收入）則一飛衝天。[17]根據巴凱的說法，原因是經濟體的壟斷現象加劇，尤其是那些成長快速的產業，像資訊和通信。[18]

在《消失的美國企業》（*The Vanishing American Corporation*）中，傑洛德・戴維斯（Gerald Davis）強調美國公司結構和規模的變化。根據傑洛德・戴維斯的看法，過去營收最高的公司同時也僱用了最多員工。公司和員工簽有合法契約，支付略高於市場行情的薪資。這麼做也許是為了公司利益，以此來提升忠誠度、改善互動關係、減少罷工，或者減少對制度的抗爭。但是傑洛德・戴維斯認為，當企業開始將過去內部的工作職位大量外包出去，勞資關係有了變化：約聘員工不屬於公司人力，也不需要獎勵忠誠度或者確保工作環境舒適怡人。企業只需要支付市場的最低薪資，因此勞動所得比重下降。

關於勞動所得比重下降（於是資本所得上升）可能還有其他解釋，但對我們來說值得探究的事實是，因為資本所得的集中程度以及高資本收入者在整體所得分配中的位置，資本所得比重不斷上升對個人所得不平等有直接的影響。

資本所有權高度集中

財富永遠都比所得更為集中（分配更為不均）。基本上這可想而知：財富分配是長時間累積儲蓄還有家戶跨世代傳承的結果；投資得當的話，即使是投資零風險資產，財富都可能有突破性成長。我們從過去的歷史經驗得知，只有戰爭、革命，還有一些意料之外的超級通膨，才會嚴重打擊到高度集中的財富。[19]

愛德華．沃夫（Edward Wolff）研究美國財富不均現象長達幾十年，他在著作《美國的世紀財富》（*A Century of Wealth in America*）中提到在二〇一三年，全美前一％的財富持有人擁有國內一半的上市股票和共同基金、五五％的金融證券、六五％的信託產品，和六三％的企業股份。或許更發人省思的是，全美前一〇％的財富持有人擁有超過總金融資產的九〇％（參考文獻第二〇八項，第一〇三至一〇五頁）。簡單來說，幾乎所有美國的財富都在前一〇％的有錢人手中。

此外，過去三十年這個比例是緩步上升，遠遠高於美國高收入者所占的可支配收入比例，後者約為三〇%。[20]

因為財富的分配遠比所得不平等，由財富而來的收入在分配上也會比總收入更不均等（特別是和其他收入來源相比，像是自僱者收入）。[21]那些接收資本所得的人，也是在所得分配中排名前面的人。這就是資本所得比重上升會加重財富不均的原因。

以過去三十年美國、英國、德國和挪威的資本和勞動所得的不均程度（圖三），可以發現兩件有趣的事：來自資本的所得分配遠比勞動的所得分配不平等，還有這兩種所得的不平等都隨著時間越來越嚴重。[22]資本所得不平等惡化的程度相對輕微（只上升了幾個吉尼點），因為不平等本來就已經很嚴重：美國和英國的係數是〇．九、德國係數介於〇．八五和〇．九之間，挪威係數則介於〇．八和〇．九之間。[23]不管哪個國家，吉尼係數都非常接近理論的極端不均等係數，也就是「一」（當所有資本所得全部屬於某一個人或某一家戶）。同時值得注意的是，資本所得高度集中的情況存在所有西方社會，而過去稅後收入通常較為均等的美國和英國，如今也加入了這個行列。簡單地說，「資本所得極度集中而且大多落入富人手中」是自由菁英資本主義的體系特徵。[24]

另外也請注意，這幾個國家勞動所得（稅前）的不均等也在同一時間上升，吉尼係數從低

圖三　美國、英國、德國和挪威的資本所得與勞動所得吉尼係數，1970年代、1980年代至2010年代

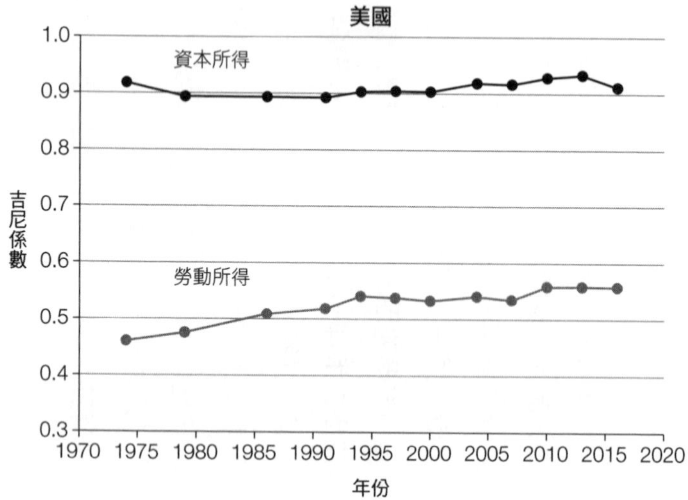

(A)

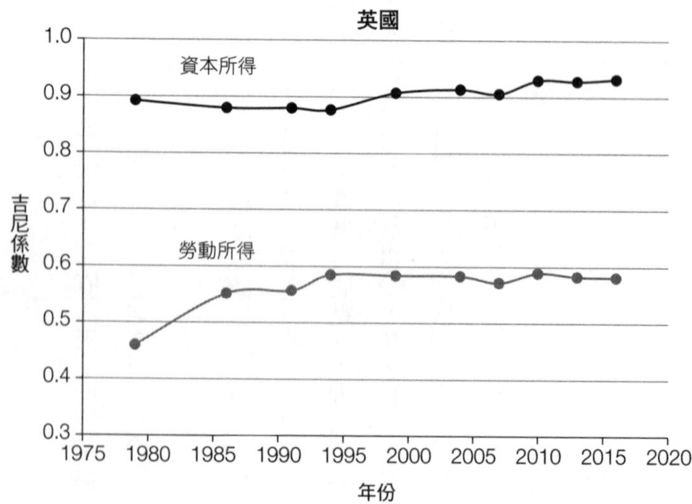

(B)

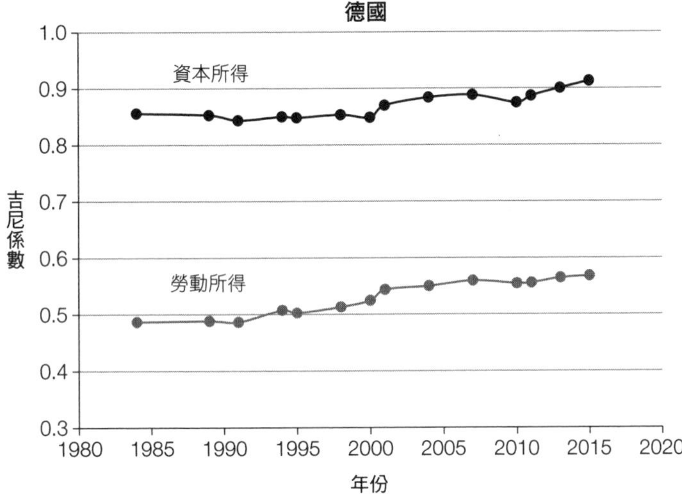

(C)

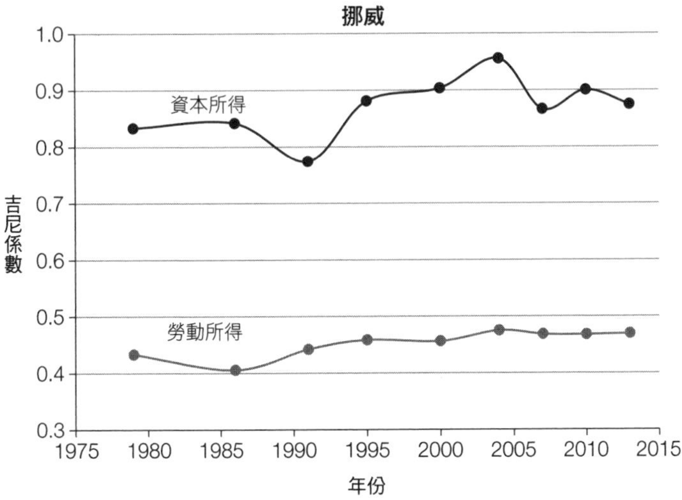

(D)

資本和勞動所得都是稅前。由於高所得者的資本所得通常都被低估（參考文獻第222項），實際資本所得吉尼係數可能更高。資本和勞動所得定義，請參考附錄三。

資料來源：計算數據來自盧森堡所得研究中心（Luxembourg Income Study, https://www.lisdatacenter.org），該中心提供了來自家戶調查的個人資料，並且統合各個變量，使不同時期和不同國家的資本及勞動所得仍能維持一致的定義。

於〇・五升高到大約〇・六。

財富的詛咒

從二〇一三年左右資本和勞動所得不平等程度的分布圖來看，除了臺灣以外，圖中所有國家的資本所得都極度集中，吉尼係數超過〇・八六（圖四）。勞動所得的吉尼係數則低很多，一般介於〇・五到〇・六之間，臺灣甚至更低。本章後面我會回頭來談談臺灣的情況。

想要了解資本所得比重上升加上資本所有權高度集中這樣的組合對總所得不平等的影響有多重要，我們要從動態角度觀察。當國家越來越有錢，也會有越來越多儲蓄和成功的投

圖四　富裕國家的資本和勞動所得不均，2013年左右

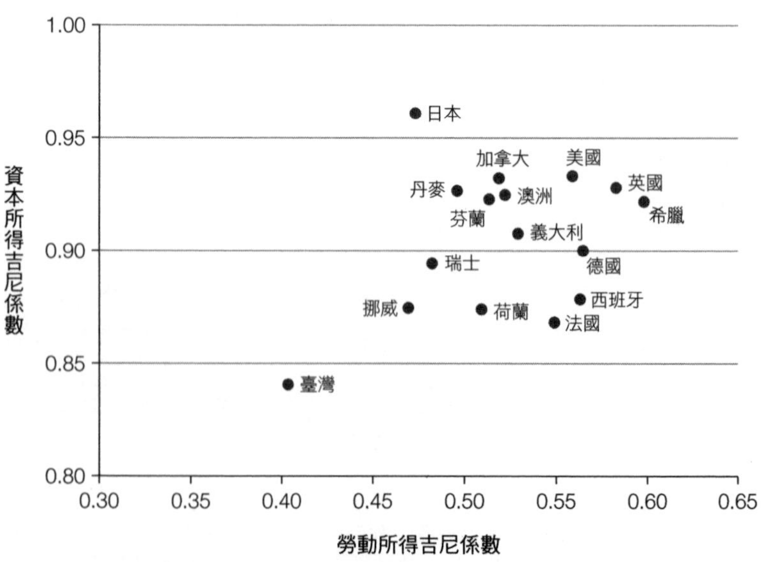

資料來源：盧森堡所得研究中心資料庫（https://www.lisdatacenter.org）。

資（就像個人一樣）。此外，增加的資本會超越增加的所得，於是國家逐漸走向「資本密集」或「資本充裕」。資本和所得之間的比例關係就是皮凱提《二十一世紀資本論》一書的核心。高所得（人均國內生產毛額）國家不僅僅每位國民有更多財富，而且財富相對所得的比例（以ß表示）也較高（表二）。因此從人均國內生產毛額來看，瑞士是印度的五十三倍，但每位國民的平均財富卻幾乎是印度的一百倍。

隨著資本主義國家越來越富裕，資本所得占總所得的比重一定會提高（除非資本報酬率相對下降），而且只要財富高度集中，不平等就會越來越嚴重。更有甚者，越是資本充裕的國家，財富世代傳承會帶來更多的個人不平等，因為這些國家的資本持有度和所得排名的正相關也越強（參考文獻第

表二 成人平均家戶資產和人均國內生產毛額，2013年（根據市場匯率，單位為美元）

	成人平均資產	人均國內生產毛額	資產－所得比（ß）
瑞士	513,000	85,000	6.0
美國	301,000	53,000	5.7
日本	217,000	40,000	5.4
中國	22,000	7,000	3.2
印尼	12,000	3,600	3.3
印度	4,700	1,500	3.1

資料來源：資產數據來自瑞士信貸研究機構（Credit Suisse Research Institute，參考文獻第57項），以及吉姆．戴維斯（Jim Davies，個人手稿）。人均國內生產毛額資料來自世界銀行世界發展指標。

一四七項）。如果擁有資本和是否有錢兩件事的相關性趨近於零（也就是，每個人的財富和個人所得成正比），那麼資本所得比重上升就不會對個人不平等造成影響，只會等比例的提升每個人的所得。但是當有錢人握有大部分資本，資本所得比重一上升就會大幅提升有錢人的所得，進一步拉大貧富差距。

從分配的角度來看，經濟發展導致國家富裕上升的幅度，遠大於國家收入增加的幅度這件事實，可視為是財富的詛咒。為什麼？因為國家越有錢，「自然而然」就越不平等。正因如此，這些國家應該做出更多努力來修正惡化的不平等。如果國家越來越富裕的同時，完全沒有實施額外能抵銷這些不平等作用力的政策，那麼不平等程度勢必上升。

不過如果財富的回報並不統一，而是有錢的人獲得更高回報，貧富不均將會更嚴重。這是我們下一個要談的主題。

富人的資產回報率較高

有錢人不僅僅擁有更多資產，他們的資產和所得比也較高，而且，他們還比其他人擁有更多不同類型的資產。二〇一三年，有二〇%上下的美國家戶資產為零甚至是負數，中間六〇%的家戶，他們的資產有三分之二都是用在房子上，然後資產中的一六%是退休基金（參考文獻第二〇八項，第一章）。[25]中產階級的資產並不多元化（多半都在房產），而且舉債度很高（就表示債務占了資產一大部分）。學者莫里茲·昆恩（Moritz Kuhn）、莫里茲·舒拉里克（Moritz Schularick）、和烏爾里克·史坦斯（Ulrike Steins）研究美國財富調查的歷史數據後發現，這種情況從第二次世界大戰後就出現了（參考文獻第一一六項）。國民的舉債程度也隨著經濟金融化而上升：截至二〇一〇年，中產階級的舉債高達「驚人的」八〇%（每五美元的財產中，有四美元是舉債，只有一美元是真正淨資產），相較於一九五〇年，這個比例是二〇%（參考文獻第一一六項，第三四頁）。中產階級的資產如此單一化並且高槓桿操作，而且資產完全取決於房價的浮動，極度不穩定。高達八〇%的舉債率，表示只要房價下滑二〇%，所有的淨資產都消失無蹤。這就是二〇〇八年金融危機的情況。

但是當我們觀察財富排名前二〇%的人，資產的組合大不相同：證券和金融工具為資產主要部位，甚至占排名前一%的人總資產四分之三。房地產則相對較小，占排名前一%的人總資產不到十分之一。

資產組合的差異對不同所得族群的資產報酬率有關鍵性影響。如果相同資產類別的報酬率都大致不變（也就是，不管是大豪宅或小公寓的房地產回報率都相同），那麼整體報酬率將會取決於不同資產類別的回報率，比方房產報酬率和金融資產報酬率的不同。雖然關於特定資產類別的回報高低和資產價值是否相關的研究非常少，但沃夫（參考文獻第二〇八項，第一一九頁）做出的結論是，同資產類別的回報率幾乎相同。換句話說（回到我們的例子），不管你是擁有豪宅還是小公寓，你的報酬率大致相同；同樣道理，不管你有價值一千美元或一百萬美元的債券，報酬率也差不多。

所以問題的癥結是在於不同資產類別的回報率不同。從一九八三至二〇一三年這三十年間，富裕的家戶所得較高是因為金融資產的表現勝過房地產（參考文獻第二〇八項，第一一六至一二一頁）。金融資產的平均實質（排除通膨）年報酬率為六．三%，但房地產的平均實質回報率只有〇．六%（參考文獻第二〇八項，第一三八頁，附錄表三．一）。財富排名前一%的人總資產報酬率平均是每年二．九%，中間六〇%的中產階級報酬率只有一．三%。三十年下來，這個差異讓富人的投資報酬率整整多了六〇%。

如果富人從資產上所獲得的回報是系統性地勝過中產階級和貧民，那麼這就是會長期造成貧富不均更嚴重的重要因素。如果有人想要解決這個問題，就必須對更高額的財富課以累進稅率。但是我們也不能忘了，富人手中持有的資產類別不一定總是比較有價值。像美國在二〇〇一至二〇〇七年間經歷了房產泡沫，期間內房地產的報酬表現普遍勝過金融資產。雖然在大蕭條時期前三年房地產不如人意（回報率遠低於金融工具），但大部分時間的表現都是好的：當股市蕭條且房價變化不大，富人的整體投資報酬率會低於中產階級。過去三十年，如我們所見，則是相反的情況。

理論上來說，這是因為富人所持有的資產類別風險高而且波動大，所以高報酬的部分原因可以說是風險溢價。但是，三十年時間已經足以分攤各種風險，而長期來看，有錢的財富持有者其收益的確遠高於中產階級。

富人所持有的資產類別價值較高，也是因為通常這類資產被課徵的稅率較低。在美國，大多數情況的資本收益和績效獎金（基金投資經理的收入）所適用的稅率，低於儲戶戶頭利息所課徵的稅率。[26]

富人也享有規模上的優勢。高報酬率資產的進入成本（投資的最低額度）高，小投資人容易卻步。富人能夠獲得比較優質的投資建議，還有，每一塊錢的投資手續費也較低。馬丁．費德斯坦（Martin Feldstein）和佐洛莫．易扎奇（Shlomo Yitzhaki）（參考文獻第七四項）發現相較於小投資人，有錢的投資者持續享有較高的資產報酬。[27]

總體來說，富人的資產報酬率較高有三個原因：（一）富人持有較高比例的高長期報酬資產（資產組合效應）；（二）富人從資產收益的每一塊錢課稅較低（稅率優勢）；（三）進入費用和資產每塊錢的管理成本較低（低進入門檻效應）。

個人高資本所得與高勞動所得的結合

和古典資本主義相比，自由菁英資本主義有一個獨特且顯著的特徵就是，所得排名占前的人口中出現了高勞動所得者。更有趣的是，同時有高勞動和高資本所得的人口不斷增加。根據希臘語源，我創建了一個新詞彙，稱一個家戶（或個人）既有高資本也有高勞動所得的現象為「重疊富」（homoploutia）（homo的意思是「同樣的」，ploutia的意思是「財富」）。

過去幾十年當中，同時有高勞動和高資本所得的人口比重持續上升（圖五）。一九八〇年，資本所得前一〇%的人口中，只有一五%同時是勞動所得的前一〇%，反之亦然。過去三十七年間，這項數據已經翻倍。在古典資本主義的標準社會中，高資本所得者幾乎不會有勞動所得；這些人光靠資本所得就非常有錢，所以沒有意願也沒有時間去賺取勞動所得。同理，古典資本主義下的勞工也不會有足夠的資本收入躋身高資本所得者。但這種情況有了大改變。

重疊富的頂點（如果存在的話），就是當排名最高的資本所得者和排名最高的勞動所得者完全一致（圖五的縱軸值為一〇〇%）。高資本所得和高勞動所得之間的相關性會加劇貧富不均，但更重要的是，這種情況會造成以經濟政策減緩不平等的困難度。原因出在政治。在古典資本主義，絕大多數富人不需要每天努力來維持自己的財富地位；但在自由菁英資本主義，雖然富人許多收入仍然來自資本所得，但很多人也是勞動者。我們可能知道他們很有錢，但無法判斷他們的總收入中資本所得和勞動所得的比重各是多少。因此從政治角度上來看，和過去一樣對他們課徵高稅率並不容易，因為這些人的所得正當性上升（是他們的勞動成果）。

重疊富人口的增加可能是資本充裕的

圖五　前一〇%高資本所得者也是前一〇%高勞動所得者的比例（反之亦然），美國，1980至2017年

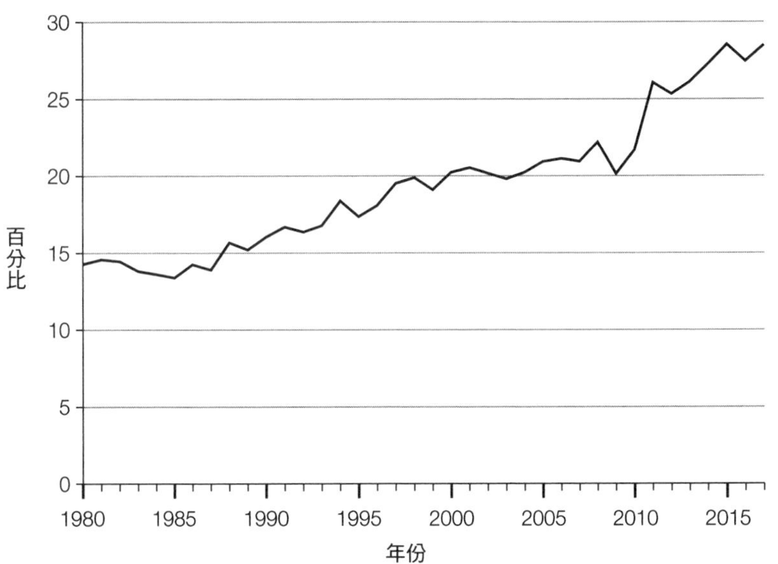

個人是按照其家戶每人平均勞動所得或資本所得來排名；因為最有錢的前一〇%「資本家」包括前一〇%資本所得最高家戶裡的個人（勞動所得亦然）。因此，最有錢勞工中的最有錢資本家比例和最有錢資本家中的最有錢勞工比例是相同的。

資料來源：根據美國當前人口調查（US Current Population Surveys）計算得來，https://www.census.gov/programs-surveys/cps.html.

人開始獲得更高程度的教育並賺取薪水，或者高工資勞工存下了部分薪資並成為有錢資本家。如果沒有額外資料，我們無法判斷是哪一種情況居多。不過可以確定的是，在美國，財富集中程度仍然非常高，即使個人有了直接股票持有權也沒有造成變化。一九八三年，有一三·七%的人口直接持有一些股票；三十年後這個比例維持不變（參考文獻第二〇八項，第一二三頁）。如果納入共同基金和退休帳戶，那麼擁有股票的人的確從少於美國三分之一人口增加到略低於一半，但這些人口持有的股票量占市場極小部分。這表示重疊富是（同一個人）極高工資「加入」原來就高度集中的資本所有權。

同質性更高（門當戶對的婚姻）

關於這一點，我想先分享一件趣事。大概十年前，某個用過餐的傍晚，我帶著微醺和身旁一位從長春藤大學畢業、目前正在歐洲任教的美國人聊天。隨著話題逐漸轉移到人生、婚姻和孩子，他的看法讓我非常訝異。他認為不管娶了誰，他會居住何處、住在哪一種房子、享受什麼樣的假期和娛樂，甚至小孩會讀哪一所大學，結果都是一樣的。他的理由是：「當我進入『某所長春藤大學』，我知道我會在這裡預見未來的配偶。學校裡的女性也心知肚明。我們全都明白今後自己理想的伴侶候選圈從此變窄了。然後無論我娶誰都會是同一種類型：她們都是受過良好教育，來自同一社會階級的聰明女子，讀著同樣的小說和報紙，穿著大同小異，對餐廳、健行路線、住家地點、開的車，和來往朋友的偏好也差不多，甚至是照顧小孩的方法和小孩要上的學校。所以不管我娶誰，在社會地位上都是一模一樣的。」然後他補充道：「當時的我還不知道這一點，但現在我非常肯定。」

這件事讓我震撼不已，而且始終盤踞在我的腦海裡。這和我們所珍視的觀點，像是我們都是截然不同的獨特個體，還有婚姻大事至關重要會影響往後的人生等，南轅北轍。我朋友說的恰恰相反：他可能愛上甲或乙或丙或丁，但不管是在華盛頓、芝加哥，或者洛杉磯，他最後都會住進一個富裕社區裡看起來幾乎一樣的房子，和類似的朋友圈來往，孩子們也會去類似的學校就讀，然後從事一樣的競賽活動。他的說法非常有道理。當然，這是假設就讀同一間大學的人們彼此結婚。如果他中途退學或者在校內始終找不到合適的伴侶，那麼結果可能會稍有不同（好比，比較普通社區裡的房子）。他的故事很戲劇性地描繪了社會化的力量：幾乎每一個就讀於頂尖學院的人都或多或少來自同樣富裕的家庭，而且幾乎每個人都有著大同小異的價值觀和品味，然後這些幾乎沒什麼差別的人們彼此通婚。

近年來的研究清楚呈現了同質婚姻（類似教育背景和收入水準的人彼此通婚）的盛行。一份援用美國社區調查（American Community Survey）數據來進行文獻研究的報告指出，一九七〇年配偶彼此的教育程度相關性趨近於零，然而截至二〇一〇年的每個十年，相關係數都成正數並且不斷成長（參考文獻第九八項）。另一份研究（參考文獻第二三二項）則對此趨勢有不同解讀。該研究著眼於美國「年輕」男性和女性的婚姻數據，年輕的定義為在二十至三十五歲之間結婚。

一九七〇年，美國收入排名前一〇%的年輕男性只有一三%的人娶了收入也是排名前一〇%的年輕女性。到了二〇一七年，這項數據拉高至二九%（圖六A）。同一時間，收入排前的年輕男性也越來越少和收入低的年輕女性結婚，比例從一三．四%持續下滑到低於一一%。換句話說，一九七〇年代美國年輕男性迎娶高收

圖六A　勞動所得排名前10%之20至35歲男性，選擇勞動所得排名前10%和後10%之20至35歲女性為配偶的比例，1970至2017年

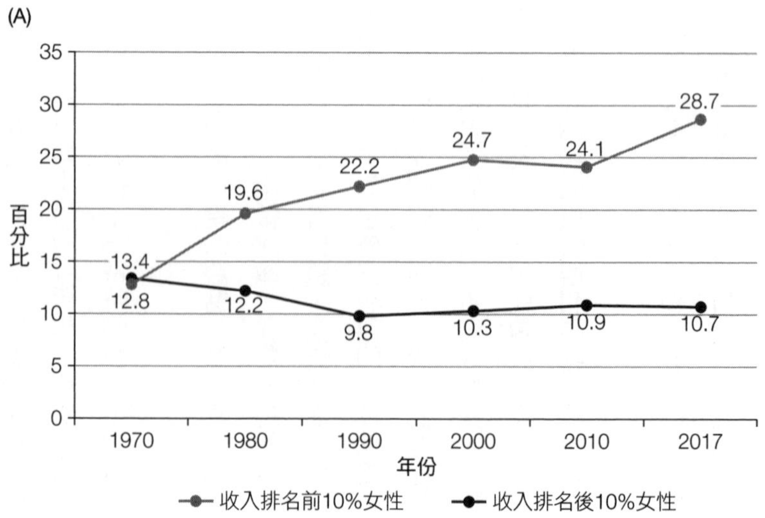

入和低收入女性的比例相近，但如今對高收入女性的偏好已經擴大為低收入女性的三倍。女性的變化則更劇烈：高收入年輕女性嫁給高收入年輕男性的比例從一三%上升到二六．四%，嫁給低收入男性的比例則減半（圖六B）。[28] 一九七〇年代年輕女性對男性收入高低無明顯偏好，現在對有錢男性的偏好則是低收入男性的五倍。[29]

圖六B 勞動所得排名前10%之20至35歲女性，選擇勞動所得排名前10%和後10%之20至35歲男性為配偶的比例，1970至2017年

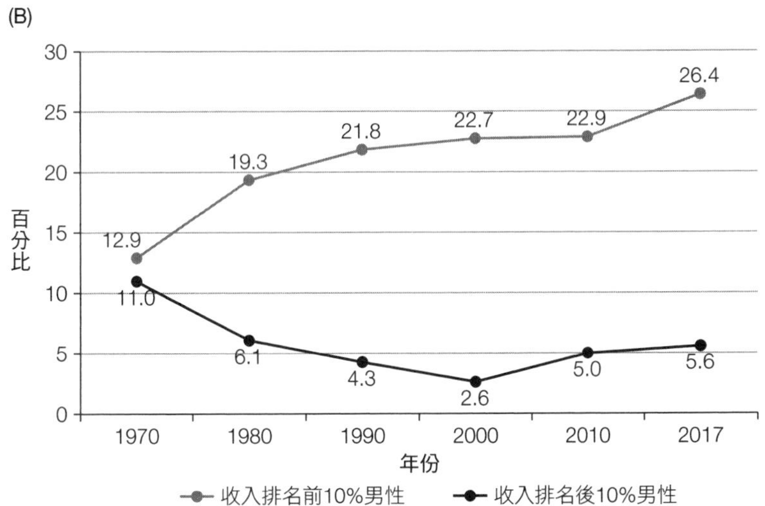

各項調查的樣本均為當時：(1)20至35歲之間；(2)已婚；(3)受僱（有正收入）的男性與女性組成。婚姻件數（排名前10%的男性娶排名前10%的女性，反之亦然）在圖六A和圖六B其實相同，但百分比略有不同，原因是男性和女性的人口數不一樣。

資料來源：參考文獻第221項，基礎數據來自美國當代人口普查，https://www.census.gov/programs-surveys/cps.html.

婚姻教育溢酬

皮埃爾—安德列・奇波利（Pierre-André Chiappori）、伯納德・薩拉尼耶（Bernard Salanié）和尤拉姆・維斯（Yoram Weiss）提出過一份雄心勃勃的論文（參考文獻第五〇項），試圖解釋同質婚姻增加和女性教育程度提升（與男性教育程度停滯成對比）兩件事。他們認為高教育程度女性有更好的婚姻前景，因此，這種「婚姻教育溢酬」（marriage education premium）可能和教育所提供的其他技能溢酬同樣重要。雖然技能溢酬不分性別，作者們認為女性的婚姻教育溢酬高於男性。但這個理論的基礎是，男性對同質婚姻有很高的「純粹偏好」，否則女性教育程度提升在婚姻市場上也可能有嚇阻效果。

另一方面，同質婚姻又更進一步關係到對孩子的投資回報，這些投資只有高教育程度的雙親可以提供。比方父母能在家裡營造出有助學習的氛圍，帶孩子們進行各種文化體驗（演唱會、圖書館、芭蕾）還有上流運動，教育程度低的父母可能對這些興趣不大。女性教育程度、女性職場參與率、同質婚姻模式，還有日漸獲得重視的早期兒童學習，這些看似不相關的發展之間的連結其實很重要，它說明了不平等在世代間產生並且被跨世代傳遞下去的重要機制之一。

如果受過良好教育、有能力且家境富裕的人傾向彼此通婚，那麼不平等勢必加劇。美國從一九六七至二〇〇七年間，不平等的增加中約有三分之一可以同質婚姻來解釋（參考文獻第六五項）。[30]經濟合作暨發展組織（Organization for Economic Cooperation and Development, OECD）國家中，從一九八〇年代早期至二〇〇〇年代早期的貧富不均成長約有一一%是因為同質婚姻（參考文獻第一五一項）。[31]

除此之外，如果兒童早期教育與學習的回報飆升，而且如果這些早期優勢只有高教育程度的雙親才能提供（因為如資料所示，比起低教育程度雙親，他們能花更多時間陪伴孩子），那麼等在前頭的絕對是更多跨世代傳遞的優勢和不平等。而且必須強調，即使課徵高稅率的遺產稅也一樣，因為金融資源只是這些父母給予孩子們的眾多優勢之一。很多時候金錢優勢甚至不是最重要的。雖然誠如我將在之後「千秋萬世的上層階級？」中所言，遺產稅是促進公平競爭、強化均等機會的務實好政策，但以為光憑賦稅政策就能讓窮孩子和富孩子擁有同樣的人生機會，那絕對是個幻想。

更多跨世代的所得和財富移轉

針對美國的高度所得財富分配不均，過去的辯解是每個人不論出身背景，都有機會爬上成功的電梯。這種說法後來被稱為「美國夢」（American Dream），強調的是「機會」均等而不是「結果」均等。[32]這是種動態、未來導向的觀點。熊彼得在討論所得不均時曾經用一個很好的比喻來解釋：我們可以把某年的所得分配想成住在一間旅館裡不同樓層的房客，樓層越高房間越豪華。

如果房客可以在樓層中遷徙而且如果孩子毋須一直住在自己的出生樓層，那麼光靠某一時點哪個家庭住在哪個樓層的定格資訊，其實無法得知這些家庭今後會住哪裡，還有他們長期的狀態。同樣地，單一時點的財富分配和不平等程度可能會誤導我們或是誇大了貧富不均的程度，而且也缺乏了跨世代流動的面向。[33]

相對流動的下滑

不管是大眾的想像或經濟學家的理論中，美國夢始終深具影響力。但過去十年間，歷史上第一次有相關數據出現後，這個說法開始受到強烈質疑。邁爾斯．寇拉克（Miles Corak，參考文獻第五五項）研究了世界上二十二個國家後發現，不論哪一年，不平等程度都有正相關性，而且雙親收入和子女收入之間也有強烈相關性。這個結論很合理，因為貧富不均嚴重就表示有錢孩子相較於窮孩子，享有更多更好的機會。他們不僅會有較多遺產，也會接受更好的教育，從父母處得到更多社會資本，還有許多其他無形優勢；窮人家小孩則一項也沒有。雖然其他較為平等主義國家的所得流動比美國高，美國夢因此黯淡不少，但這並無法證明世代之間的流動正在逐漸惡化。

不過，近期的研究的確表明了跨世代流動正在下滑。強納生．戴維斯（Jonathan Davis）和巴西卡．馬尊德（Bhashkar Mazumder）以「雙親—兒子」、「雙親—女兒」為單位，比較了一九四九至一九五三年出生，以及一九六一至一九六四年間出生的人們（參考文獻第六四項）。他們發現後者的跨世代流動明顯低落。他們以兩個共用指標來驗證相對跨世代流動：排名對照（雙親和子女在所得排名上的相關性），還有世代之間的收入彈性（雙親和子女的收入相關性）。[34]兩項指標都顯示出雙親和子女的收入相關性隨著時間越來越高（排名對照的相關性，女兒組從〇・二二上升到〇・三七，兒子組是從〇・一七上升到〇・三六。跨世代所得彈性的女兒組從〇・二八上升到〇・五二，兒子組從〇・一三上升到〇・四三）。

這兩個指標的轉折點都出現在一九八〇年代，那也是美國所得不平等開始惡化的年代。事實上，當時有三個變化同時發生：不平等上升，教育報酬率上升，還有雙親和子女的所得相關性上升。因此我們可以看見，不只橫跨不同國家，甚至橫跨不同年代，高度所得分配不均和低度跨世代流動多半連袂出現。

目前為止我們只看了相對流動，另外我們也應該注意跨世代的絕對流動，也就是世代之間的實際所得變化。這部分也一樣，出現退步：美國從一九四〇年至二〇〇〇年代之間的絕對流動明顯下滑，原因是經濟成長減緩加上貧富不均惡化（參考文獻第四八項）。[35]請記得，絕對流動和相對流動截然不同，因為前者主要是取決於經濟成長率。舉個例子，如果每個小孩的所得都超越父母，就算雙親和子女在所得排行中的位置不變，絕對流動仍然是正數。上面的例子裡，完全有世代絕對流動，但卻完全缺乏世代相對流動。本書內容將會以相對流動為主，才能更真實呈現經濟體的體系特徵。

新社會政策

我將在此節中討論關於資本和勞動的新社會政策，以及全球化對福利國家造成的壓力。[36]

為何二十世紀的工具無法處理二十一世紀的所得不平等

從第二次世界大戰結束到一九八〇年代早期之間，富裕國家的所得和財富不平等都下滑的原因主要有四：強大的工會、平民教育、高額稅率，還有大量政府移轉。自從不平等自四十年前開始日益惡化，所有已經實施或打算要遏阻貧富不均的辦法仍然不脫離這四大主題的範疇。但這些方法在二十一世紀是行不通的。原因何在？

首先是工會。工會會員人數下降發生在所有富裕國家，尤其是私人企業。這不僅僅是政府政策的影響，勞工的組織模式也發生了變化。主力產業由製造移轉到服務，工作地點從工廠或辦公室變成了遠距工作，都導致了相對小型的工作單位增加，而這些單位通常分散在不同實體地點。相較於身處同一大工廠、經常彼此互動、有著相同社交環境和工作條件的勞工，組織這些分散型勞工要困難得多。除此之外，工會角色式微反映了勞工對抗資本家的力量被削弱，因為冷戰結束和中國重返世界經濟造成了資本體系的勞動人口大規模擴張。雖然中國重返是單一事件，但它的影響至少會持續好幾十年，而且非洲未來的人口成長可能會強化這份影響，使勞動力保持豐沛不墜。

接下來是平民教育，我們可以看出西方國家的受教年限從一九五〇年代四到八年一直延長到今天的十三年甚至更長，的確是有效降低貧富不均的工具。教育普及導致了技能溢酬下降，後者是有沒有大專教育學位的薪水差距。曾獲得第一屆諾貝爾經濟獎的荷蘭經濟學家亭博根相信高技能水準的勞動力將保持充足，因此在一九七〇年代中期他預言到了世紀之交，技能溢酬將會趨近於零，高科技產業需求和高技能勞動力供應之間的競賽將由後者勝出。[37]

但是當一個國家的平均教育已經到達十四或十五年，就不可能再進一步普及教育，因為最高教育水準有其自然的限制；不僅是學校教育年限的限制，還有認知能力上的限制。當國家從貴族教育過渡到平民教育，像多數西方國家在二十世紀後半所做的那樣，長期優質教育的知識所帶來的好處非常龐大。但當大多數人都接受了自己企求的教育，也學完了自己想學、有能力學的知識，社會就會碰觸到無法打破的教育限制：科技最終還是戰勝了教育。因此，我們無法仰賴平均教育水準小幅提升能夠像過去的平民教育一樣，達到消弭不平等的作用。

高年度所得稅和高社會移轉是二十世紀另外兩種減緩所得不平等的辦法。但要再進一步實施則有政治上的困難。隨著全球化以及資本和勞工高度流動，更高的稅率可能會導致資本和高技能勞工離開並搬到稅制比較友善的地方，這對政府來說反而損失更多稅金。[38]第二個原因則是人民對政府角色和稅金轉移政策半信半疑，和半個世紀前相比，現在富裕國家的中產階級普遍有此觀念。這不表示人們不懂缺少稅收的話，社會保障、免費教育、基礎建設都將崩盤；但大家對於提高所得稅收能帶來的益處表示懷疑，因此課徵更高稅率將會流失選票。

課稅和移轉的效果極限

為了說明昔日的課稅—移轉重分配工具能達成什麼效果，還有仍然遺留的問題，我們可以看看圖七中過去半世紀美國和德國的例子。圖中的最高線是市場所得（market income）的不平等係數，是以稅前和政府移轉前的收入來計算。美、德兩國（其實是所有富裕國家）的市場所得不均都急遽成長，原因我們之前已經談過；德國的上升程度甚至高過美國。中間的線則是總所得（gross income）不均係數，也就是納入了政府移轉部分（像是退休金和社會福利）後的所得不均，底下的線則是可支配所得（disposable income），稅後的所得不均係數。如果政策制定者或立法者想修正可支配所得的分配不均，要不就提高稅率和移轉，要不就是讓稅率更加累進。

德國幾乎成功消弭了越演越烈的市場所得不均。可支配所得不均（最底線）自一九八〇年代起只有小幅成長。這份成績來自於大量社會移轉（最高線和中間線的間距越來越大），某種程度上也歸功於嚴格的累進稅率（中間線和最底線的間距自一九九〇年後持平不變）。美國則相反，所得分配的進步不大，因此可支配所得不平等的上升程度幾乎和市場所得一樣（最高線和最底線幾乎平行發展）。這個對照圖清楚說明政策的確有其效果，但也看出了政策的局限性。更多移轉和直接稅率確實可以抵銷更高的不均等。但如果不平等持續惡化，這個策略面對的挑戰會越來越大；總有一天，舊的重分配工具將不堪重任。

圖七　美國（1974-2016）與德國（1978-2015）的市場所得、總所得和可支配所得不均程度

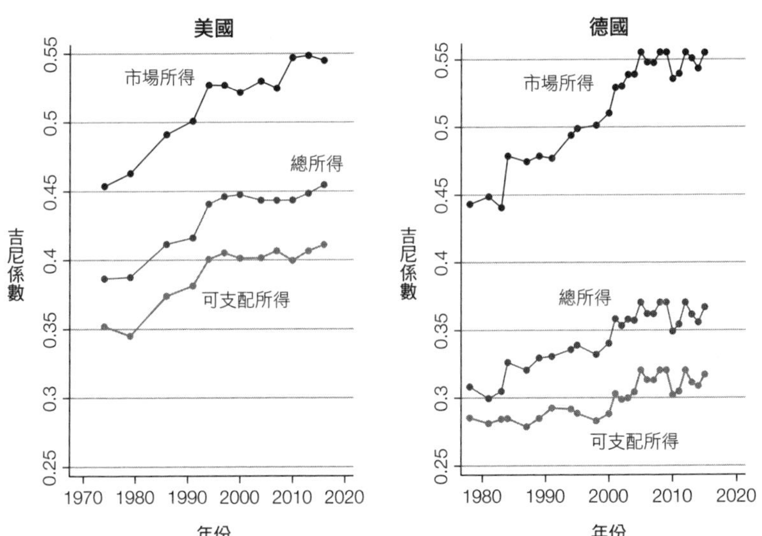

市場所得包括公司和其他聘僱相關費用、房地產所得和自僱所得。總所得則是市場所得加上現金式社會移轉，像是政府退休計畫、失業補助和福利津貼（像美國的營養補充計畫，之前稱為糧食券）。可支配所得則是總所得扣除直接稅。政府提供的整體福利（醫療和教育）則不包括在計算之內。所有計算都是以人均為單位（意即吉尼數是按照各家的人均所得來計算）。

資料來源：計算數據來自盧森堡所得研究中心（https://www.lisdatacenter.org）。

如果貧富不均勢必繼續惡化，如果以前的工具也不再有效，該怎麼辦？我們不僅應該跳脫框架思考，找出新工具，而且一定要設定全新的目標：**我們應該讓全人口的資本稟賦（endowment）和技能稟賦接近均等，以此為基礎打造出一套平等資本主義（egalitarian capitalism）**。

> 唯有原型共產主義政策能帶來小國的自由主義烏托邦

即使不做大量所得重分配，這種形式的資本主義也能帶來更均等的結果。如果富人擁有資本和技能只是窮人的兩倍，而且假定資本和技能的報酬率幾乎一樣，那麼整體貧富不均將不會超過二比一。再看一次圖七，平衡稟賦將會直接影響市場的分配不均：這麼做將會減緩甚至逆轉最高線的上揚，甚至能夠在不影響可支配所得整體不平等程度的情況下降低重分配的金額（最高線和下面兩條線的間距）。現實中最接近理論的就是臺灣，這裡的勞動所得和資本所得分配都明顯比其他富裕國家平等（圖四），也因此在非常少量的重分配下，臺灣的可支配所得不均程度卻非常接近加拿大。繼續延伸到極端的例子，想像某個世界的資本稟賦和勞動稟賦完全平等：市場所得不平等將為零，也不需要任何重分配，可支配所得不均也會是零。[39]

但資本稟賦和技能稟賦的分配要如何更均等？以資本來說，可以藉著分散資本的所有權來達成；以勞動來說，可以透過平衡相同技能程度的報酬來達成。所以在資本面，我們藉著平均資本稟賦的存貨來降低分配不平等；在勞動面，我們藉著平均（教育）存貨的報酬率來降低分配不平等。[40]

先從資本談起。如之前「資本所有權高度集中」所討論，所有已開發國家自一九七〇年代起，所得集中於房地產的程度就居高不下。這也是為什麼資本相對勞動的力量增加，還有資本所得比重上升會直接導致個人貧富不均惡化的關鍵原因。

國家政策可能無法影響總所得內資本和勞動的比重走勢（因為這通常受到科技改變和全球化的影響），但政府絕對可以影響國內的個人資本所有權分配。如果資本所有權較為分散，那麼資本所得比重上升就不見得會導致個人不平等惡化。個人間的分配不均上升可能獲得控制，甚至被阻止。

降低資本集中度的方法其實早已存在，只是沒有嚴格並持續實施。我們可以將其分成三大類。

資本所有權去集中化

第一類是制定優惠稅率提高證券對中小型持股者的吸引力，並且降低對大型持股者的吸引力（和美國目前的制度恰恰相反）。眼下，中產階級持有的金融資產相對稀少，但這些資產長期的報酬勝過房地產。如果我們想平衡中產階級和富人所獲得的報酬，就該鼓勵中產階級持有更多股票和債權。對此提案的普遍反對意見是，小投資人無法承受風險，即使是少許虧損可能就失去大部分財產。這是真的，但其實有既可以增加小投資人報酬又可以確保波動較低的辦法。許多目前只適用於大型投資者的賦稅優惠應該涵蓋小投資人，甚至，應該直接制定針對後者的賦稅減免。也可以透過政府擔保的保險計畫為某些小型投資設定下限（像是，以實質報酬零為下限），來降低投資波動和提供更多投資保障。小投資者可以每年在申請退稅時利用這項擔保服務。[41]

第二類是透過員工持股計畫（employee stock ownership plan, ESOP）或其他公司激勵措施來鼓勵員工持有股票。美國和許多國家早已有相關法律規定，而且這也不是新點子。一九一九年，厄文．費雪（Irving Fisher）在美國經濟學會（American Economic Association）會長致詞時就提出這個概念（參考文獻第七七項，第一三頁）；一九八〇年代柴契爾夫人（Margaret Thatcher）也有「人民資本主義」（people's capitalism）類似的說法。然而，員工持股計畫在一九八〇年代盛行一陣後逐漸無人聞問。

現在提到員工股份，多半是激勵高階管理者的手段，並不是為了促進勞工資本主義。反對員工持股的理由是勞工傾向分散投資而不是工資和投資報酬都仰賴同一間公司。勞工們最好是「投資」勞動力在這間公司，但投資資本到其他公司、政府債或房地產。這種說法理論上很正確。正常狀況下，比較合理的做法是投資在自己沒有任職的公司。但是，大部分人幾乎沒有金融資產，所以到頭來雞蛋還是在同一個籃子裡，也就是他們上班的公司。如果中產階級有更多投資金融資產的機會，那麼員工持股計畫或許是次佳的策略。但只要能進行小額獲利投資的機會稀少，員工持股計畫就是降低資產持有集中度的合理措施。[42]

第三類是課徵遺產稅或富人稅，稅收所得用來讓每一位年輕人都獲得資本補助（安東尼・阿金森（Anthony Atkinson，參考文獻第一二項）和詹姆士・米德（James Meade，參考文獻第一三九項）都曾提出此想法）。大體上，課徵遺產稅有許多優點。相較於所得稅，遺產稅對工作或投資決定的影響較小，而且它代表的是對後代子孫（非親自賺取）的財富課稅。此外，上層階級得以不斷延續的原因，就是能將許多資產移轉（而且通常免稅）給後代的能力。因此針對遺產課稅，也能在降低機會不均上扮演重要角色。

我們也應該以知識和意識形態的脈絡來探討遺產稅。羅爾斯在他的各種平等分類中，將遺產稅視為做到法治平等的第一（也是最基本）配套措施（參考文獻第一六八項，第五七頁）在羅爾斯認定的最低階平等裡，人們在爭取和他人相同的生活地位時不應受到法律限制。這種程度的平等滿足了羅爾斯的正義第一原則，也就是，不論經濟或社會階層為何，每個人都享有一樣的政治自由。這是羅爾斯所認定的「自然自由」，或者本書的「菁英資本主義」。

十九世紀中下葉的歐洲、俄國和美國，獨立後的印度，還有二十世紀中葉的中國革命，幾乎全世界都開始採行自然自由體系。接著，各個國家開始改變，逐漸在不同程度上體現羅爾斯的第二平等原則，也就是「機會平等」。要達成機會平等就必須採取修正手段，彌補出生「正確」家庭或擁有「正確」天賦的人所享受的優勢。修正不可能完美，那得包括修正各種天生才智的不同還有出生優渥家庭孩子所享有的各種無形優勢。但是有效的修正是可能的，而羅爾斯所介紹的第一個修正性政策就是遺產稅。然後再加上免費學校教育，我們就算進入羅爾斯的「自由主義平等」（liberal equality）（本書的「自由資本主義」）。因此，遺產稅不僅本身效益高（根據羅爾斯和其他擁護機會平等的人），如果稅收能分配到所有公民身上的話，還可以降低財富集中程度。因此，此稅的好處有兩個層面：當下的平等和未來的機會。[43]

不幸的是遺產稅在多數先進經濟體中已經式微。即使有遺產稅而且邊際稅率高的國家（日本、南韓的邊際稅率高達五〇%；英國、法國和美國的邊際稅率為四〇%至四五%），稅收也因為高免稅額（繼承低於該額度可免稅）而大量減少。美國二〇〇一年的免稅額為六十七萬五千美元，到二〇一七年已經調高到五百四十九萬美元（已婚夫婦則合計兩千兩百萬美元）。卡羅琳·弗蘭德（Caroline Freund，參考文獻第八二項，第一七四頁）指出：「二〇〇一年，房地產遺產稅的稅收高達〔美國〕食物券計畫成本的十四倍。到二〇一一年稅收僅夠支付該計畫的三分之二。」因為免稅額提高和邊際稅率降低而效果不彰的遺產稅無法在提升環境平等上發揮應有的效果。回到羅爾斯的平等分類，看來很多國家甚至從自然主義平等退步，回到僅是自然平等的體系，提供法制上的平等卻沒有機會的平等。

談完了資本稟賦的均等，來看看勞動稟賦。在富裕且高教育程度的社會，問題癥結並不是讓教育更普及，而是讓教育程度相當的人擁有一樣的教育報酬率。工資不平等的原因已經不完全是個人受教年限的差異（這個差異只會越來越小）。今天，工資不平等（以同樣受教年數、經驗，和其他相關條件來看）也和學校實質或印象中的品質差別有關。消除這種不平等的辦法是平衡各個學校的教學水準。在美國，甚至歐洲也是，這代表要提升公立學校的品質。唯一的辦法是大量投資公立教育體系並且取消私立學校享有的眾多優勢（包括免稅狀態），後者多半手握大筆金融資產。[44]如果不拉近私立和公立的水準，光是延長教育年限或允許一些中下階層學生進入名校就讀，將無法降低勞動所得不均或加強機會均等。

全球化年代下的福利國家

福利國家正承受著全球化和移民帶來的壓力，這說法一點都不為過。要了解壓力的本質，我們先回頭談福利國家的起源。

獲得等質教育的平等途徑

誠如阿夫納・奧佛（Avner Offer）和丹尼爾・松德柏格（Daniel Söderberg）在二〇一六年的著作《諾貝爾因子》（*The Nobel Factor*）中所回顧（參考文獻

第一五三項），社會主義民主福利國家出現是因為眾人開始領悟到，所有人都有可能遇上沒有收入卻仍然需要開銷的情況。這種情況可能發生在幼兒（所以有兒童福利）、病患（醫療保險和補助）、工傷者（工作意外保險）、新手父母（育嬰假）、失業者（失業津貼）和老年人（退休金）身上。福利國家的出現是為了以保險的形式替這些無法避免或者常見的情況提供福利。它奠基於一種假設的行為共通性，或者換個說法，文化和民族的同質性。所以當福利國家原型出現在一九三〇年代同質性很高的瑞典時，會擁有很多民族社會主義（在此無貶抑之意）的元素絕非偶然。

除了建立在共同行為與生活經驗外，福利國家為了永續運作還需要全民參與。社會保險不能只適用於一小部分勞動力，這麼做會導致反向選擇，美國爭論不休的健保之戰就是最佳範例。如果可以選擇退出，所有認為自己不需要這份保險的人（比方有錢人，不太有失業煩惱的人，或者健康的人）就會退場，因為他們不想補貼「其他人」。可是體系如果只剩「其他人」將無法維持，因為保費會非常高昂。因此，福利國家要成功勢必要涵蓋所有勞動力或國民才行。

全球化削弱了這些必要條件。貿易全球化導致幾乎所有西方國家的中產階級比重還有相對收入下滑。收入兩極化的問題隨之出現：越來越多人處於所得分配的兩端，越來越少人的收入接近中位數。[45]隨著收入兩極化，富人發現自己創造私人體系可以過得更好，因為和那些貧困且高風險的人（像是失業風險高或罹患特定疾病者）共享一個系統，表示一部分所得會轉移到這些人身上。私人體系也提供富人較高的服務品質（以每一塊花費為單位來看），因為可以省下那些富人不會有的風險成本。如果富人幾乎不抽菸或沒有肥胖問題，他們自然沒有動機去支付針對吸菸者或過胖者的醫療照護。這將形成社會分離主義的雛形，結果就是私人健保、私人教育和私人退休金。[46]一旦這些私人體系出現，富人就更加不願意繳納高額稅金，因為自己幾乎很少使用到政府資源。最後，稅基遭到破壞。結論是，一個非常不平等、兩極化的社會將很難維持昂貴的福利國家制度。

全球化的另一個面向，經濟移民，也削弱了對福利國家的支持。幾乎所有富裕國家在過去五十年都受到影響，有些歐洲國家甚至是第一次面對。發生原因則是，社會體系納入了一群在社會風俗、行為或生活經驗都大不相同的人。本國人和移民可能會出現不同的行為，有不同的偏好；類似差異也可能存在不同的本國團體之間。

在美國，大多數白人和非裔美國人之間缺乏「好感」的情況也使得美國的國家福利制度遠不及歐洲其他國家（參考文獻第一一四項）。歐洲現在也出現類似情況，大量移民尚未同化，然後本國人又認為移民享有過多的福利。本國人對移民缺乏好感的事實其實毋須被解讀為歧視。有時候歧視的確是部分原因，但通常這種觀感是因為其中一方並不了解另一方的生命歷程或節奏，因此變得不願意貢獻己力來保障這些事件。在美國，非

移民和福利國家

裔美國人失業或坐牢的風險較高，這可能導致白人傾向支持比較簡陋的失業補助和失靈的監獄系統。同理，由於移民通常生養較多，或許導致歐洲的兒童福利縮水。無論哪種情況，生活預期經驗的差異會破壞福利國家順利運作所必須擁有的同質性。

除此之外，全球化時代高度發展的福利國家可能會出現反作用力，吸引到低技能或缺乏雄心的移民。假設其他條件相同，移民在決定遷入國家時應該會比較各個國家的薪資。原則上，富裕國家比較受歡迎。但我們也必須考量到移民人口對自己將會落在移入國哪個收入分配區間的預測。如果移民者預期自己會落在收入分配的底部，也許是技能不足或胸無大志，那麼福利制度比較龐大的平等主義國家就會比較吸引人。如果移民者預期自己會落在新國家收入分配的前頭，那麼他的考量將截然不同。因此，決定移入高度開發福利國家的移民其實是反向選擇。

圖八是根據二〇〇八年共一百一十八國所做的計算（參考文獻第一四五項），顯示出根據移民者所預期的自身收入分配落點，移入國的分配平等度有多大的價值。數據結果的解讀如下。如果移民者悲觀或技能程度低，因而預計自己會落在移入國收入分配的最後五％（最貧困五％），那麼選擇人均國內生產毛額少八％但不平程度也低了一個吉尼點的國家，和選擇薪水比較高卻比較不平等國家，其實收入程度是一樣的；這是A點的情況。

圖八中橫軸的第二個區間，平等度的價值就少了一些，大概只值五％收入差異，以此類推。

但是，移民者的收入預測落在第十六或以上的區間卻會偏好比較不平等的國家，因為自此開始不平等反而對移民者有利。對這些樂觀或高技能的移民者而言，不平等反而是優勢，他們可能甚至願意移入比較窮困但高度不均的國家。舉個例子，他們可能會選擇移民哥倫比亞而不是瑞典，雖然前者比較窮。既

圖八　移民者所考量的移入國平均所得和所得不均程度之間的換算

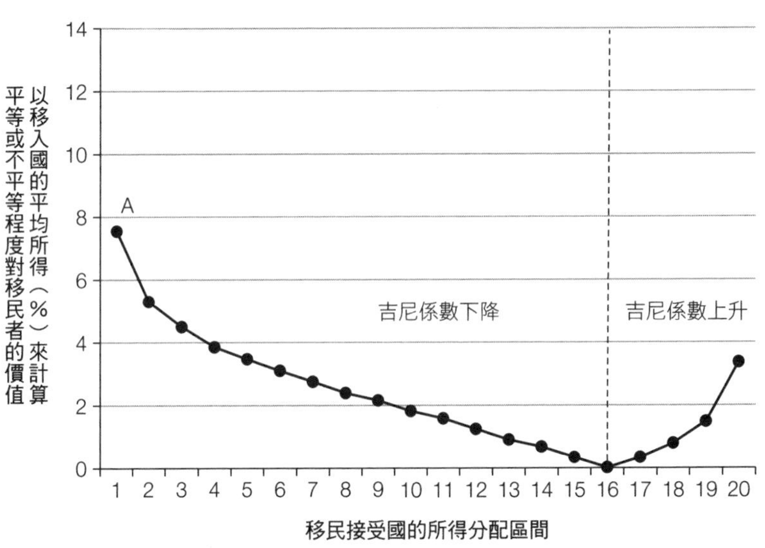

此圖是以移入國的平均收入為單位來顯示，一個所得分配較平等國家（吉尼係數較低）（如果移民者預期自己會在移入國的所得分配後段）或較不平等國家（吉尼係數較高）（如果移民者預期自己會在移入國的所得分配前段）對移民者來說的價值是多少。換言之，那些預期自己收入將落在移入國所得分布後面十六個區間的移民者，搬到平均收入低但平等程度高的國家（像瑞典）可能是比較好的選擇，而不是收入比較高但分配不均等的國家（像美國）。但對預期自己收入會落在移入國所得分布前四個區間的移民者，情況則相反。

資料來源：由作者（參考文獻第145項）的資料計算而來。

然他們預期自己的收入將落在該國的高點，國家的不平等程度反而比平均收入重要。正如前面所言，預期自己收入將落在低區間的低技能或悲觀移民則想得恰恰相反：他們會選擇比較平等的國家。因此，可能出現悲觀移民者移入社會安全網高度發展國家的反向選擇。如果這些悲觀移民真的是技能不足，那麼富裕的社會福利國反而吸引了「錯誤的」移民類型。[47]

烏夫・阿克吉特（Ufuk Akcigit）、薩洛梅・巴斯蘭茲（Salomé Baslandze）和斯蒂芬妮・斯坦齊瓦（Stefanie Stantcheva）證明了這種反向選擇的存在（參考文獻第四項），他們發現發明者（高技能或雄心勃勃）傾向由高稅率國移入低稅率國，也就是社會福利較不發達的國家。喬治・波加斯（George Borjas，參考文獻第三〇項）則從移入美國者的身上觀察到一樣的事：選擇從經濟較平等國家移入美國的移民，通常技能程度較高。

問題最嚴重的是那些福利制度健全而且所得流動低的國家。選擇這種國家的移民者無法期望自己的孩子能爬上收入階梯。在這種破壞性的回饋循環（feedback loop）裡，這些國家吸引了技能最低或最沒有想法的移民者，一旦後者形成了一個下層階級，孩子們的向上流動會備受限制。這種體系就像自我實現的預言：持續吸引更多無法和社會同化的低技能移民。本地人則會認為移民都是沒有能力又沒有想法的人（如我所言，這部分或許不假），因此他們和自己「不一樣」。同時，移民者則認為自己無法成為社群中的對等成員是因為本地人反移民的偏見，甚至更糟，是宗教或種族歧視。

因此，大型福利國家面臨了兩種有害選擇，而且兩者彼此助長。在國內，貧富兩極化鼓勵私人的服務體系出現，並且導致富人選擇退出政府提供的服務體系。這造成政府體系裡只剩下保費高到無法負擔的人，很多人可能乾脆退出。在國際上，反向選擇帶來低技能移民，這也慢慢導致本國人退出政府體系。

已開發的福利國家在全球化時代所面臨的惡性循環並沒有簡單解藥。但是，兩項重要措施應該會帶來顯著改變：

一、實施能均衡不同稟賦的政策，進而降低所得稅還有縮小福利制度規模（詳見前文「為何二十世紀的工具無法處理二十一世紀的所得不平等」）。

二、徹底改變移民本質，讓移民更接近勞動力的暫時移動，不輕易賦予公民身分和所有福利資格（將於第四章詳細討論）。

千秋萬世的上層階級？

上層階級不可能世代流傳，除非該階級進行政治干預。在這方面，只有政治能保證上層階級永遠留在上位。

理論上，民主社會不可能有這種情況。每個人都有投票權，而符合大部分人民利益的是確保那些有錢有勢者不能永遠維持這種地位。然而，大量可靠證據顯示美國富人享有高得離譜的政治影響力。有史以來第一次，政治科學家馬丁・吉倫斯（Martin Gilens，參考文獻第八九項；參考文獻第九〇項）、班哲明・佩吉（Benjamin Page，參考文獻第九一項），還有克里斯多夫・亞臣（Christopher Achen）和賴瑞・巴托斯（Larry Bartels）（參考文獻第三項），以數據確認了富人有更大的政治影響力，還有政治體系已經從民主政治轉變成寡頭政治。寡頭政治，引用亞里斯多德的定義就是：「政治力的擁有，來自於經濟力或財富的擁有。」[48]舉個例子，吉倫斯（參考文獻第九〇項）發現美國國會傾向討論並表決和富人權益有關的法案，而不是那些只和中產階級或窮人有關的法案。[49]吉倫斯的結論是，中產階級議題只有和富人權益重疊時才會被重視。

這些發現事關重大，不只是因為其經驗實力和政治意義而著稱，而且因為它們適用於世界上最成熟的民主國家之一；傳統上一般認為這個國家的中產階級在政治、經濟上都扮演著關鍵角色。如果連在最支持中產階級的國家（至少在意識對話上），中產階級的政治力只有在和富人同一陣線才能發揮，那麼世界上其他國家的中產和貧困階級則離政治更加遙遠了。

但富人如何在民主政體中控制政治流程？原因很難解釋，因為富人並不是在法律上有特殊權力的獨立團體，而且當代民主政治選出來的政治人物也不一定來自特權階級。有人可能會主張，由於過去對選舉權的限制，政治人物幾乎都是有錢人，因此也擁有共通的觀點、利益，和其他有錢人之間的共識。但今天的民主已經改頭換面。政治人物來自各種不同社會階層和背景，大部分人的社交生活中幾乎沒什麼富豪。美國的比爾·柯林頓（Bill Clinton）和巴拉克·歐巴馬（Barack Obama），英國的柴契爾夫人和約翰·梅傑（John Major），全都出身一般家庭，但施政上卻有效地支持那些所得前一％者的利益。

政治掌握在前一％的人手中

這些富人的影響力從哪裡來？答案很簡單：透過贊助政黨和選舉活動。美國是最佳例子，因為企業能贊助政客而且私人捐款幾乎沒有限制。這導致政治獻金的來源高度集中於所得或財富分配頂端的人。二〇一六年，財富排名前一％中的前面一％（我沒有打錯）就貢獻了全美政治獻金的四〇％。[50]事實上，政治力的集中程度比財富集中度還要高。[51]如果把政治捐款視為一種開支，這無疑是只有富人才能從事的消費，就像遊艇和超級跑車一樣。

除了影響選舉所需要的金額和政治獻金的普遍度以外，這其實不是個新發現。約翰．史都華．彌爾（John Stuart Mill）在一八六一年的文章「論代議政府」（On Representative Government）中寫道：「在政治人物的作為中，至今未曾有任何實際或嚴正地阻止賄賂的嘗試，因為眾人從來不期待選舉不需要花費大量金錢。選舉的昂貴對能夠負擔的人而言是種優勢，能排擠掉許多競爭者。」（參考文獻第一四八項，第三一六頁）這個問題並不局限於美國，德國和法國這兩個在理論上比較嚴格控制選舉經費的國家也一樣（參考文獻第一七八項；參考文獻第二五項）。在許多年輕民主政體國家中，問題可能更嚴重，因為政治獻金的規定更少也經常沒有落實。

近年大多數的歐洲政治醜聞（像是德國的海爾穆．科爾（Helmuth Kohl）、法國的尼古拉．薩科齊（Nicolas Sarkozy），和義大利的西爾維奥．貝魯斯柯尼（Silvio Berlusconi））都不是個人貪汙案，而是政治人物非法接受金援並用於政治活動上的政治動機貪汙。在印度，這個問題已經到了嚴重的地步，檯面下收受大量政治獻金稀鬆平常，候選人拿錢部分留著自己用，部分是給政黨（參考文獻第五六項）。在東歐和南歐，花在競選活動（民調專家費用、活動規劃費用、報紙廣告、電子媒體、電視）的實際費用和申報所收到的合法獻金之間有著巨大鴻溝。這個問題被大家一致沉默並且無視：沒有人去問勝選者怎麼贏得選舉，而敗選者知道一旦被追究自己也逃不過。

下一個問題則是，富人的貢獻是否獲得回報。政客有滿足富人的心願嗎？我在本節一開始就舉出了政客的確比較關心富人相關議題的經驗證據。不過經濟學家也對這一點提供了方法論見解。這個問題或許問得很多餘，畢竟答案如此明顯，就像是問富人是否喜歡自己買的大豪宅一樣。事實就是，沒有人會付錢然後完全不求回報，不管回報是住豪宅的享受還是更優惠的稅制。

宣稱有錢人完全沒有企圖地捐款給政治活動不僅和富人的日常行為背道而馳（大部分有錢人都是因為從員工、供應商、顧客身上壓榨出最大利益，因而致富），甚至違背了我們對人性的基本了解。只有政客有辦法公開講出如此不合邏輯的話。就像希拉蕊·柯林頓（Hillary Clinton），她宣稱對人們認為高盛（Goldman Sachs）捐了大筆款項給她是有所企圖這種想法感到驚訝。[52]我們要先相信有錢的捐款人大約每兩年或四年會暫時失心瘋，才能相信希拉蕊的話。換句話說，不管是債權融資或競選獻金，有錢人（和所有人一樣）都期待付出去的錢能獲得回報，這是正常不過的行為。[53]

富人用政治獻金購買的是對自己有利的財金政策：降低高所得的稅率、更多賦稅減免、企業減稅以提高資本收益、減少法規限制等。這些政策則反過來增加富人保持住自己地位的可能性。

權力和財富的結合

這是整條關係鏈的最後環節，從總所得中資本所得比重上升，一直連結到自由菁英資本主義的永久（或至少長久）上層階級的出現。沒有這最後一環，上層階級仍然享有許多助力幫他們留在原位，一旦多了這最後政治力的環節，他們的地位變得固若金湯；這成了一套封閉系統。因此上層社會想要源遠流長，絕對少不了對政治的控制力，這也是本節開頭所說的第一句話。

菁英偏好昂貴教育因為能加強自己的勢力

但是我們不能大意地以為新資本上層階級和過去一樣。之前我已經解釋了新上層階級成員的多種不同之處：受過更好的教育、更努力工作而且勞動所得比重更高，還有他們傾向彼此通婚。他們也極度重視孩子的教育。現代「新資本」上層階級渴望將資產和各種無形優勢傳承給下一代，像是人脈還有金錢所能買到的最好教育。在這種環境下，昂貴的私立教育在人們心中有了全新地位。美國私立高等教育費用上漲的速度已經超過平均生活成本或者平均家戶所得上漲速度的好幾倍，昂貴的私教意味中產階級無法讓孩子接受這種教育。[54]

全美排名前三十八名的大學中，來自所得排名前一%家庭的學生人數，多過來自所得排名後面六〇%家庭的人數。[55]如果假設每個富人和窮人家庭的孩童數量相同，這表示生在極富裕家庭的小孩日後就讀最好學校的機會是貧困、甚至中產家庭小孩的六十倍之多。[56]「傳承入學」（**legacy admission**，入學原因是因為家裡有親戚就讀過同一間學校）的學生人數就占了全美前一百大大學入學人數的十分之一至四分之一（參考文獻第一二二項）。

此外，由於美國高等教育體系中，一旦入了學幾乎確定會畢業，因此父母和孩子的全副心力都放在大學入學上頭，而這正是富裕家庭享有莫大優勢的地方。[57]這也是私立中學，甚至一路往下到私立小學和幼兒園教育很重要的原因，因為這是一條通往菁英大學的路。所以單單比較頂尖私立大學和州立大學的學費差異是不夠的，應該還要看孩子在進入大學前，走私立體制和走公立體制整體十四到十六年費用的差異。既然入學就幾乎一定會畢業，一旦這份投資順利開花結果，進入了名校，永遠處於競爭環境的富人子女就可以高枕無憂了。[58]以小布希（George W. Bush）為例，最重要的是進入耶魯大學，而他的家族也確保了這件事。入學以後，他只要能避免重大醜聞或輟學就可以了。[59]

昂貴教育成本和社會對名校教育品質的看法發揮了兩種作用：富人藉由壟斷頂尖教育阻止其他人和財富金字塔頂端的人競爭，同時對社會傳遞了就讀名校者不僅有錢而且才智也高的訊息。[60]

請注意，這兩個元素（昂貴和教育品質）缺一不可。如果不昂貴，那麼富家子弟所面臨的入學競爭就會嚴峻很多；而如果這些學校的品質稍微差一點，那麼學位可能被當作替有錢人家裝點專業門面的外衣，在現實社會得不到任何尊重。就是因為這些學校又貴（因而拉低競爭）又好（象徵才智卓越），富人才能避免掉這兩種問題。就讀這些名校的優勢不僅體現在越漲越高的學費上，也反映在和其他受教年限相同的畢業生差別待遇上。從大學入學起算的十年後，所有大學畢業生前一〇%高收入者的薪水中位數是六萬八千美元，全美前十名頂尖大學畢業生的薪水中位數則是二十二萬美元（參考文獻第一八三項，第二二頁）。

也因此我們可以想見，如果政府沒有採取有效手段來改善公立教育品質並且拉高大眾進入頂尖學院的機會，美國當前的問題將會越來越嚴重而且擴散到其他國家。過去以公立教育素質強大而聞名的歐洲國家也開始出現同樣的現象，雖然還在早期階段。

當富人體認到昂貴私人教育的優勢，他們願意支付高額學費，於是私立名校可以聘請最優秀的教授並逐漸挖角公立教育的好老師和有錢家庭的孩子。而且，當富人的生活逐漸自成一體，他們支付公立教育稅金的意願也跟著消失。最後形成一種類似財富分配的兩極教育體系：一小撮頂尖名校幾乎只招收有錢學生，另外則是一大群中等學校對大眾開放。

因為如此，上層階級的成員能夠將優勢傳承給下一代。除了父母在世時能獲得金錢、之後繼承遺產，並且得到雙親的社會資本，富孩子也擁有一路從幼兒園到研究所都是優質教育的優勢。丹尼爾．馬科維茲（Daniel Markovits）在二〇一五年耶魯法學院的開學演講中，認為富裕家庭子女所獲得的額外教育投資（和中產階級相比）相當於繼承了介於五百到一千萬美元的現金。他做了結論：「貧困或甚至中產階級人家的孩子完全無法競爭……和從出生，甚至還在子宮裡就接受這樣龐大、持久、有規劃的投資的人。」如果只以自己的利益為考量，公平的雇主絕對會把比較好的職缺給這些優勢族群。這也和其他許多方面一樣，同時有兩種平衡存在，一種是存在富人之間的上層平衡，一種則是中產階級的下層平衡。兩者的作用力互相增強各自的存在，情況更難逆轉。

最後來談財富繼承。想了解金融遺產的重要性，我們可以先參考法國的數據，不過像美國這樣貧富不均十分嚴重的國家，金融遺產的重要性應該更大。皮凱提在《二十一世紀資本論》（參考文獻第一六〇項，第三七七至四二九頁）提出以下問題：每年被繼承的財富總額多大，還有，一年之中有多少比例的人口，繼承到的金額大於所得排名中後段勞工（簡稱「中階勞工」）一輩子的所得。這是個關鍵問題，因為接收到這種金額的人口比例越高，假設其他條件都相同，表示「收租階級」的比例越大。財富遺產占國內生產毛額比重的公式為 $\mu m\beta$，m 是年死亡率，μ 是死者財富相對於生者財富的比例，而 β 則是國家的財富與產出的比例。當國家越來越富裕，β 會上升；隨著人的壽命越長，死者財富也會高過成年人的平均財富（因為通常人活得越久會累積越多財富）。因此這兩個變因會隨著時間過去而拉高遺產占全國所得的比例。

財富繼承

在法國，遺產占了國內生產毛額的一五%（參考文獻第一六〇項，圖一一．一）。那麼法國有多少人繼承的遺產等於或大於中階勞工一輩子的收入呢？介於一二%至一五%。這一群人如果維持中階勞工的生活水準，一輩子都不需要賺取任何收入。

在財富分配更不均等的國家這個比例應該更高，因為μ會更高。即使我們知道高度貧富不均的國家裡遺產繼承本來就是屬於有錢人的事，而且就算高額遺產（價值超過了中階勞工一生的收入）的比例可能很小，但這些重要人口比起沒有或很少遺產的人來說，享有巨大優勢仍然是一個不爭的事實。[61]

上層階級對外的開放程度？

自由菁英資本主義下的上層階級有一項特質，就是對圈外人相對開放。因為上層階級在法律上和其他人口並無不同（不是貴族），而且現實中唯一的辨識特徵就是錢，因此並不會排除那些靠努力或運氣而一步步致富的人。當代上層階級和過去不同，他們接納新成員而且不會瞧不起後者；甚至可能對新成員懷抱更多敬意，因為他們的攀頂之路更為艱辛。對新成員的開放性在兩個層面上更加鞏固了上層階級：吸納底下階級的菁英分子，並且昭告世界通往上層階級的道路並未關閉，於是上層階級顯得更加合理並且穩定。

科技快速發展和致富速度變快也可能增加上層階級對新成員的接納程度，這正是過去幾十年的情況。大致檢視一下億萬富翁們的檔案就能看出，雖然許多億萬富翁自小家境富裕，但只有非常少數來自財富排名前一%的家庭或是享有不成比例的社會優勢。美國億萬富翁的資料是最好證明：美國億萬富翁財產中的遺產比重從一九七六年的五〇%降到二〇〇一年的三五%，然後二〇一四年只有三〇%左右（參考文獻第八三項，第三〇頁）。[62]大多數億萬富翁（甚至百萬富翁）

的收入水準和社會地位都比父母高出許多；這些人做到了絕對和相對的世代向上流動。

這些觀察可能顯示，在一段特定時間內，快速的經濟和所得成長還有跨世代流動之間有正向關係。這種正向關係似乎和之前提到的數據互相矛盾，後者顯示高度貧富不均和低度流動性有關聯。我們必須區分這兩個變數（貧富不均和流動性）短期和長期的變化才能夠理解為何兩種說法同時成立。我們以圖九來說明下面例子。

根據美國和其他國家長期資料來看，假設流動性和不平等是負相關，兩者關係在圖中以AA線來表達。現在，假設某國的情況為Z點，但是在科技快速演進還有新巨額財富的影響下，貧富不均程度上升。不均和移動可能同時上升，於是國家情況移動到Z_1點。但是，Z_1點其實位於一條新的（更高

圖九　貧富不均和跨世代流動性的長期與短期關係

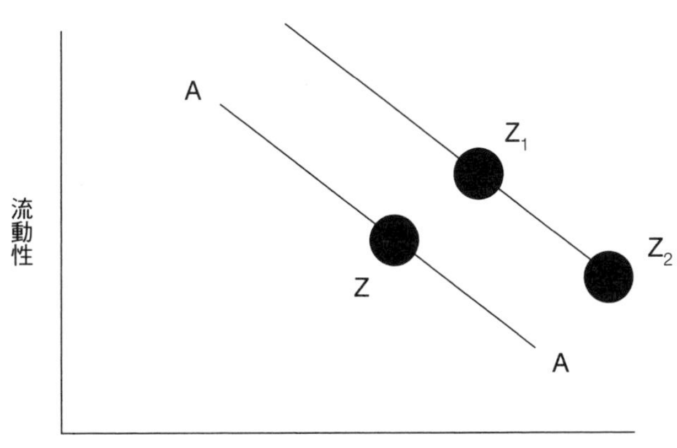

的）不均和流動性相關線上，長期來看兩者仍然是負相關（高貧富不均和低流動）。這就是為何我們應該要區分不均和流動的短期移動跟長期關係，而且短期看來正面的變化，長遠來看仍然是一段「負面」關係。

如何看待今天自由菁英資本主義裡的菁英階級？

事實上，這表示一旦科技演進的腳步慢了下來，新財富漸漸枯竭，上層階級的地位將更難動搖。屆時上層階級開放程度下降，不平等程度更大，而且社會流動性更低，以圖中的Z_2點表示。這絕對是打造（半）長遠上層階級的祕訣。

馬克斯和義大利經濟學家維爾費多·帕雷多（Vilfredo Pareto）對統治階級（馬克思術語）和菁英（帕雷多術語）的看法其實非常接近。雙方皆認為每個社會都包含了一個獨特的上層階級，而該階級會利用意識形態將自身利益包裝成大眾利益，進而維持對其他階級的領導權。

然而，他們對以生產工具所有權來區分階級的重要性，還有生產活動如何管理的重要性看法分歧。馬克思認為這兩點決定了社會的特徵和統治階級的特徵，帕雷多的看法則比較開放：即使只有單一社會形態，菁英仍然可能依據不同條件形成，並以不同方式維持其主導權。帕雷多定義了兩類型的領導階級：透過暴力手段維持地位的武裝階級「獅子」，和不使用暴力，而是透過經濟力量和意識主導權來統治的「狐狸」。[63]

帕雷多的分類引發了我們的下一個問題：根據自由菁英資本主義的本質，其上層階級的主特徵為何？或者換個說法，什麼樣的菁英或統治階級（在此我將交替使用兩詞）會出現在自由菁英資本主義社會並茁壯？

如果用帕雷多的說法，自由資本主義的統治階級絕對是一群狐狸；不使用軍事手段來維持勢力，另外還有本章之前所討論過的其他特徵。在此我一併總結：

一、統治階級控制著國家絕大多數的金融資本。我們已經看見，在美國財富排行榜前一〇％的人，手握超過全國九〇％金融資產。

二、統治階級的教育程度很高。大部分的統治階級都有工作而且勞動收入多半很高（因為高教育程度）。因此統治階級同時有高勞動所得和資本所得，我稱之為「重疊富」。

三、菁英大量投資於自己的後代和政治控制力上。投資子女教育能確保孩子擁有高勞動所得，以及傳統上知識和教育帶來的高社會地位。投資在政治影響力則能掌控繼承法規，輕鬆轉移金融資本給下一代。兩者並行（教育和資本轉移）能使統治階級不斷延續。

四、投資政治控制力的目的不只是改善統治階級當下的經濟實力，也是確保日後長期的統治權。

五、女性和男性擁有同樣的教育資源並且適用於同一套繼承法規，大幅降低了女性和男性在所得上和權力上的差別。因此，自由菁英資本主義的統治階級或許是歷史上性別最平等的統治階級。

六、女性和男性的經濟與教育實力越來越接近，造成更多教育和財富程度接近的配偶組成家庭（門當戶對），也助長了跨世代的優勢維持。

七、因為統治階級並不是以世襲或職業來定義，而是根據財富和教育水準，因此是「開放性」上層階級，能吸收其他階級中賺取到財富並受過良好教育的頂尖成員。

八、統治階級成員辛勤工作並對生活抱持著非道德看法（請見第五章）。任何使上層階級留在原位並鞏固其地位的合法手段，都是好的。上層階級的道德是根據現行法律架構，並且用金錢來控制政治流程，進而改變法律。這種對規則的彈性詮釋，讓上層階級即使越來越偏離普世道德標準，仍然能保持在合法範圍。

第三章　政治資本主義

唯有加諸嚴格的秩序，寡頭政體才能保障自身的安全。

——亞里斯多德，《政治學》（*Politics*）

本章是以史學的（或者說宗譜的）脈絡來研究政治資本主義。我認為，政治資本主義大多數是曾經為殖民地或類殖民地社會發生共產革命後的產物，例如，中國。我會先討論共產主義在全球歷史中的定位，以及共產革命對殖民地社會的影響；接著，我會對政治資本主義做更理論面的定義，並且以中國為例子，討論闡述其主要特徵、矛盾，還有國際角色。由於其經濟和政治實力，中國將是本章主角，就像第二章的美國一樣。（想了解更多我對共產主義不同於一般看法的獨特新詮釋，請見附錄一。）

共產主義的歷史定位

馬克思主義和自由主義對共產主義歷史定位之解讀

要在世界歷史上定位共產主義的興起和隕落並不容易，尤其是所謂「官方」歷史。[1]對馬克思主義的難處在於，馬克思主義認為共產主義是人類演化的巔峰，是歷史努力前往的方向。但是從自由主義的人類歷史（或是過去被稱為「輝格史」）角度來定位共產主義，一樣不容易。事實上，從柏拉圖、黑格爾，到法蘭西斯・福山（Francis Fukuyama）的每一位理性史學家都表示，政經或政治體系的興起和衰亡是遵循著某些可察覺的社會變遷法則。俄國哲學家尼科來・別爾加耶夫（Nikolai Berdyaev）將這些法則分為兩類，「雅典」和「耶路撒冷」：雅典代表週期法則（如柏拉圖認為不同類型的政體以循環模式更迭輪替）；而耶路撒冷代表目的論法則（認為社會是從「低階」或低開發階段，邁向「高階」或高開發階段，走向「耶路撒冷」）。[2]

自由主義和馬克思主義對歷史的觀念都偏向耶路撒冷。無論我們是以宏觀角度來處理歷史規律性，像是探究資本主義之後會是什麼。或是比較微觀的討論，像是我們尋找國家之間收入漸趨一致的證據（如同經濟理論所預期），越民主的國家經濟發展程度通常越高等，其實都一樣。在所有論述中，我們期待能發現一些單向的發展規則，也就是朝著「更好」前進。社會演進並不被視為隨機或週期性，而是朝著更富裕自由社會前進的線性發展。[3]

這就是我們在理解共產主義時碰上的難題。如果我們相信社會經濟體制的興起隕落全屬隨機，那就沒什麼好解釋；如果我們相信自由和暴政之間有週期循環，或像柏拉圖所說的榮譽政治、寡頭政治、民主政治和暴政四階段的話，問題可能小一點，雖然目前沒有人試圖將共產主義放進這種週期發展順序中。但若採取了目的論法則，情況就棘手許多。

術語澄清：「共產主義」和「社會主義」

首先，我要先澄清兩個術語。「共產主義」一詞有好幾個不同意涵。在馬克思主義以外，它通常是指政黨，並且延伸到政黨所統治的社會，特徵是一黨政府、資產國有、中央計畫，還有政治壓迫。但在馬克思主義的語彙中，共產主義是人類發展的最高境界。前面句子裡所說的共產世界對馬克思來說應該是「社會主義」，是從資本主義到共產主義的過渡階段。

為了簡單起見，本書中的共產主義大部分指的是前者（非馬克思主義），但當我討論由共產政黨所主導的經濟體表現時，會使用更普遍的稱呼：「社會主義經濟」。理由是「共產主義經濟」一詞比較適用於兩種情況：一種是某段市場力量完全被壓制的特定時間，像是戰時共產主義（War Communism）下的早期蘇聯；另一種則是以非商品化勞動力、物資普遍充裕、「各盡所能，各取所需」原則為基礎的假想經濟體。既然後者從未存在，而且前者是由內戰所推動的特殊實驗而且只維持了三年，如果用「共產主義」來形容二戰後的東歐、蘇聯和中國會造成誤解。「社會主義經濟」不僅比較精確，而且也和蘇聯布里茲涅夫（Brezhnev）政權後期稱這些社會為「真實存在的社會主義（通常簡稱為「真社會主義」）」[4]相吻合。

共產主義在馬克思主義歷史論述和自由主義歷史論述中的角色

以馬克思思維來定位歷史上的共產主義尤其困難。這不只是因為馬克思主義一開始（現在依然）就將共產主義視為人類社會發展的最高境界，問題是馬克思主義要如何解釋社會主義，這個進入人類演化最高境界的序幕，竟然在贏得好幾國政權並且向外擴散之後，突然間徹底消失，正式地（蘇聯和東歐）或實質地（中國與越南）轉變為資本主義。

最大癥結並不是「真社會主義」缺乏理論上應該有的所有特徵（當然這也是個問題，因為馬克思學者對它的無階級性提出質疑）。最關鍵且明顯無解的問題是，馬克思主義者必須解釋為什麼社會主義這種較優越的社會經濟形態會退化回較劣等的形態。在馬克思主義中，這就好像是去解釋為何一個社會經歷過資本主義和工業革命，創造出資產階級和勞動階級後，原本自由的勞工突然退回到封建制度，再次和土地綑綁一起，然後貴族們強迫工人勞動並且不用交稅一樣。這種發展對馬克思主義者，甚至對所有人來說都是荒謬的。但共產主義「失敗」並退回資本主義也一樣荒謬，而且無法以傳統馬克思主義的架構解釋。

自由主義的架構雖然也不全面，但是可以做出更好的解釋。福山在著作《歷史之終結與最後一人》（*The End of History and the Last Man*）中掌握到了重點，在自由主義的觀點中，自由民主制度和自由放任資本主義代表了人類發明的社會經濟形態的終點。對馬克思主義者來說是無法理解的退步，對自由主義者來說則完全可以理解，這是從較劣等、行不通的制度（共產主義）回到了通往人類演化終點的大道上：自由資本主義。

在此我們可以注意到，自由主義觀點看待共產主義和法西斯主義的方式是多麼類似。存在時間更短暫的法西斯主義也是另一種非常有渲染力的社會經濟體制選項。對自由主義來說，共產主義和法西斯主義都是誤入歧途，只是方向不同：一個太左，一個太右。法西斯主義的衰亡是因為國際戰敗（德國、義大利、日本）或國內演進（西班牙、葡萄牙），幾乎和共產主義的衰亡是對稱的：兩者都是迷途知返，儘管這些迷途羔羊可能蒙受了巨大的物質和人口損失，最後還是回到了正道並且繼續往更進步的社會經濟體系前進，也就是自由資本主義。因此，自由主義對於二十世紀共產主義定位的解釋相對連貫，而且優勢是能夠有系統地處理所有偏離這條通往最佳體系康莊大道的脫軌者。

然而，這只是「相對」連貫，因為它並沒有清楚解釋沿著進步路線走怎麼會出錯；法西斯主義和共產主義似乎是錯誤，最終能被修正，但針對為什麼會發生這種錯誤，自由主義則毫無解釋。如果人類，特別是一九一四年的進步自由資本主義國家，已經走在正確道路上，為什麼法西斯主義和共產主義還能壯大呢？這是自由資本主義史觀面臨的基本問題：解釋在一個視自由主義為組織人類社會最終極、和平的體系內，爆發了歷史上破壞性最大的戰爭。[5] 如何去解釋當自由國際秩序中所有主要成員都是資本主義、全球主義，而且還是民主制度或至少一心嚮往民主（至少西方盟國如此，而德國、奧匈帝國和俄國也都是朝民主前進），卻以大屠殺收場。

第一次世界大戰對輝格史派來說是無法跨越的障礙：它根本不應該發生。在國家內政和國際關係的自由主義正值巔峰時爆發一次大戰，表示自由主義在未來也可能導致相同結果。而一套可能造成世界大戰的體系，顯然不可能是人類追求繁榮和自由的巔峰狀態。

這是自由主義解釋二十世紀歷史時的關鍵障礙，緊接著就是對法西斯主義和共產主義興起的貧乏解釋（或者說毫無解釋）。既然自由主義史觀無法解釋戰爭的爆發，於是也草率地將法西斯主義和共產主義（兩者的確是一戰的產物）視為「錯誤」。指稱某件事為錯誤並不是令人滿意的歷史解釋。因此自由主義理論傾向忽略大部分二十世紀，直接從一九一四年跳到一九八九年柏林圍牆倒塌，彷彿中間什麼都沒發生；一九八九年世界又重回一九一四年的正軌，出錯前的世界。這就是自由主義對戰爭爆發毫無解釋的原因，所提出的解釋是根據政治因素（費茲・費雪（Fritz

Fischer）、尼爾・費格森（Niall Ferguson）〕、貴族社會殘存影響（熊彼得），或者是最不具說服力的，個人行事所造成的錯誤和意外〔愛倫・約翰・柏西瓦爾・泰勒（A. J. P. Taylor）〕。

馬克思主義對戰爭和法西斯主義的解釋好很多。馬派信徒相信戰爭是「最高階資本主義」的後果，也就是，資本主義製造出壟斷和國家專賣，彼此爭奪對世界其他地區的控制權。法西斯主義則是衰退的資本階級對社會革命威脅的回應。因此，儘管資本階級或許時不時會動員像法西斯主義一樣的劇烈運動，短暫擋下歷史的巨輪，但人類文明發展從資本主義到社會主義，最終至共產主義的這條路線始終存在。馬克思主義對戰爭和法西斯主義興起的看法都和史料證據相符；和史料證據不符合而且始終不能克服的問題是，馬克思主義該如何解釋共產主義無法流傳到更多先進國家，而且為何共產國家再度回復成資本主義。如同之前所言，這些事件不僅無法以馬克思主義史觀來解釋，甚至無法評價。

我們可以因此得出結論，第一次世界大戰和共產主義垮臺這兩件二十世紀世界史最重要的事件，自由主義和馬克思主義典範都無法提出一致的解釋。自由主義典範的問題是在一九一四年，馬克思主義典範則是一九八九年。

從理論面和概念面來處理共產主義的困難隨處可見。在兩本深具影響力的著作中〔《獨裁和民主的經濟起源》（*Economic Origins of Dictatorship and Democracy*）、《國家為什麼會失敗》

（*Why Nations Fail*）〕，戴倫・艾賽莫魯（Daron Acemoglu）和詹姆斯・羅賓森（James Robinson）提出一套全面理論，意圖解釋為何民主國家發展然後失敗，並且論證政治和經濟不平等之間的密切關係。兩人的看法影響巨大，特別是在二○○八年金融危機之前，因為該理論結合了當時自由思想的兩大主流：華盛頓共識（推廣國內企業私有化和國際全球化）和福山式的自由民主禮讚。

處理共產主義的困難很常見

艾賽莫魯和羅賓森的重點概念之一是「榨取」制度：由菁英控制政治和經濟制度以便榨取經濟資源和集中政治權力，同時政治力和經濟力並存、互相加持。但是這個概念無法處理共產主義的例子，因為後者的政治力和經濟力的相關度很微弱。根據艾賽莫魯和羅賓森的理論，政治權力高度集中的共產主義國家應該也會出現經濟力高度集中現象。但是共產主義下的情況顯然不同，獲得的經濟優勢也無法以任何有效方法傳遞給下個世代。因此共產主義，這個主宰著全球三分之一人口大半個二十世紀的體系，在兩位作者的理論裡幾乎不見蹤影也無法解釋。同樣無法解釋的是中國和越南的經濟成功。這些社會並沒有艾賽莫魯和羅賓森所說的「廣納」制度（也就是在法律規範下允許大眾參與、從事政治，而且根據作者的看法，這是經濟成長的關鍵），但經濟成長領先全球，中國近年來表現更是史上最佳。於是艾賽莫魯和羅賓森必須在《國家為什麼會失敗》中駁斥這些國家的成功，宣稱這樣的表現無法長久；更精確地說，除非中國民主化，否則一旦中國的科技水準來到榨取制度國家的創新極限就一定會衰退（參考文獻第二項，第四四一至四四二頁）。這套「中國必將失敗」的歷史論述非常薄弱，當然硬要說的話，世界上的確沒有永遠這回事。

如何定位二十世紀的共產主義

迄今為止，自由主義和馬克思主義都有一項特徵，那就是視線全部落在西方世界。所謂第三世界的經濟體或社會鮮少出現。這些社會的確曾在馬克思主義中客串過高度帝國主義的角色，作為先進西方資本經濟體爭奪的目標；有時候則含蓄出場，如馬克思在《資本論》第一卷的序言中所說：「工業較發達的國家向工業較不發達的國家所顯示的，只是後者未來的景象。」因此馬克思主義者視非西方世界為潛在的資本主義社會，最終會發展成社會主義。

依照標準馬克思脈絡，這些社會雖然落後先進社會但卻走著同一條路：從原始共產主義，到奴隸制，到封建制，然後到資本主義；我稱這條路線為西方發展路線（**Western path of development, WPD**）。抱持這種觀點的信徒在討論已開發經濟體的未來時，其實也是在討論開發中經濟體的未來。就像一輛接著不同車廂的火車，要預測火車路線的話並不需要單看每一節車廂，只要看火車頭往哪裡去就知道這輛車最後會停靠何處。

這條西方發展路線鏈在馬克思主義中只有在兩處「斷裂」：一是所謂亞洲生產模式，一是馬克思在一八八一年給俄國革命家薇拉・查蘇莉琪（Vera Zasulich）的信中慎重聲明俄國的社會主義可以略過資本主義階段，直接從農民公社發展。[6]這份聲明後來極具影響力，因為它提出了低度開發社會可以直接邁向社會主義的可能性。（俄國的「法定」馬克思主義者認為此說法很荒謬，他們也一樣荒謬，因為這表示得先在俄國推動資本主義直到創造出夠強大的勞動階級來推翻資本主義。）亞洲生產模式（從未獲得明確定義）的出現確實提供了社會發展路線一套非線性進程，但對於解釋社會主義為何失敗這個我們所關注的問題則毫無幫助。問題依然無解。[7]

自由主義對低度開發國家的看法，也和一般馬克思主義者一樣忽視它們各自的特徵。兩派觀點是如此接近，我們幾乎可以把馬克思關於高度開發國家對低度開發國家展示其未來的說法放到自由主義裡。許多英國宣言傳達出這種線性、輝格史派的歷史觀，認為大英帝國彷彿是殖民地人民就讀的一間學校，讓後者在此準備未來的自決和資本社會創建。

很多此類宣言確實可以視為英國延續殖民地統治的美化藉口；例如，英國國務卿艾德溫・孟塔古（Edwin Montagu）就認為國家自決要「很多年，……很多個世代」才會實現，或者像英國在一八八二至一九二二年之間總共證實了六十六次「埃及『很快』就會做好自我治理的準備」（參考文獻第一九〇項，第一八六頁；參考文獻第二〇六項，第六七頁）。但我認為單純這麼看待這些宣言是錯的。這些字句同時也表達出一種普遍共識：「文明程度」較低的國家正在往更文明或更發展的方向前進，已經達成目標的國家應該提供幫助。[8] 殖民主義裡摻雜了一種文明任務〔文明使命（mission civilisatrice）〕。因此從自由主義還有馬克思主義角度來看世界，並沒有第三世界問題或第三世界道路。事實上，全球啟蒙歷史中根本沒有第三世界。

被忽略的第三世界歷史，正是我們能夠替共產主義在世界歷史中找到定位的地方。我應該這麼說，**共產主義是一套能讓落後被殖民社會廢除封建制度、重新得回經濟和政治獨立，並且建立起本土資本主義的體系**。或者換個說法，它是較落後的被殖民社會用來從封建制度過渡到資本主義的一個體系。共產主義在功能上等同於西方世界的資本階級興起。這種詮釋給了那些被殖民又經歷過共產革命的第三世界，在全球歷史中的一席之地；這也是自由主義和馬克思主義論述所共同缺乏的部分。[9]

共產主義在世界歷史的角色

用標準的西方史觀來看待共產主義不僅錯誤而且沒有意義，因為前面已經說過，無論是共產主義的興起（以自由主義來看）或失敗（以馬克思主義來看）都無法獲得解釋。錯誤的理由則是，促使西方社會從封建制度邁向資本主義的革命條件，和導致第三世界從封建（或「小型商品生產」）跨入資本主義的主要條件有著根本上的差異。

十六世紀以後，大部分第三世界因為經濟和軍事發展程度較低，而成為西方征服的對象。不過最困難的占領是亞洲，這裡的人無法像美洲和非洲一樣被屠殺或奴役，而且經濟和文化發展也相對較高。從西方發展道路的觀點來看，亞洲（還有非洲）帝國主義可以視為這些國家從封建制度到資本主義的過渡階段，因此，根據馬克思的目的論，這也打通了轉型到社會主義的道路。這個想法最早就是由馬克思本人提出，近年來則出現在比爾・華倫（Bill Warren）從馬克思角度出發大力捍衛帝國主義的《帝國主義：資本主義先鋒》（*Imperialism: Pioneer of Capitalism*）之中（參考文獻第二〇二項）。[10]

換句話說，第三世界要遵循西方發展路線的話，開發中國家必須從這條路線以外的階段轉化成資本主義社會，同時加速轉化速度，然後搖身變成全球化的資本主義經濟體。[11]如果第三世界只剩香港的話，那麼這的確是所走的路。

但第三世界不是香港。這套論述的問題在於，從外部引進的資本主義只能發揮小範圍作用，這點在第二次世界大戰後尤其明顯。資本主義能夠創造並整合像香港和新加坡這樣的小型交通樞紐經濟體，並且發展西非和南非的沿岸城市〔像阿克拉（Accra）、阿必尚（Abidjan）、達卡（Dakar）、開普敦（Cape Town）〕，但卻無法改變大部分第三世界經濟體。資本主義也無法帶來令人滿意的成長表現。這些經濟體的表現和先進資本國家之間落差持續擴大，也因此推翻了經濟收斂的說法。國家內部的生產關係也沒有朝著明確資本主義方向前進：相異生產模式持續並存。

以都會來驅動的發展反而在這些經濟體內造成制度二元性，也帶來了新馬克思主義對二元架構解釋的出現。這段時期是拉丁美洲結構主義和依賴理論的高峰。結構主義者認為唯有切斷和所有先進經濟體（稱為「中心」或「核心」）的連結才能夠改善發展的不足。他們主張，這些連結促進了出口導向的資源產業並造成其他產業萎縮，自然而然導致第三世界經濟體的二元架構。第三世界應該致力於國內需求帶動的成長，而不是由核心驅動的發展。由於結構主義者並非正統馬克思主義者，他們對於新國內經濟的運作方式含糊帶過，只能看出應該是繼續保持資本主義（即資本私有和有薪勞動）。相對於西方國家同時期的發展，國家在第三世界會擔負更重要的角色。不過，結構主義者提出的政策從未落實。結構主義者費南朵·卡多索（Fernando Cardoso）獲選巴西總統後，實施的是截然不同的親資本主義和親全球化政策。

結構主義，或者邊陲—核心理論，應該被視為對全球資本主義無法成功轉化第三世界為完整資本主義經濟體的反應。如果馬克思主義相信帝國主義和資本主義能夠把第三世界變成西方資本經濟體翻版的觀點是正確的，殖民主義應該早就把這些國家打造成另一個英國或法國，根本不需要結構主義的解釋。因此，結構主義和依賴主義只不過嘗試填補這塊遺漏，解釋為什麼全球資本主義無法成功。同時結構主義者迴避了第三世界以社會主義經濟（即，生產工具為公有）為發展道路的建議，而且因為該主義問世時，蘇聯經濟體已經出現了頹勢。

結構主義來得太遲了，他們的手法以及他們的主張和（有機會）實際執行之間的鴻溝也一再反映出這一點。在許多國家，從第三世界封建主義實質過渡到資本主義需要的是共產革命。**第三世界的共產革命在功能上等同於西方世界的資本階級興起**。華倫認為一九二〇年代共產國際「東行」（重點從已開發國家革命轉向反帝國主義）「讓馬克思主義的角色從〔富裕國家〕國內勞動階級的社會主義運動，變成落後社會的現代化運動」，這是對的。雖然華倫認為這個轉變是一大錯誤，但它其實是推動落後國家進入本土資本主義經濟體的一大步。[12]下一節將解釋為什麼只有共產主義能落實這種轉型，這種帝國主義無法推動而結構主義者從未真正執行過的轉型。

為何（部分）第三世界進入資本主義需要共產革命

共產革命在第三世界的角色

要了解第三世界在真實世界和西方發展路線學者理論中的差異，我們需要先認知到一九二〇年代第三世界的特徵為：（一）和西方比相對落後；（二）封建或類封建生產關係；（三）外國統治。外國統治雖然令人不悅，但也讓這些社會（中國是最佳例子）了解到自己的不足和衰弱。

如果不是這麼容易被征服統治，這些國家或許還不能了解自己落後多少。因此（一）和（三）是這些低度開發國家獨有的特徵，類似時期的西方世界並沒有遭遇這些。[13]這也是第三世界無法按照西方發展路線發展的原因。

第三世界的社會運動任務顯然有兩個層面：一是藉著改變主要生產關係也就是剷除地主和權貴勢力，來達成國內經濟轉型；一是推翻外國統治。一個是以發展為終極目標的社會革命，一個是以民族自決為目標的政治革命，兩者於是合而為一。唯一能組織力量來推動兩層革命的只有共產黨和其他兼具左派和民族主義精神的政黨。先不提共產黨的其他優勢，像是組織動員的程度和大多受過良好教育的高素質領導人、追隨者，只有上述這兩種政黨能夠在意識形態上高度結合社會及民族革命。

毛澤東說過：「現在也有兩座壓在中國人民頭上的大山，一座叫帝國主義，一座叫封建主義。中國共產黨早就下了決心，要挖掉這兩座山。」[14]因此，「毛的社會主義既是一種意識形態現代化，也是一種對歐美資本主義現代化的批評。」（參考文獻第二〇一項，第一四九頁）其他支持獨立的政黨在理論上為民族主義，但在社會轉型上卻跌跌撞撞、搖擺不定（例如印度的國會黨，印度教和伊斯蘭教皆然）。它們能達成其中一項革命卻無法完成另一項；而對貧民和勞工來說，社會革命或許遠比國族革命重要得多。

中國和越南是社會和民族革命結合的最佳例子。兩個政黨為了奪得政權所克服的困難難以想像，而且一九二五年或一九三〇年時，沒有任何正常人能預測這兩個國家之後的情況。中國大部分重要區域被劃分成許多中國無法可管的外國租界，仍然受中國人管轄的地方則是軍閥割據，結盟一日三變且或多或少和外國勢力勾結。人民一貧如洗，疾病和殺嬰行為普遍存在。

第一次世界大戰尾聲時，美國總統伍德羅·威爾森（Woodrow Wilson）最親近的參謀「上校」艾德華·豪斯（Edward House）形容中國是「文明的威脅」：「〔中國〕處於悲慘的境地。疫病橫行，缺乏衛生，……奴役、殺嬰，和其他殘酷又墮落的做法使得整個國家成為文明的威脅。」在豪斯看來，解決辦法是讓中國成為國際「託管國」。[15]

隨著國共內戰和大蕭條，中國更趨貧窮，中國棉紡廠主協會（China Cotton Mill Owners' Association）曾為了評估紡織品需求做了農村調查，「發現可怕的情況：因為農地被嚴重破壞，四川婦女沒錢購買布料於是沒有裙子穿。很多家庭是全家人共享一件衣服。」（參考文獻第一七九項，第一二七頁）越南此時則是受法國統治，是高效、榨取式的壓迫政權。[16] 民族解放、領土統一和社會關係轉變的理念是如此薄弱並且遙不可及，我相信應該一百萬個裡面都找不到一個人會押注這些能夠實現。但它們就是發生了，原因如前所述。

共產黨在第三世界國家的勝利有兩方面：社會和國族。讓我以最佳例子中國來說明。中國共產黨分別於一九二〇年代至一九三〇年代在勢力範圍內、一九四九年後在全國境內，宣導並實施了一套全面土地改革，廢除農村裡的準封建關係和已經式微的宗族社會關係，取而代之的是更現代的核心家庭結構和性別平等。中國共產黨也推廣優惠窮苦人家和勞工階級子女的教育和就業「平權行動」，提高識字率和就業率。這簡直就是過去封建關係的徹底大翻盤。[17]

一切行動都和反儒家思想相關，而後者的重點是孝道、絕對尊敬權威、服從，而且允許這種不公制度永世流傳。民族主義的國民黨很自然地未曾參與，也不會想參與這場全面轉變。此外，在一九二〇年代國共「合作」期間還有日本占領期間，中共為了討國民黨歡心以維持聯合陣線，因此同意擱置一些最重要的改革計畫，尤其是當中最受爭議的：土地改革。

第二個民族層面也可以用中國共產黨和一九三五年上位的毛澤東政權來說明。雖然毛澤東和中國共產黨對史達林及共產國際的指示表面上應承，而且在意識形態還有國家未來組織規劃上屬於史達林主義，但毛澤東的民族革命和莫斯科甚至國際主義，幾乎沒有關聯。運用農民而不是都市勞工階級來作為社會革命的主要力量不僅非正統馬克思主義，而且和共產國際的長期政策背道而馳，後者是以上海的勞工為未來蘇聯國的核心。毛澤東不僅置若罔聞，還在一九三五年讓自己和親信上臺，換下了莫斯科同意的領導人王明。

社會和民族革命

值得一提的是，中國共產黨早期領導之一的王凡西（後來和許多人一起因為親托洛斯基派而被驅逐，因此對毛還有中國共產黨毫無情分可言）對毛澤東的批評：「毛澤東（在中國共產黨內）在（隸屬史達林）派系上從來不屬於史達林主義者。史達林派不會招募像他這麼頑固的人……他的思想基礎來自中國經典；……從馬列主義中獲得現代歐洲思想的知識……在厚實的中國基礎上搭建粗略的外國風格建物……（他）也從未拋棄過舊式中國學者的自負。」[18] 事實上，中國共產黨視外國共產「顧問」還有那些追隨顧問的中國人為「紅色買辦」（**red compradors**，譯注：意指效忠外國勢力的共產黨員）。[19]

由此可以看出中國革命的顯著民族主義，不僅僅是它成功的方式和它代表了哪個階級的利益（無視馬克思理論），還有它在意識形態上和全球共產主義中心思想脫鉤。當然，中國共產黨不僅僅是在與其他共產政權的關係中扮演民族主義者，在對抗日本占領者和分化中國的西方列強時也一樣。因此，民族主義不僅反映在拒絕傳統馬克思西方發展路線和共產國際政策，也反映在跟日本和西方帝國主義的爭鬥中。

由於社會和民族革命同時執行，左翼共產政黨於是能剷除一切被視為阻擋經濟發展或製造人民分裂的思想風俗（例如種姓制度，相對溫和的印度革命就未曾成功消滅），也能抗拒外國勢力。這兩種同時發生的革命是國內能成功發展的前提，而且長期來看，也關係到能否創造出像歐美一樣能推動經濟前進的資本階級。然而這種情況下，從封建制度到資本主義的轉型發生在極度強大的國家控制之下，和歐洲、北美不同，後者的轉型過程中，國家角色相對不重要，而且也沒有外國勢力干擾。[20]這是一種根本差異；國家角色的差異充分解釋了為什麼中國、越南，還有其他許多地方的資本主義，不管是過去（南韓）或當下（衣索比亞、盧安達），通常都有專制政權的色彩。

共產主義成功的地區

越落後的國家共產主義越成功這個事實，也支持了共產主義能使被西方殖民或干政的國家從封建制度轉型為本土資本主義的論點。當我們評估共產主義的成功時，無論是以成長率或是以同樣發展程度下比較共產國家和資本國家，都發現國家進入共產主義時的收入水準跟之後的絕對或者相對成長率，兩者之間呈現負相關。簡單地說，共產主義在東德和捷克斯洛伐克等已開發工業經濟體最不成功，在像中國和越南等貧窮農業社會則最成功。

從一九七〇年代中期，共產主義在高度開發國家相對失敗的情況開始明顯，因為中歐共產國家和相似資本國家（像奧地利）的差距開始拉高。檢視共產國家經濟表現和衰退原因的著作大量問世，有些是在共產政權垮臺之後。最主要兩大解釋為，體系無法創新，還有體系不能成功以資本替換勞動。兩者其實都可以視為缺乏創造和管理科技變化的能力。

與馬克斯相左，社會主義在已開發國家最為失敗

第一種解釋（參考文獻第四一項）把焦點放在共產主義國家無法讓相對簡單的網絡產業成功發展成大型規模經濟（水壩、發電、煉鋼廠、鐵路等），因此錯過了之後的科技革新。用史蒂芬・博德貝利（Stephen Broadberry）和亞歷山大・克萊恩（Alexander Klein）的話來說：「中央計畫能夠在大規模生產年代交出令人滿意的生產力表現，卻無法適應一九八〇年代對生產科技彈性的要求。」（參考文獻第四一項，第三七頁）假如共產主義沒有垮臺，共產政權國家應該也已經錯過了資通訊科技革命。

第二種解釋（參考文獻第七〇項；參考文獻第一七六項）則把重點放在資本和勞動之間缺乏替代性，於是最後的產出是這兩種生產要素半固定投入比例下的結果。這種情況下，產出會受限於較為不足的要素：如果人口停止成長，勞工缺口無法以資本來彌補。根據作者們，這正是蘇聯和東歐的情況。

兩種解釋都暗指當經濟體越成熟，社會主義經濟體系就越沒有效率。近年來的證據也支持此論點。在一份涵蓋了整個東歐戰後時期，共產主義仍存在時的詳盡研究中，塔瑪斯・馮勇（Tamas Vonyó，參考文獻第一九八項）公布了三個重要結果，如圖十所示。第一，一九五〇年發展程度越高的國家在接下來三十九年的平均成長率越低。這項結果也代表了所得趨近現象，不論社會主義或資本主義，歐洲國家都一樣。這就是圖十中兩條直線都向下傾斜的原因。第二，社會

主義國家，不論（最初）收入水準，表現都差過資本主義國家。也因此社會主義國家線位於資本主義國家線的下方。第三，兩種國家的表現差距和最初所得的差距成正比（亦即，國家越發達，差距越大），這就是為什麼一九五〇年較有錢的國家在兩條線之間的距離比要貧困的國家大。

圖十　歐洲社會主義經濟體相對於資本主義經濟體的表現，1950至1989年

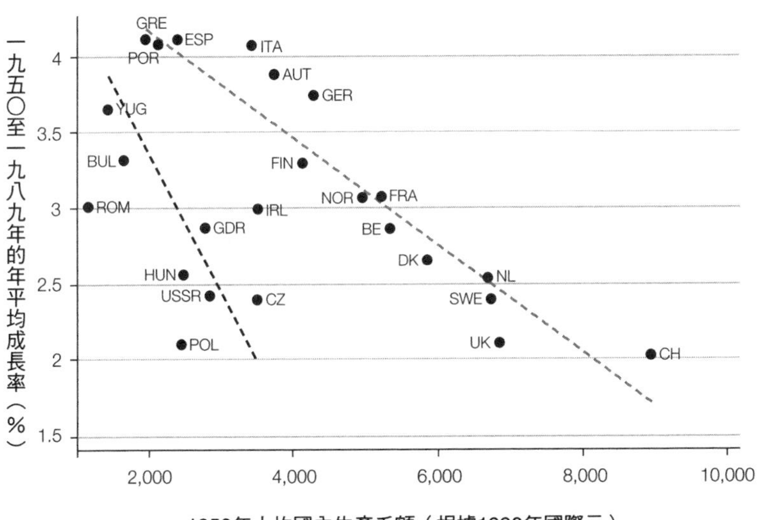

1950年人均國內生產毛額（根據1990年國際元）

國家縮寫：社會主義國家：BUL保加利亞，CZ捷克斯洛伐克，GDR德意志民主共和國（東德），HUN匈牙利，POL波蘭，ROM羅馬尼亞，USSR蘇聯，YUG南斯拉夫；資本主義國家：AUT奧地利，BE比利時，CH瑞士，DK丹麥，ESP西班牙，FIN芬蘭，FRA法國，GER西德，GRE希臘，IRL愛爾蘭，ITA義大利，NL荷蘭，NOR挪威，POR葡萄牙，SWE瑞典，UK英國。國際元為以通貨購買力平價為基準的單位。

資料來源：馮勇（參考文獻第198項，第255頁），獲作者同意使用。

比較資本主義和社會主義（共產黨統治）國家非常重要，不只因為能看出社會國家的表現較差，也因為我們能夠進一步解構較富裕社會主義國家的落後表現為兩大部分：（一）經濟收斂的部分（也就是非體系特定部分，無論我們比較英國跟西班牙，或者捷克斯洛伐克跟保加利亞都會看見）；（二）體系特定因素，而且反應在富裕社會主義國家比起富裕資本主義國家的落後表現。第二點才是我所說，社會主義在貧窮國家的經濟表現遠勝於富裕國家的關鍵。因此，這也動搖了恰恰相反的馬克思線性史觀或西方發展路線的解釋：社會主義失敗的原因是因為沒有實施在富裕西方社會，而實施在像俄國一樣的邊陲國家。事實恰恰相反：如果社會主義真的發生在西歐，情況會比東歐更糟糕。社會主義在富裕國家的失敗恰恰證明了馬克思單純目的論的錯誤。

溫蒂．卡林（Wendy Carlin）、馬克．薛佛（Mark Shaffer）和保羅．西布萊特（Paul Seabright）也得出相同結論（參考文獻第四五項）：社會主義經濟體的表現隨著收入水準不同。他們證明，比起缺乏市場機制造成的問題，中央計畫（像是改善基礎建設和教育）對於相對貧窮的國家來說好處更多。以長期成長率來看，貧窮社會主義國家比起貧窮資本主義國家是高的。但是富裕社會主義國家卻完全相反，缺乏市場機制導致長期成長率低於富裕資本主義國家。

理論和經驗證據都說明了發展程度較低的國家（尤其是那些共產主義推動封建制度到本土資本主義轉型的國家），最有可能受惠於共產主義帶來的改變。觀察過去三十年的長期表現，我們發現有些共產主義國家轉型而成的政治資本主義國家，有了更大的改善。圖十一是中國、越南和美國（可視為自由功績資本主義代表）從一九九〇至二〇一六年的人均國內生產毛額的年成長率，中國的成長率平均為八％，越南大約為六％，美國則只有二％。

成長率的差距不僅巨大而且很持久：在二十六年之間，只有一年越南和美國的成長率相同（亞洲金融風暴的一九九七年），中國則從未等同或低於美國。如圖所示，如果經濟繁榮是

圖十一　中國、越南和美國的人均國內生產毛額年成長率，1990至2016年

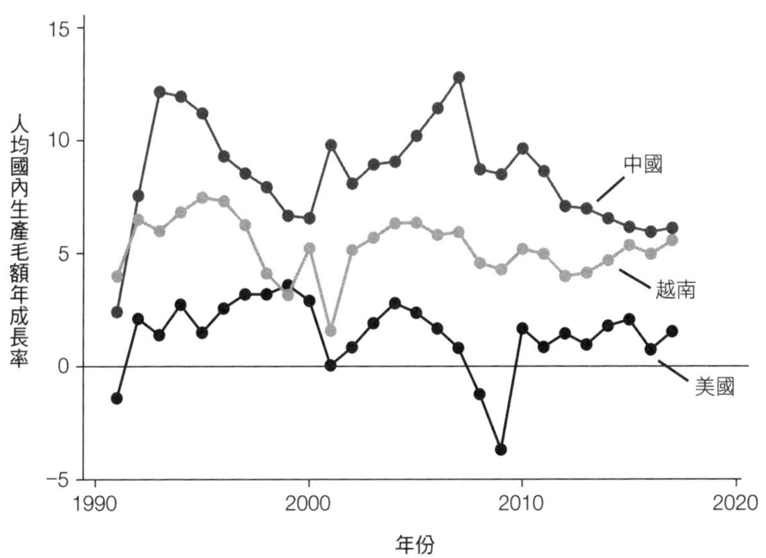

此為實際成長率，以2011年購買力平價為基準。

資料來源：世界銀行世界發展指標，2017年版。

經營國家的關鍵指標，那麼政治型資本主義的優越成績絕對讓它躋身為自由資本主義的強大競爭對手。兩者之間表現的差距在未來是否持續則還不明朗：中國、越南，還有其他國家已經來到生產力的巔峰，而接下來成長必須來自創新，所以有趨緩的可能（請見附錄三）。但我們尚不清楚是否會減緩至目前富裕國家的水準，或者成長率的趨緩會降低該體系對其他國家的吸引力（即使這些國家在幾個世紀內從非常貧窮變得非常富裕，已經令人刮目相看）。

中國是資本主義嗎？

但中國真的是資本主義嗎？這個經常被問到的問題，有時候是反問，有時候是真問。用第二章介紹的韋伯對資本主義的定義，我們可以很快回答。要符合資本主義，社會中大部分的生產是以私人擁有的生產工具（土地、資本）完成，絕大多數工作者是聘僱勞工（不屬於法定地主，也不是使用自己資本的自僱勞工），而且大部分的生產和價格決定是去集中化的（意即沒有人強迫企業決定）。中國在這三個條件上都符合資本主義定義。

一九七八年之前，中國的國有企業生產比重將近一〇〇％，因為絕大部分企業都是國家資產。這些國企遵循中央計畫，雖然比起蘇聯較有彈性且涵蓋的商品也較少，但仍然包括了所有的關鍵工業產品（煤炭及其他礦產、鋼鐵、石油、電力等），當中有些現在依然主要由國營企業供應。到了一九九八年，工業產出裡國營企業的比重已經減半到五〇%，如圖十二所示。自此之後，每年的國營產出比重都穩定下降，一直到現在的略高於二〇%。

農業的變化更加明顯。改革以前，絕大部分農業生產來自農村公社。自一九七八年以及允許私人承租土地的「責任制」導入後，幾乎所有的農業產出都來自私人。雖然農夫不是聘僱勞工，但是大部分是自僱，也就是馬克思術語中的「小商品生產」（petty-commodity production）。這是過去中國農業的典型組織方式，所以現在農業

圖十二　中國國營企業工業產值比重，1998至2015年

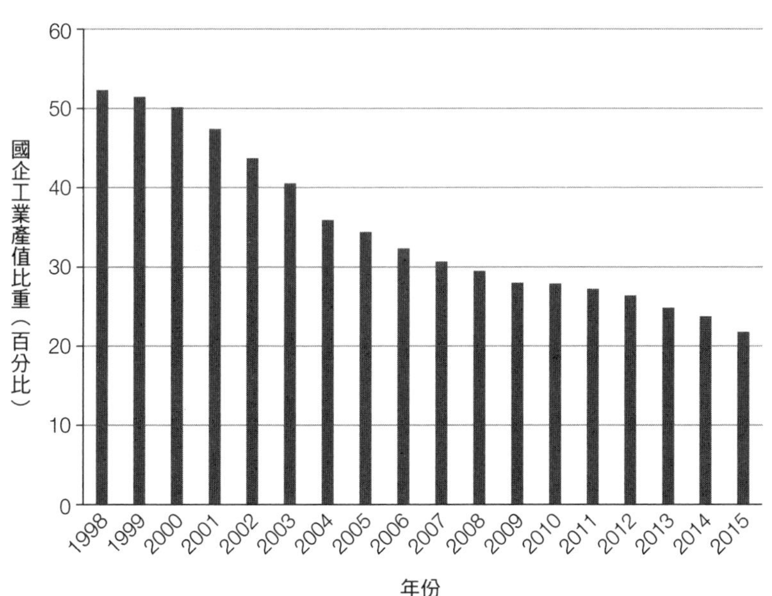

資料來源：中國官方數據，由世界銀行北京辦事處的張春霖提供。

的產權結構某個程度上是回到了過去（但有一關鍵差異：沒有地主）。但隨著越來越多農村人口流向都市，農業應該也會出現越來越多資本化關係。我們也可以看看鄉鎮企業（集體共有），它們雖然重要性大不如前，但藉著運用過剩的農村勞動力來生產非農業商品而快速成長。這些鄉鎮企業僱用受薪勞工，但產權結構極度複雜，有不同程度的國有產權加上集體產權，還有純私人產權，而且全國各地也不相同。

中國的私人企業不僅數量眾多，很多更是規模龐大。根據官方統計，依公司總值排名的前一%企業中，私人企業從一九九八年的四〇%增加到二〇〇七年的六五%（參考文獻第一七項，圖四）。

中國的產權模式很複雜，因為通常牽涉到中央政府、省級政府、社團、私人，還有外國所有權，比例不一。但從生產面來看，國家占總國內生產毛額的比重應該沒有超過二〇%，[21]而國營企業和集體所有企業所僱用的勞工只占了全體鄉村和城市勞工的九%（參考文獻第五二項）。這些比例非常接近一九八〇年代的法國（參考文獻第一四一項，表一．四）。下一節將提到，政治型資本主義的特徵之一確實是國家扮演非常重要的角色，但我的重點是排除大家對於中國本質上屬於資本主義經濟的懷疑，這些懷疑不是出於實證基礎（數據已清楚地駁斥），而是因為主政黨的名稱中有「共產」二字，彷彿單靠這兩個字就可以決定一個經濟體的本質。

依照產權來劃分固定投資的話，也可以清楚看見私人投資的比重越來越高（圖十三）。私人投資已經超過了固定投資的一半，國家投資約為三〇％（剩下的是共同產權和外國私營投資）。[22]

經濟結構的變化也明顯反映在國營企業員工占總城市就業人口的比例上（圖十四）。改革以前，城市勞工中約八〇％任職於國營企業。現在，隨著年年持續下滑，比例已經降到一六％以下。以農村地區來看，在責任制下實際發生的土地私有化已經幾乎讓所有農民都成了私營農。

最後，社會主義和資本主義生產模式反差最大的是去集中化的生產和價格決策。在改革初期，由國家制定價格的農產品高達九三％，

圖十三　中國固定投資比重依產權劃分，2006至2015年

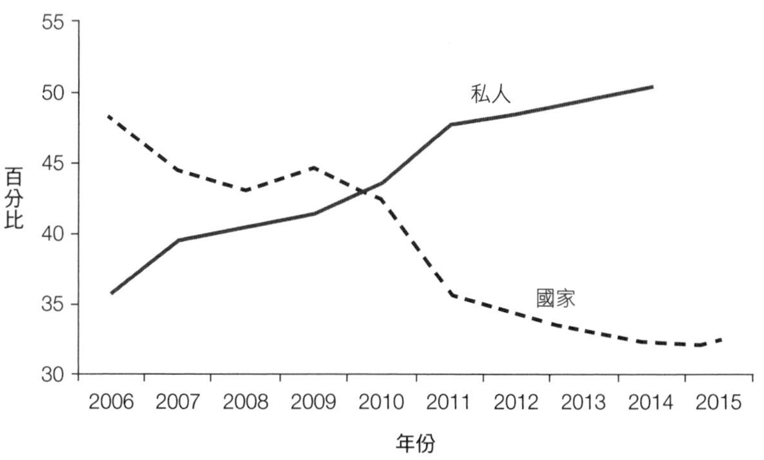

資料來源：世界銀行（參考文獻第211項，圖1.6）。

工業產品是一〇〇％，而零售商品則是九七％。在一九九〇年代中期，比重完全逆轉：價格由市場決定的零售商品為九三％，農產品是七九％，生產物料則是八一％（參考文獻第一五八項，第一二五頁）。今天由市場決定價格的比重又更高了。

政治資本主義的重要特徵

三項體系特徵和兩處體系矛盾

韋伯在《新教倫理與資本主義精神》（*The Protestant Ethic and the Spirit of Capitalism*）中對由政治面驅動的資

圖十四　中國國營企業員工占總城市就業人口比例，1978至2016年

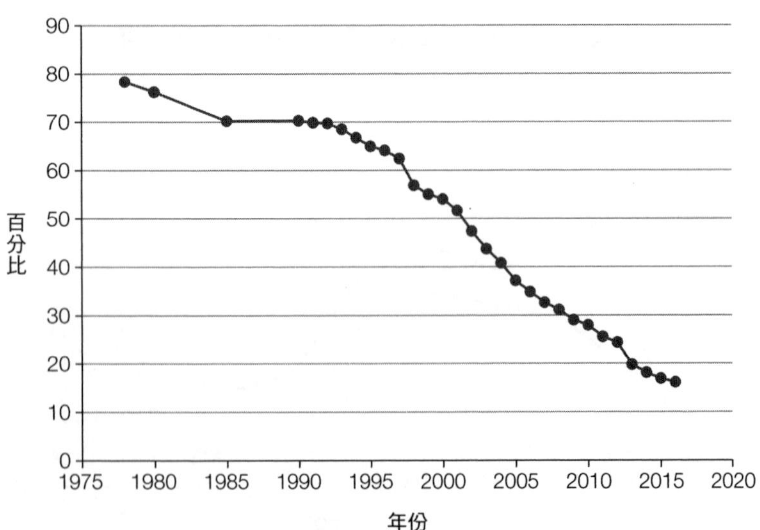

資料來源：國家統計局，統計年鑑。由丁海燕提供。

本主義定義是「利用政治力實現經濟利益」。按韋伯的原句：「企業發展者、大型投機者、特許權獵人的資本主義，還有更為近代、甚至在和平時期的金融資本主義，特別是與剝削性戰爭相關的資本主義，即使在當代西方國家依然帶有這些痕跡（透過武力、政治關係、投機來發財）……部分大型國際貿易也與此相關。」（參考文獻第二〇四項，第二一頁）韋伯在《經濟與社會》（*Economy and Society*）裡對這個概念有進一步說明：「政治資本主義已經存在……無論是包稅（**tax farming**，譯注：政府以一定金額將稅捐課徵一事外包出去）、國家政治需求、戰爭、海盜、大型高利貸，還有殖民。」（參考文獻第二〇三項，第四八〇頁）

目前實施政治資本主義的國家都做了點修正，在執政時納入高效率且技術嫻熟的官僚系統，特別是中國、越南、馬來西亞和新加坡。這是此體系的第一個重要特徵：官僚系統（顯然是政治資本主義的主要受益團體）的主要目標為實現高經濟成長並且執行能達成此目標的政策。統治的合法性來自經濟成長。官僚必須是技術官僚，要成功的話則選拔標準必須是能力至上，因為國家缺乏法治精神。缺乏法治精神則是政治資本主義的第二個重要特徵。

鄧小平，現代政治資本主義之父

鄧小平，中國從一九七〇年代晚期到一九九〇年代中期的傑出領導人，可以說是開創了現代政治資本主義。與其說是意識形態，不如說這是一套結合了私部門活力、官僚有效管理，和一黨政治制度的行動方針。曾擔任中國國務院總理還有中共總書記的趙紫陽在回憶錄中形容鄧小平的政治觀：「〔他〕特別反對多黨政治、三權分立，和西方的議會制度，堅不接受。幾乎每次提到政治改革，他都非常確定西方那一套是行不通的。」（參考文獻第二二四項，第二五一頁）對鄧小平而言，經濟改革是「向事實學習」，以及放寬私部門的幅度但不到可以影響國家和政黨的地步。趙紫陽寫到，政治改革意思是提升體系的效率，僅僅是「行政改革」罷了。

在經濟方面，鄧小平的觀點和保守派「元老」陳雲（中國第一個五年計畫制定者）相去不遠，陳雲曾以籠中鳥來比喻私部門的角色：如果私部門管制太嚴，鳥就像被囚禁一樣最後會窒息而亡；如果太過放任，則會飛走。[23]所以最好的辦法就是給鳥兒一個寬敞的籠子。儘管這個比喻和中國改革保守派相關，但可以說鄧小平和保守派的不同之處在於私部門的鳥籠大小。對鄧小平來說，私部門的規模多大不重要，要限制的是私部門的政治角色，也就是影響國家政策的能力。夏明做出了很好的結論，鄧小平是「規劃了從國家社會主義平穩轉型到資本主義的首席建築師」，但他也「毫不猶豫消滅任何他認為危險的想法……他〔在一九八六年〕阻止了『資產階級自由化』的風潮，而且〔在一九八九年〕殘酷地鎮壓了學生示威運動」（參考文獻第二一六項，第一八六頁）。這種雙重傳統不僅定位了鄧小平的中國，更奠下了政治資本主義的模型。

鄧小平的態度類似於喬凡尼·阿瑞基（Giovanni Arrighi）在《亞當·斯密在北京：二十一世

紀的譜系》（*Adam Smith in Beijing: Lineages of the Twenty-First Century*）（參考文獻第一一項）所說的亞當·斯密派「自然」市場發展，在此資本家的利益不能站上高點，而且必要時國家仍然有採行符合國家利益政策的明顯自主權來控制私部門。國家以國家利益為圭臬（非常重商主義的特質），並且控制私部門的雙重能耐是當代政治資本主義的重要特徵，或者我們可以稱為第三個重要特徵。為了讓國家能斬釘截鐵地行動，條件是國家必須不受法律拘束；換言之，做出專制決策的是人，不是法律（前述第二特徵）。

像所有國家一樣，政治資本主義國家也有法律，大多數時間都適用。然而，法治不是一視同仁（意即適用所有人，無論政治關係和黨派），因為這樣會破壞體系的建立並影響主要得益者。這種任意妄為（arbitrariness）對菁英大有好處，因為當法律礙路時，不論是自己或支持者可以根本不援用法律。另一方面，出現需要受點教訓的政治對手或商業競爭者，統治階級也能夠火力全開（甚至執法過當）。

所以例如，當習近平想要在位超過原來的兩個任期，或者當佛拉迪米爾·普丁（Vladimir Putin）需要規避法律因此四度競選最高首長時，法律就不會適用在他們身上。但是政治對手擁有的公司法律就會全力執行。當然這些對手不見得是清白的〔像是被放逐的俄羅斯億萬富翁米哈伊爾·霍多爾科夫斯基（Mikhail Khodorkovsky）〕，但法律的確有選擇性。政治關係深厚的中國富商蕭建華下場也和霍多爾科夫斯基差不多，突然從香港最頂級的酒店被綁走。這種任意妄為的權力正是孫曉義（Flora Sapio，參考文獻第一七五項）所說的「無法地帶」（zone of lawlessness），在此一般法律被暫停。這樣的無法地帶並不是突變，而是體系的必要部分。

這讓我們看見了現代政治資本主義的第一個矛盾：對技術官僚和高技能菁英的需要，還有菁英必須在法治選擇性適用的環境下運作。[24]這兩件事彼此衝突。技術菁英所受的教育是遵循法治並且在理性系統範圍內運作；但在法律適用上任意妄為則直接破壞了這些原則。

貪腐隨處可見

第二個矛盾在於：（一）加深不平等的貪腐在系統非常普遍，因為賦與官僚的自由裁量權也被大家用來獲取金錢利益，地位越高好處越多；（二）為了維護政權合法性又必須遏制不平等。這完全符合韋伯對政治資本主義更詳細的定義。像稅收、法規執行、借貸關係、誰從公共工程中受益等決定通常都依人決定。這些決定部分是根據客觀條件，部分是根據潛在受益者是誰，還有菁英可能獲得的好處。菁英不應該僅僅被視為官僚體系，因為官僚體系和商業的界線很模糊。一個人可能有雙重身分，或是同一個「組織」中同時有這兩種角色的人，並且有「代表」分散在業界和政界。講得難聽一點，你可以說這種組織聽起來很像黑手黨。這些人創造出政商掛勾氏族，並且代表了政治資本主義盤根錯節的骨幹。隨著氏族壯大，政治資本家階級於焉誕生。[25]

貪腐是政治資本主義的特色。任何需要人治決策的系統都會有貪腐。從菁英的角度來看，貪腐的問題是，如果程度太嚴重會破壞官僚系統的完整性還有官僚制定高度經濟成長政策的能力，維持住政治資本主義的社會契約將會潰散。人民或許能接受缺乏發言權（或者是不在乎），只要菁英們能不斷提升社會生活水準，提供可接受的司法系統，並阻止不平等擴大。但如果貪腐過了頭，這份共識不再成立：貪腐嚴重的政府無法維持高成長率，司法系統再也無法忍受，奢侈的消費也不再受控制。一切都會變得更糟。

體系始終處於危險的平衡。如果貪腐失去控制，體系可能崩潰。但如果徹底執行法律，那麼體系會急遽變化並且從一黨或一人統治變成菁英多頭競爭的體系。為了保持正常運作，菁英必須找出中間道路，過與不及都不行。某些時候體系可能偏向一側，但其他時候則偏向另一側。

有一種做法是強化法治，雖然無法徹底，畢竟自由裁量權是菁英權力的核心。這就是二〇〇三至二〇一三年中國總理胡錦濤的策略。有些分析家錯以為胡錦濤的策略是中國最終邁向自由資本主義的第一步；雖然這不是目的，但較為遵守法律的政治資本主義的確看起來很像自由資本主義。習近平則採取另一套策略，強調打擊貪腐。這套策略並沒有碰觸決策的自由裁量權，只是打擊它最嚴重的濫用行為。結果則是政治資本主義的基本特徵並沒有改變，沒有削弱官僚權力，而且政治和自由資本主義之間的鴻溝巨大如昔。但這穩定了政治資本主義。

總結

既然政治資本主義一定會有貪腐，斬草除根是不可能的。這麼做的話，體系要不變成自由資本主義要不就得變成鎖國自給自足。第四章將提到，自給自足的體系要控制貪腐不難（但有其他的問題）。

或許現在是時候總結一下我認為的政治資本主義體系特徵和主要矛盾。

三大體系特徵為：

一、有效率的官僚系統（行政層面）。

二、缺乏法治精神。

三、國家的自主權。

兩大矛盾是：

第一，體系特徵一和二的衝撞；也就是對優良官僚體系進行客觀管理的需求，以及選擇性適用法律之間的對比。

第二，因為缺乏法治精神而導致貪腐，以及體系合法性的基礎。某種程度上，矛盾是來自於系統的主要特徵。

哪些國家是政治資本主義

中國和越南是政治資本主義的範例，但不是唯一。至少有其他九個國家的體系符合了政治資本主義的條件，如表三。列在表中的國家，政治制度必須是單一政黨或實質上單一政黨，允許其他政黨存在但不能贏得選舉，並且／或者由同一政黨執政長達數十年。[26]

無論過去曾經是殖民地或類殖民地，該政權必須是在成功爭取到國家獨立後「誕生」。最後，請注意到所有列出的國家，新加坡或許除外，都是經過暴力衝突後獨立。[27]甚至有一些還經歷了內戰。這張表也包含了在共產黨或左派政黨帶領下轉型為本土資本主義的國家（符合我所主張共產主義實現轉型成資本主義的國家）。[28]十一個國家中有七個符合最後這一項。表中也列出了各國過去三十年的成長率，還有目前的貪腐程度。

除了安哥拉和阿爾及利亞，其他所有國家過去二十五年來的人均成長率都高於全球平均。二〇一六年，表中十一國的總人口數為十七億（占了全球二四．五％），生產總值占全球二一％（以二〇一一年購買力平價為準）。回到一九九〇年，它們的人口總數占全球二六％，但產值僅僅占了全球五．五％。換言之，過去三十年這些國家占全球產值的比重幾乎成長了四倍，顯然是這些國家，尤其是中國，對其他國家深具吸引力的原因。[29]

表三　政治資本主義國家

國家	政治制度	執政年數（至2018年）	1990/1991至2016年人均GDP成長率	2016年貪腐排名[4]
中國[1]	自1949年一黨專政	69	8.5	79
越南[1]	自1945年一黨專政，1975年併入南越	73	5.3	113
馬來西亞	自1957年一黨獨大（於2018年5月結束）	61	3.7	55
寮國[1]	自1975年一黨專政	43	4.8	123
新加坡	自1959年一黨獨大	59	3.4	7
阿爾及利亞[1]	自1962年一黨專政	56	1.8[2]	108
坦尚尼亞[1]	自1962年一黨獨大	56	3.5	116
安哥拉[1]	自1975年一黨專政	43	1.1	164
波札那	自1965年一黨獨大	53	2.8	35
衣索比亞[1]	自1991年一黨專政	27	4.1	108
盧安達	自1994年一黨專政	24	2.6[3]	50
全球			2.0	88

1. 執政黨為共產黨或類共產黨。
2. 自2002年內戰結束後起算。
3. 自1993年內戰結束後起算。
4. 排名順序由貪腐程度最低（1）排到最高（176）。

註：「一黨專政」表示該國無其他政黨或者其他黨毫無作用；「一黨獨大」表示該國為多黨制但某黨總是贏得選舉。

資料來源：國內生產毛額資料來自世界銀行世界發展指標，2017年。貪腐排名來自國際透明組織（Transparency International），https://www.transparency.org/。這份排名是根據「專家和商人對公部門貪腐程度的認知」製作。

在貪腐方面，其中六國的排名遠低於中間國（二〇一六年共列出一百七十六國，中位數為八十八）。中國的分數略好於中位數。波札那（Botswana）和新加坡為特例，因為國際透明組織所測量到的貪腐觀感非常低。

中國是目前這十一個國家裡最重要的一國，它是政治資本主義原型，而且也不斷宣揚這是大家都應該追隨的模式。因此我們也應該像對自由菁英資本主義代表國的美國一樣，仔細檢視中國體系裡的一些特徵，尤其是不平等。然而，不同的是我們對美國不平等的了解遠勝於中國。相較於中國，美國的資料不僅更久遠、更豐富，也更可靠和多面向（包括很重要的跨世代不平等傳遞），這在中國幾乎不存在。

中國的不平等

持續惡化的不平等

關於中國所得和貧富不均的資料，比起美國和其他富裕、中產國家來說相對稀少。中國所得的調查報告雖多，可信度卻甚低。最值得信賴的資料來源是中國國家統計局從一九五四、一九五五年開始，分別在農村和城鎮地區所做的官方家戶調查。該調查於文化大革命時中斷，一直到一九八二年才又重新開始。直到二〇一三年，農村調查和城鎮調查可以說截然不同（問卷內容也不一樣），因此結合兩者來了解中國全貌並不容易。事實上，中國官方出版品從未合併農村和城鎮的調查結果或出版任何代表全中國分配情況的數據，直到二〇一三年的首次全國調查為止。

過去最大的困難之一（即使到現在仍有一定難度）是如何處理那些住在城市但沒有戶口的人。有些調查將這些人另外歸類為遷徙於農村和城鎮之間的「流動」人口。有些則排除了此流動族群；這些人不會在城鎮受訪，因為沒有正式戶籍，也不會在農村受訪，因為人不在此。在深圳和上海這種極端例子裡，有居留權的人數和實際居住人數可以相差高達數百萬。[30]由於中國政府不願公布調查的微觀資料（個人家戶特徵和收入），只發表收入分位數的列表，使所得分配的研究更加困難。中國最多是透過中國社會科學院和北京師範大學來提供原始國家調查中的微觀資料子樣本，而且還沒有涵蓋所有省份。

自二〇一三年起，農村和城鎮調查合併為一份全中國普查，原則上的確是一大進步，但發布的數據更少而且也不提供微觀資料。政府的統計單位目前只將總人口按照家戶人均收入分為五等份，還有農村和城鎮各自的五等份。所以，國家級旗艦調查的一大進步卻諷刺地帶來更稀薄的資料量。

儘管如此，這還是關於中國收入不均研究最常被使用的資料，而且子樣本版本：中國家庭收入調查（China Household Income Project, CHIP）也被納入盧森堡所得研究中心資料庫，這是全球統一化調查（調整不同調查的變數讓定義相近，以利於有意義的跨國比較）的主資料來源。近日來出現了多份範圍不到全中國的學術和私部門調查資料，其中只有一份：中國家庭金融調查（China Household Finance Survey, CHFS）獲得大家認可。不僅是中國的收入不平等資料令人不滿，很多富裕及中產國家可以研究的題目（像是資本收入的重要性、同質婚姻、跨世代流動性），在中國或許資料來源令人起疑，或許資料時期太短，有的甚至完全無從研究。[31]

提出這些中國數據的嚴重問題不僅是希望主管機關能更開放積極，也是要先提醒一個事實，討論中國不平等時我們無法像討論富裕國家時一樣充滿信心。有了這個認知，我們現在就來看看中國的貧富不均趨勢。

圖十五是中國從一九八〇年代至二〇一六年收入不均的演進情況。圖A是城鎮和農村的收入不均，分別從城鎮和農村的調查計算得出，圖B則是以某方法加總兩者所得出的全中國貧富不均估計。圖A有幾個值得注意之處。首先，農村的不均一般來說高過城鎮，這很不尋常，尤其中國經歷了如此快速工業化和都市化。一個解釋是城鎮早期的不平等程度很低，因為大多為國營企業，薪資結構扁平。但另一種解釋是戶口系統阻止都市化進展太快（這會導致貧窮和失業人口激

增）。此外，因為對待無戶口人民的曖昧態度，調查也可能沒有囊括所有城鎮居民。

第二點，農村地區貧富不平等程度自一九八〇年代後幾乎持平，城鎮則顯著上升。結果就是兩個地區的不均程度差距不斷縮小，然後到了二〇〇〇年代早期終於消失。

第三點，近年來城鎮不平等的上升開始趨緩，甚至停滯。這可以用我所說的「顧志耐波浪」（**Kuznets waves**）來解釋。中國已經接近了廉價勞動力擴張的極限，因此高技能和低技能勞工的薪資差距已經降低，所以會抵銷甚至降低貧富不均的惡化（參考文獻第一四六項，第二章）。[32]雖然農村資料在二〇〇七至二〇一二年中斷，這幾點趨勢仍然成立。二〇一三年起，重新出現的農村數據躍上了比之前更高的水準，也因此維持了農村和城鎮之不平等程度的反常差距。

如果將農村跟城鎮資料合併，由於城鎮薪資高出農村許多（即使根據生活成本調整之後），我們知道全中國的不平等會比單看農村或城鎮高出許多，情況也確實如此。二〇一〇年代農村和城鎮的吉尼係數介於三十到四十個吉尼點之間，全中國則高達幾乎五十個吉尼點並且從二〇〇九年開始小幅下滑（圖十五B）。[33]中國的不平等程度超越美國，逼近拉丁美洲的不均水準。同時，不平等程度也比一九八〇年代高出許多，彼時中國仍然是國營企業為主要雇主和生產者的社會主義國家。總言之，不平等在農村和城鎮都迅速加深，中國整體來說更是嚴重。

拿其他國家來和中國做比較更能幫助理解。美國的可支配所得分配不均自一九八〇年代中期

圖十五 中國農村和城鎮（A）以及全國（B）所得不均圖，1980年代至2015年

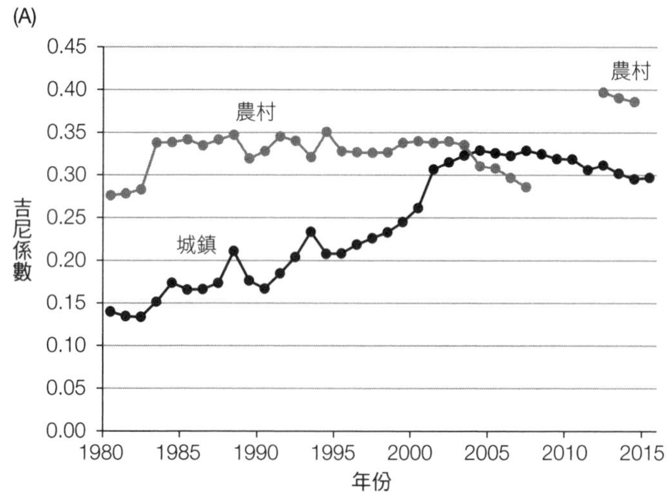

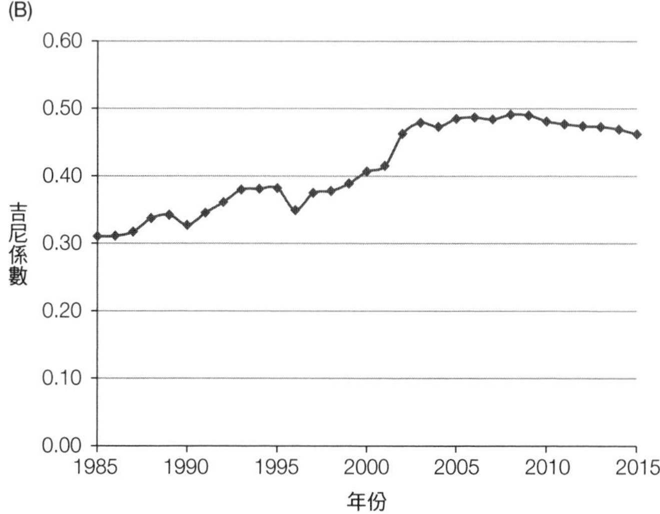

資料來源：城鎮和農村吉尼係數由歷年統計年鑑的所得等分圖計算而來。1985至2001年的全中國資料來自參考文獻第215項，2003至2015年則來自官方吉尼資料（參考文獻第225項）。

到二〇一三年上升了四個吉尼點（來到四十一個吉尼點），中國同時期的吉尼點則上升了將近二十點（圖十五B）。

正如我在著作《全球不平等》（*Global Inequality*）中寫過，以顧志耐波浪的不平等上下波動來理解中國也很有幫助。中國的所得不平等上升可被視為對典型顧志耐機制將勞動力從低收入農業轉向較高收入製造業（本身就會加深不平等）、從農村到城鎮的一種回應。以中國的例子，上升幅度異常地高是因為這場結構轉型也包含了從農村社會主義轉向城鎮資本主義的系統變化；雙重轉型大幅推升了不平等。

惡化背後的主要原因是什麼？隨著中國朝向資本主義前進，薪資不平等也明顯上升，而且高效率或高技能勞工的薪資成長遠勝於低技能勞工（至少截至目前是如此；參考文獻第一二八項，第一五至一七頁；參考文獻第二二五項，第七頁）。在一份罕見地使用國家統計局大型調查微資料（一般無法取得）的研究報告中，丁海燕、傅哲（音譯）和何暉（參考文獻第六八項）指出從一九八六至二〇〇九年之間，城鎮部分無論國營企業或私人企業的薪資不平等都上升。中國私人企業內的薪資不平等一向高過國營企業（自一九七〇年代歐洲不平等研究開始便常出現的典型發現），而且兩者之間不平等程度的差異從二〇〇四年持續上升直到二〇〇九年數據中斷為止。

中國的不平等很大部分也是「結構性的」。城鎮地區發展遠比農村地區快（所以兩地加總的不平等程度很高），而且，無獨有偶，沿海省份的發展也遠超過西側的省份（又一次，加總起來會拉高整體不平等）。謝宇和周翔（參考文獻第二一八項）曾做過一項比較中國和美國的不平等的有趣實驗，結果顯示有二二%的中國不平等是因為兩個結構因素（城鄉差距和省份差距），但結構性因素只占了美國不平等的二%。

中國的爆炸式成長也是不平等飆高的主要推力。因此，無論我們從哪個角度來看不平等，不管是區域之間、城鎮和農村之間、城鎮勞工和農村勞工之間、私部門和公部門之間、高技能和低技能勞工之間、男人和女人之間，不平等一定是上升的。我認為不管怎麼劃分資料，都不可能找到不平等程度低於改革前的情況。以本書目的而言，最有趣也最重要的近期發展是來自私有資本的所得比重增加，在中國的集中程度似乎和其他發展市場經濟的國家不相上下。因此美國有的資本比重上升推動不平等上升現象，在中國一樣成立。

相較其他國家，中國的整體資本所得比重和集中度的相關資料不但稀少，可信度也較低。然而從不同來源收集到的證據，都指出從資本獲得的收益比重升高（吻合資本所得比重上升），還有資本所得高度集中在少數富人身上。根據皮凱提、李陽和蓋布列．祖克曼（Gabriel Zucman）

資本所得比重上升

的研究（參考文獻第一六一項），私人財富在一九八〇年代和全國所得約略相等，到二〇一五年已經上升至全國所得的四．五倍。主要原因是房產大規模私有化（超過九〇%的房產為私人產權）和私募股權重要性上升。後者則是因為國營企業私有化和新興私人企業成長。

遲巍在一份開創性研究（參考文獻第四九項）指出資本所得在中國城鎮地區重要性上升，特別是對富人。遲巍使用一般無法取得的國家統計局城鎮地區個人數據，發現城鎮人口中收入前一%者資本所得（定義為投資獲利、租金、其他房產所得的總和）占總所得的比重接近三分之一，收入排名前二%至五%者資本所得比重降到總所得五%，而收入排名後面九五%的人比重接近為〇。二〇〇七年，城鎮收入排名前一%的人口有三七%所得是來自名下資本；這份數據非常可能偏低，因為並不包括未實現的資本收益、在中國特別高的未分配企業利潤，還有像未提取利息這種「隱形」資本所得。相較之下，我們可以看見美國踏入二〇〇〇年代後第一個十年間，收入排名前一%人口的資本所得是三五%，並包括已實現資本收益，和中國的數字差不多（參考文獻第一一八項，圖二）。[34]

在這方面，還有父母子女之間持續的跨世代關聯性（至少在過去兩代）和財富的不平等，除了中國的轉型非常迅速以外，中國其實出現了和美國類似的特徵。[35]

意料之中，資本所得上升也伴隨著中國的新階級結構。在一份中國中產階級研究報告中，李春玲（參考文獻第一二四項）將中產階級分為三類：資本階級（企業家）、「新」中產階級

（經理人、專業人士，不分公私部門），和「舊」中產階級（小雇主）。[36]雖然資本階級的人數最少，增加速度卻最快：一九八〇年代城鎮人口中幾乎沒有資本階級，到了二〇〇五年已經占一・六%。小雇主的主要收入也是來自資本，一九八〇年代時一樣幾乎不存在，到二〇〇五年則成長到人口十分之一。資本企業階級在中國明顯成長，再加上專業人士的新中產階級（約占城鎮人口二〇%）也有部分所得來自房地產。

楊利、菲利普・諾富克維特（Filip Novokmet），還有本人所做的一份近期研究（參考文獻第二二〇項）也證實了新資本菁英的興起。我們利用家戶調查結果，記錄中國收入排名前五%的職業成分變化。一九八八年，工人、文職人員、政府官員占了收入前五%人口的五分之四。二十五年後，這些人的比例減半，企業主（二〇%）和專業人士（三三%）成為主體（圖十六）。

這群新資本階級有個顯著特徵，那就是白手起家，因為幾乎五分之四的成員都表示父母是農民或藍領勞工。在經歷了打垮資產階級的一九四九年革命還有一九六〇年代文化大革命後，這麼大的跨時代流動很合理。但我們無法以此預測未來。以目前的資本產權集中度、教育成本上漲，和家庭人脈關係的重要性，可以想見中國的跨世代財富和權力傳遞將和西方國家非常接近。

但是中國的新資本階級相對於西方國家的資本階級，比較類似「劃分出的階級」而不是「凝聚出的階級」，因為在政治資本主義下，國家和政府官僚體系的地位遠比自由資本主義高出許多。資本階級缺乏政治發言權其實呼應了中世紀中國的社會結構。法籍漢學家謝和耐（Jacques Gernet，參考文獻第八七項）指出宋朝的富商們從來不曾成功建立具有共同利益的自覺「階級」，因為國家總是虎視眈眈地監視商人或任何反對力量。儘管商人自身可以過上富裕生活（像今天中國的資本家一樣），但未曾組成一個擁有獨特政治經濟目標，或者會強力捍衛、推廣利益的階級。根據謝和耐，這和同一

圖十六　中國收入前5%人口職業組成，1988至2013年

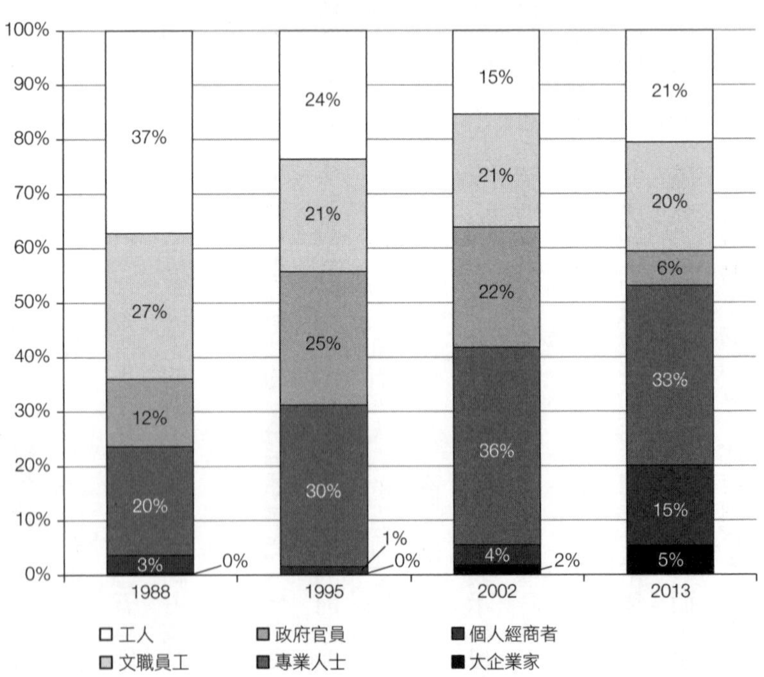

資料來源：參考文獻第220項；由中國家庭收入調查計算而來。

時期（十三世紀）的義大利共和國以及低地國大相逕庭。這種資本家賺取財富但沒有政治實力的模式可能會在中國持續下去，而且有鑑於政治資本主義發展出的社會權力架構，其他同質性國家也相同。

貪腐和不平等

貪腐是政治資本主義普遍的系統性問題，中國亦然。原因是，政治資本主義下的法律制度必須要能彈性詮釋。這麼做不僅能幫助統治者更有效的掌握體制，也讓其他人（包括統治菁英）得以侵吞盜用。中國的貪腐因為兩大特徵影響變得更為嚴重。

首先，今日的貪腐喚起了改革以前軍閥割據和蔣介石時期貪贓枉法和通貨膨脹的回憶。對共產黨菁英來說，認知到自己竟然變成過去共產黨先烈最初要改除的目標可不是令人愉快的念頭；第二，我將在第四章說明，全球化助長了全球的貪腐行動，因為藏匿資產更加容易，貪腐在中國（還有世界各地）顯得更有吸引力。

某些國際條件也助長了中國的貪腐：第一，有許多專門幫人藏匿不法所得的組織出現；第二，基於反共情緒，美國和加拿大主管機關面對夾帶走私的中國罪犯並不像對待他國同類罪犯般機警嚴密。[37]

以全球標準來看，中國的貪腐程度很高，但對比過去毛澤東時代，現在的貪腐程度更是驚人。知名的中國社會學者何清漣在她一九九〇年代的暢銷著作中因此寫道，鄧小平的改革帶來了「不平等、普遍的貪腐，並且破壞了社會的道德基礎」。[38]

國際貨幣基金（International Monetary Fund, IMF）財務事務部前部長維多・坦茲（Vito Tanzi）做了很好的比喻，貪腐行為是啃食中國的「白蟻」。大體來說，對付貪腐有兩種辦法。一個是西方國家和某些中國評論家支持的強化法治。[39]但我已經說過這建議對政治資本主義來說不切實際，因為會削去官僚的自由裁量權。這可是官僚用來控制資本家的權力，用來懲罰或用來獎勵的利器；強化法治等於直接打臉體系，而且不太可能實現（至少那些了解後果的人就不會願意）。

此外，這種建議的靈感其實來自其他經過長時間法治轉型、環境條件大不相同的國家。根本無視中國近日的現實。俄國和中亞強化法治的嘗試造成了驚人的反效果，貪腐程度更勝以往。在俄國，十年快速經濟和法治變動（一九九〇至一九九九年）造成了寡頭政治，而且國家如今處於崩潰或者寡頭內戰的邊緣。這對中國或任何理性領導人都不會是有吸引力的選擇。

另一種則是中國選擇的回應，用體系工具揪出貪腐官員。中國官方形容這場運動是將權力「關進」制度籠子裡。其中包括了類似毛澤東時代的「再教育」、道德壓力、嚴刑重罰（最高可被槍決），還有（反貪汙）行動不會止於某個位階，也就是會打「蒼蠅」也要打「老虎」。自從反貪腐運動實施以來，中國共產黨共有超過一百萬名官階大小不同的成員被懲治，人數約占黨員的一％。[40]因此，原則上沒有人是動不得的，雖然很明顯有些人比較「適合動」。[41]儘管如此，這的確是史上第一次有中央政治局常務委員被起訴，其他包括二十名中國共產黨第十八次全國代表大會所選出的中央委員，一百六十名副部長和省級領導，還有一些軍方高級幹部（參考文獻第一二三項，第九頁）。

有些被揭發的貪汙案，查獲金額令人震驚。中國軍委會副主委徐才厚在二〇一四年被逮捕，當時是所有遭起訴官員中位階最高的人。他那兩萬平方呎豪宅的地下室裡推滿了現金（人民幣、歐元、美元），重量超過一噸；藝術珍品需要十輛軍用卡車才載得完。而中共建國以來規模最大的貪汙案現金則是國家能源局煤炭司副司長案，沒收了超過兩億人民幣現金（照目前匯率約為兩千六百萬美元）。為了清點現鈔出動了十六臺點鈔機，其中四臺在過程中損毀。另一名官員則是囤積了一億兩千萬人民幣、三十七公斤黃金，並且在中國各省擁有總共六十八處房地產（參考文獻第二一七項，第一二六、一四九頁）。這只是其中一小部分。

我不認為反貪腐運動的目的是要鏟除眼前貪腐並且杜絕將來的發生。[42]政治資本主義的體系作用力永遠都會形成貪腐。反貪運動的真正目標是暫時壓制這些勢力，藉著提高貪贓枉法的成本來降低發生率，控制住貪腐程度。反貪運動最後勢必減弱，貪腐又會漸漸活躍起來。再過一、二十年可能又會有另一次反貪腐大掃蕩，目的相同。這類運動的目標是讓貪腐之河保持在河道之內，不要氾濫成災；一旦失去控制，貪腐就像洪水一樣難以修復。

貪腐對分配的影響

貪腐在中國因為加上了本來就嚴重的不平等，造成的禍害更為劇烈。因此高收入的不公平現象大幅加深人民的憤怒。舉例來說，導致中東革命（阿拉伯之春）的力量就是在這種作用下產生：雖然不平等程度幾十年來沒有任何太大變化，但因為貪腐惡化，人們對不平等的認知惡化了（參考文獻第二二〇項）。在針對中國貪腐的深度分析中，裴敏欣（Minxin Pei）強調了多種貪腐破壞效應並且提供了大量實證資料（參考文獻第一五八項；參考文獻第一五九項）。雖然無法精確地評估貪腐在中國對分配的影響，我們可以整合各種片段資料來進行大致判斷。

裴敏欣提供了貪腐官員的官僚職位、貪汙發生的時間長度，還有被販賣的職位數量等資料，因此可以計算出不同行政階級職位的販售價格，還可以區分政府官員賣官價以及中共黨幹部賣官價不同。[43]意料之中，隨著職位等級升高，販賣的收益也上升：縣級職位價格最低，省級價格則最高（圖十七）。此圖明顯能看出販售職位帶來的收入淨值，但也表示越高位的人能透過貪汙拿到更多錢（假設能販售某職位的人本身至少是任職於同級職位）。

除了販售各職位金額這項變數，從裴敏欣數據中的第二個變數，不同層級官員（而且也分成黨職和純政府職）的貪汙總金額，也能看出職位級別越高貪腐越嚴重的模式。這兩個變數都和我之前提到貪腐助長了不平等的主張相吻合。

數據揭露的另一個有趣事實是由共黨幹部賣出的職位價格（以同級職位來看）明顯高出單純任職於政府或企業的官員許多（圖十七）。在地方行政區層級，由共黨幹部賣出的職位價格是「純」政府官員的幾乎三倍。這或許反映出黨幹部較有能力指派有油水的職位。黨幹部和同職等的政府官員相比是否更加有錢則無法由此判斷。有人

圖十七　不同行政級別職位的販售平均所得（以百萬人民幣為單位），分為共黨官職和純政府官職

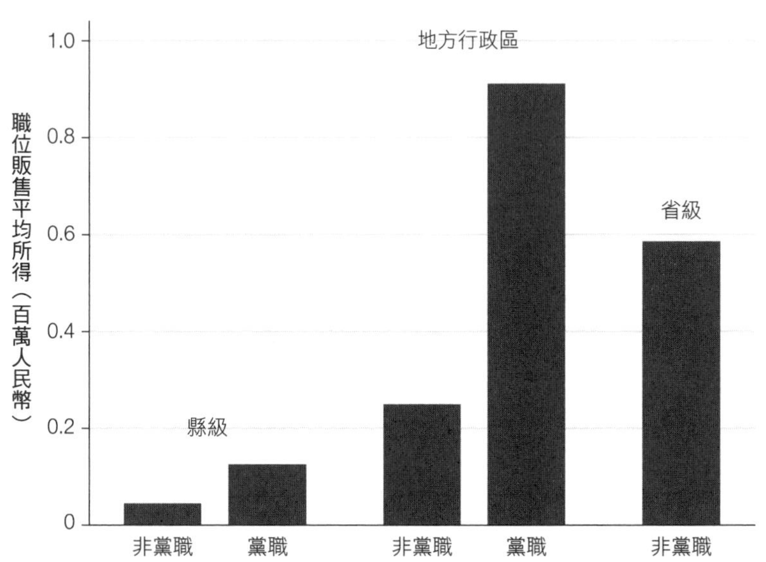

資料來源：由裴敏欣的資料計算得出（參考文獻第159項，附錄表A1及A2）。

或許認為如此，畢竟這些人有正職收入之外還有能力販售高價職位（前提是這兩種收入的高低成正相關），不過有另一個可能是黨幹部薪水不高卻有辦法指派高位，於是藉著賣官來補貼自己。[44]

從五十五件資料較為詳盡的多方涉案（已有犯罪網絡）貪腐案當中，也可以得出相似結論。從犯案者的行政職等和是否身負黨職就能分辨出主謀者是誰。目前已經有好幾個省級黨幹部涉及貪汙的案件（過去的貪汙案中未曾出現如此高層級官員），而且這些案件的「貪汙總金額」也特別高（圖十八）。不管在省級或縣級，黨職官員的貪腐所得一樣都比非黨職官員高。

政治資本主義的持久性和國際吸引力

接下來這兩節我將試著探討未來，這永遠是件危險的事。首先，我會討論政治資本主義在中國的持久性，然後檢視此體系本身的吸引力，還有中國推廣和「出口」體制的意願是否和美國在威爾森總統之後持續「出口」自由資本主義體制一樣。討論體系的吸引力時必須著重於體系本身的優點，而不是推廣者。雖然，歷史上所有體系的傳播都有一個強權在背後推動或強加於他國身上。

拿破崙每征服一國就會打破之前的封建限制、頒布反教會權的法律、引進《法國民法典》（*Code civil*）、創立他自己的貴族階級，而且，通常會指定統治者。幾乎所有拉丁美洲國家的憲法都深受美國憲法和三權鼎立制度影響，因為美國是大陸上的超級領導者。第一次世界大戰後，法國在東歐設立了好幾個（不穩定的）議會民主制度作為「隔離地帶」，以阻止這些國家蘇聯化。第二次世界大戰後，蘇聯迅速地解放並占領其中數國，並開始實施自己的政治經濟體制。同樣地，美國也透過政變和軍事行動來

圖十八　多官員涉案的貪汙案總金額〔金額（以百萬人民幣為單位）乘以貪汙年數〕

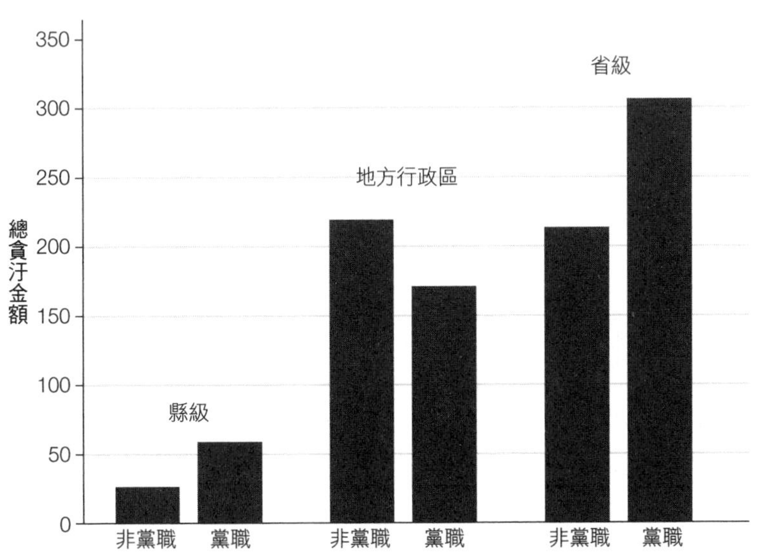

資料來源：由裴敏欣的資料計算得出（參考文獻第159項，附錄表A1及A2）。

推廣或強行在他國實施資本主義。中國已經準備好這麼做了嗎？

但是，我們先來看看由鄧小平一手定義的政治資本主義，是否能在中國長期運作下去。

資本階級是否終將統治中國？

中國不是西方。但長期來看，兩者之間究竟有什麼不同？由於中國過去二十年的興盛、中國和西方經濟體在組織上明顯對比，還有我們現在有了質量更高的歷史數據，這題大哉問的重要性更勝以往。要回答這個問題並且探究政治經濟主義的前景，我們可以採用阿瑞基在《亞當・斯密在北京》（參考文獻第一一項）中的有趣方式。

阿瑞基以二分法為起點，我認為他是在一系列文章之中第一位定義所謂亞當・斯密派「自然」資本主義發展路徑，以及馬克思主義「非自然」路徑的人。亞當・斯密的自然路徑，也就是《國富論》（*The Wealth of Nations*）中「自然的富裕進程」，是指一市場經濟體從小生產者成長後，經歷勞動分工，先從農業進入製造業，然後才有國內貿易，最終出現長距離國外貿易。這條路徑很「自然」，因為是按照人民的需求前進（從食物到衣物到貿易，從農村到城鎮到遠洋），當中沒有省略任何階段。

亞當・斯密也謹慎地提出，過程當中國家讓市場經濟和資本家充分發展，保護財產權並且課徵合理稅收，但事關國家經濟和外交政策時，國家仍然維持相對自主權。〔這就是為何，《國富論》中有一部分亞當．斯密讚揚《航海法》（Navigation Act）捍衛了國家安全，也就是國家自主權，但在書中其他部分他又隱晦地攻擊此法案的壟斷性。〕[45]阿瑞基對此下了結論：「亞當．斯密派的特徵……〔是〕改革漸進主義以及旨在擴張升級社會分工的國家行動、大規模推廣教育、資本家利益依附於國家利益之下，並且積極鼓勵資本家之間的競爭。」（參考文獻第一一項，第三六一頁）

相反地，馬克思認為的「正常資本主義發展途徑」（我稱之為西方發展道路）來自他對彼時歐洲的觀察，整整晚了亞當．斯密一個世紀。但是馬克思認為「正常」的體系是：（一）先發展商業才發展農業顛覆了自然進程，因此體系（用阿瑞基的說法）「不自然且逆向」；（二）國家的自主權落到了資本階級手上。[46]

亞當．斯密派和馬克斯資本主義

事實上從馬克思時代到今天，資本家利益始終在西方國家的運作中占有主導地位，無論是經濟面（像川普的減稅）或外交政策（像伊拉克戰爭背後的利益）。資本家把持了國家，就像馬克斯和恩格斯在《共產黨宣言》裡寫的，政府已經變成「管理整個資產階級共同事物的委員會」。這樣的路徑顛倒了亞當．斯密派「自然」路線的階段，在國內生產和勞工充分發展成熟之前，就先進入長程貿易和殖民主義。不過最重要的是，馬克思主義路徑裡，國家面對資本階級時已經喪失了自主權。因為歐洲資本家在征戰、奴役和殖民主義的環境下能蓬勃發展，所以他們需要國家來向海外投射力量，因此資本家必須先「統治」國家。歐洲路徑變得好戰、富侵略性。

阿瑞基相信今天我們所謂的標準資本主義道路其實是馬克思主義路徑。皮爾．富瑞斯（Peer Vries）在著作《逃離貧窮》（*Escaping Poverty*）（參考文獻第一九九項）裡表達相同概念，他定義資本主義為理性的利潤追求，加上勞動商品化，加上國家和資本家的政治勾結，加上海外的力量投射。最後兩點明顯不是亞當．斯密派，而是馬克思主義。但這是非常歐洲的路徑，不能作為通則或「定義」。阿瑞基主張中國走的是另一條路，從宋朝到清朝其實非常貼近亞當．斯密派路徑。大約到西元一五〇〇年為止，中國的市場經濟其實遠比西歐成熟，但商業利益始終未能自行動員成一股力量來左右國家政策。只要富商不造成威脅，獨裁國家可以放過他們；換言之，他們不可以長得太大。國家永遠監視著商人。

如同謝和耐對宋朝的解讀，很多商人的確發財了，卻不能建立起「階級」，像法國第三階級（Third Estate）或其他西歐國家的資產階級一樣先爭取到政治發言權，然後贏得政權。在中國恰恰相反，從頭到尾都有個強有力的中央政府管控著商人或者任何人的勢力。馬德斌在一份討論中國財政能力的研究中提出類似看法：「在中國，過早興起的專制主義（以階級制官僚為基礎的集權國家」加上缺乏任何代表機制，確保了武力控制帶來的經濟租金完全是為了政治利益，與商業和財產利益無關。」（參考文獻第一二九項，第二六至二七頁）這絕對不是資本階級想要的政府。

福山在《政治秩序的起源》（*The Origins of Political Order*）（參考文獻第八五項）中解釋，全能的政府造成中國缺乏對立的商人階級，這可以追溯到中國國家的形成。福山認為中國的國家遠比其他國家建立得早，也遠早於任何組織化的非國家角色（獨立資本階級、自由城市、神職人員）。因此國家的力量凌駕一切。即使從清朝到毛澤東時代，這「過早成形的國家」仍持續扼殺其他權力中心。

回到現代中國。目前的共產黨政府和已成形資本階級之間的權力分配，讓人聯想到上述傳統模式。政府會照顧資本階級的利益，前提是這些利益不衝突到國家利益（統治國家菁英的利益）。汪暉（參考文獻第二〇一項，第一七六頁）曾讚賞地引用伊曼紐．華勒斯坦（**Immanuel Wallerstein**）的話：「如果有人以為沒有國家支持，或是和國家對立，還能夠成為資本家……這是個荒謬的想法。」

產權模糊不清和缺乏法治並非異常

無論是國有、純私有，還是各種介於中間的產權形式（例如，國有企業在證交所募集私人資金、共有房產混合私人房產、有外資的國有企業），今天這些產權的區別在中國其實很模糊，因此也就成了我稱之為政客資本家（politico-capitalist），或漢斯・歐佛比克（Hans Overbeek，參考文獻第一五六項，第三二〇頁）稱為「幹部資本家」的溫床。[47]模糊不清的各式產權並不是「錯誤」或權宜之計，也沒有「修正的必要」，這反而是政治資本主義存在的基本條件。舉例來說，共產黨組織（「細胞」）存在於純私人產權公司裡。這些組織可能對資本家有利，因為可以請他們站在公司立場遊說黨國。但共黨細胞的存在也可能使公司元氣大傷，因為又是另一個需要討好和賄賂的單位。或者，另一個政治風向一轉就會對資本家造成傷害的可能。而且這些組織的行事並不受官方產權結構和權利的規範。

就算中國的官方統計也在區分產權上遇到困難，所有權形式眾多，權力行使範圍也五花八門，從可以全權變賣到僅止於使用權的情況都有。多面向的所有權和企業結構是《華盛頓公約》（Washington Consensus）死忠派的痛點，因為他們堅持清楚明確的產權對經濟成長的重要性。有這麼多不同的產權關係，中國根本無法塞進新自由主義的理論框架中。更何況，有些最曖昧的所有權類型，像是鄉鎮或農村企業，反而有著最驚人的成長率（參考文獻第二〇五項）。

寫到這裡，或許應該將多面向所有權形式和法治不平等適用（之前提過的「無法地帶」）做個比較。在自由資本主義眼中這兩者都是異常：所有權結構應該修改到能清楚知道誰擁有什麼，而法律之前應該人人平等。如果這兩個異常不校正，那麼體系絕對有缺陷。可是從政治資本主義的角度來看恰恰相反。就是因為多變曖昧的產權形式和法律適用時的自由心證，政客資本階級才能崛起。看似一灘混水，反而是適合政治資本主義發芽茁壯的環境。換句話說，我們看到的產權和法治並不是異常，反而是體系的定義特徵。

但是在所有權和產權迷霧叢林裡生存並壯大的中國資本家，會永遠接受這種正式權利隨時可能消失、終年處於國家管束的情況嗎？或是，隨著資本家變大變多，他們將開始動員影響國家，最後像歐洲和美國一樣取得主導權？馬克思所描繪的歐美道路在許多方面都有不變的邏輯：經濟力量傾向解除自己的束縛，守護或強行貫徹自身利益。一旦資本家手握經濟權力，該如何踩煞車？但是反過來說，將近兩千年以來中國政府和商人之間存在的緊繃不對等關係，其實是一層由傳統和慣性交織出的巨大屏障，或許能維護住國家自主權。

因此，我們應該從完全不同的角度來問中國民主化的命題：關鍵是中國資本家是否能夠取得對國家的控制，果真如此，他們是否會用代議民主作為工具。

在歐洲和美國，資本家小心翼翼地使用這項工具，趁著公民權擴張時順勢加重劑量，通常以蝸牛般緩慢的步調，並且在對有產階級產生潛在威脅時馬上收回工具（像是法國大革命後的英國，或是波旁復辟後的法國，或者奧匈帝國的二元君主制期間）。但是到了一九一八年，政治上已經不可能再用文盲測試、收入、稅收普查來排除選民資

民主在中國？

格，甚至美國南方終究受到一九六五年《選舉權法》（Civil Rights Act）約束，停止各種剝奪選民權利的手段。如果中國民主真的蒞臨，應該會像世界其他各地一樣，法律上一人一票。但有鑑於歷史包袱，以及有產階級仍舊本質脆弱、為數不多，來自資本階級的統治是否能夠維持仍是未定之數。[48]中國資本階級在二十世紀的前二十年失敗過一次，一百年之後能否重建成功呢？

中國將「出口」政治資本主義？

政治資本主義對當權者的好處無庸置疑：免於輿論的立即壓力、有機會利用政治權力謀取經濟利益，還不用受法律條款的任期限制。但政治經濟主義其實對一般大眾也有些優點。如果體制的行政系統效率高而且貪腐程度可接受，反而能輕鬆克服拉低民主國家成長率的各種法規程序和技術困難。中國政府建設道路和高速鐵路的能力就是顯而易見的社會和經濟優勢，雖然過程中罔顧部分人口的權利，但同樣的工程在民主政體國家可能要耗時數年，甚至數十年做法律調解。許多公共政策漫長無止境的磋商到頭來一事無成。當然，粗暴地排除異議也可能做出錯誤決策，或是選擇那些只符合少數人利益的方案。但很多時候（或許中國基礎建設的成功就是最佳例子），這種做法能推動社會前進。

比起冗長的磋商，公民自己或許也偏好快速決策。大多數成功的資本社會中，很多人忙著工作和處理生活瑣事，幾乎沒時間關注政治議題；他們和這些議題之間沒有明顯關聯，因此也沒有理由花時間在這上頭。即使在美國這個世上最古老民主政體之一，選出一位權力幾乎像皇帝一樣大的人，甚至不需要過半數的投票人口。

我認為主張現代人仍然是亞里斯多德所形容，熱衷參與公共事務的「政治動物」，是錯的。在古希臘城邦的廣場上或許如此，但即便那時也僅限於少數富裕的自由公民。今天繁忙的商業世界中，公民根本沒時間、沒知識，也沒興趣參與公共事務，除非和自己直接相關。資本主義對賺錢的重視已經在社會「扎根」，並且主導了個人生活（第五章的討論主題），留給廣泛政治討論的時間更加稀少，自然也就無法出現許多政治理論所假設的：高知識熱忱公民。

我們甚至可以說，這種公民和過度商業化的資本主義無法共存。因此，強調公民參與的民主制度其實與現實相背。羅伯特・道爾（Robert Dahl）和熊彼得對於多元政治和民主更加技術性的定義其實比較正確。一位道爾的評論家這麼說：「民主和多元政治……〔對道爾來說〕都純粹是用來盡量滿足〔公民〕主要、個人需要的工具，僅此而已。」（參考文獻第一一五項，第四四九頁）這的確是事實。而且如果自由資本主義可以滿足這些需求，政治資本主義也可以。哪一型資本主義表現更好則要看實際成果來判斷。

之前我已經說過政治資本主義的確是內建貪腐的社會（所以維持高效率行政體系和內在貪腐

接納適度貪腐

之間的平衡非常困難，因為後者會破壞行政中立性）。但我們不應該錯以為人民總是痛恨貪腐，不論大小。很多社會已經摸索出如何在貪腐中生存甚至蓬勃發展，許多人的生活甚至比在「無貪腐」體系中容易許多。事實上，很多已經習慣了互惠交換體系的人反而無法融入全然不同的「乾淨」體系。白重恩、謝長泰和宋錚（參考文獻第一七項，第三頁）認為中國的分散式「裙帶資本主義」（**crony capitalism**）在資本主義興起中扮演的角色其實和許多歐洲國家一樣：各地行政系統保護自己的佼佼者，但無法阻止他地行政系統保護自己的資本家。因此，裙帶主義再加上區域之間的競爭，發揮了熊彼得派創造性破壞的作用。

我們不應該天真地以為既然歐洲國家的政府透明度排名（對貪腐感受度的「專家調查」）領先各國，表示這種透明度能夠輕易適用於世界各地，或者各國人民都對這種「清廉」心嚮往之。事實上，很多人反而覺得這種環境綁手綁腳。福山（參考文獻第八五項）稱之為國家「家族化」的力量幾乎無處不強大。大多數社會中，親朋好友可能會建議一些聯絡人，能夠幫你加快車輛註冊、拿到新身分證，或者躲過太頻繁的公司財務監管。不幫助親戚朋友的人很可能被社群排斥。

這種貪腐不見得有實質金錢移轉（雖然有些禮物和錢財差不多），但結果必然是給予某些人優惠待遇。事實上，很多移民人口在不流行互惠互換的體系裡適應不良，因此他們傾向繼續維持相同生活方式，可是做法被認為對北歐福利國家的完整性造成威脅。這種事常被歸類於文化差異，但追根究底，通常是一種對私人化法規適用和行政正義的偏好。換言之，是對法治弱化的偏好。

義大利就是國家各級層面都有貪腐現象但又維持了貪腐平衡的一個例子。或許大家理論上都相信鏟除貪腐是件好事，但心裡也清楚如果從個人層面執行只會造成自己的困境。不過，這不應該被視為單純的集體行動問題（也就是，如果每個人都同意消除貪腐，那麼大多數人都會過得更好）。因為很多人反而不知該如何在新體制中運作，或許會想返回舊制。安德里亞・洛倫佐・卡普西拉（Andrea Lorenzo Capussela，參考文獻第四四項，第xxviii頁）曾借用小說家伊塔羅・卡爾維諾（Italo Calvino，參考文獻第四三項）寫過的貪腐平衡寓言：

曾經有個國家建立於非法之上。法律並非不存在；而且政治也奠基於每個人或多或少宣稱認同的原則之上。但是這套系統，貫穿了眾多權力中心，事實上需要無盡的財政資源……而人們只能以非法手段取得，也就是向擁有財政資源的人索討，然後報以非法恩惠。這些有資源交換恩惠的人，資源多半是用以前獲得的恩惠賺得；於是成了一套循環經濟系統，說起來，並非沒有和諧存在其中。

所以政治資本主義的固有優勢包括了統治者的自主權、避開繁文縟節交出亮麗經濟成長，還有符合某些甚至多數人的適度普遍貪腐。但政治資本主義的最大吸引力還是來自於經濟成就。既然中國在過去半世紀以來是全球經濟最成功國家，自然來到了其他成功國家所處的位置：中國的經濟和政治建制被他國效法，而且中國能夠正當地嘗試「出口」這些建制。不過問題是，中國是否有此意圖。

中國傲視一切

否認中國有出口意圖的典型論點來自歷史證據；原因是中國睥睨他族，而且對其他「熟食」或「生食」野蠻國家的體制、做法完全不感興趣。[49]最常被引以為證的（包括中國學者），就是中國明朝十五世紀的大航海遠征和哥倫布較小規模遠征的強烈對比。前者的目的是提升海洋安全以促進遠洋貿易（鄭和的水手們曾多次和海盜作戰），而且更重要的是以和平方式向世界展現強大國力；後者的目的也是貿易，但更多的是剝削、征服領地，然後同化意識形態。據此解讀，一個權力基本上傲視一切、平和且冷漠；另一個權力則好戰，並且渴望得到收益和影響力。[50]

從十九世紀的各個事件中也可看出，冷漠已經成了中國發展過程中力量削弱的原因。雖然冷漠的負面效果早已浮現，中國統治菁英的思考或許仍深受影響。馬丁・賈克（Martin Jacques）在《當中國統治世界》（*When China Rules the World*）（參考文獻第一〇六項）裡主張中國很有可能繼續獨善其身，因為中國自視為文明國家而不是民族國家，是亞洲（乃至全世界）的支柱，因此文化上經常流露出根深蒂固的種族主義，或是無能力理解「他人」。[51]有趣的是，即使毛澤東時代的意識形態源自出身西方的馬克思主義，中國仍然展現出一定程度的高傲。

掙脫了蘇聯的監護後，中國在國際上長期不發揮實力也不挺身而出。中國不參與不結盟運動（Non-Aligned Movement）。雖然在各地宣傳毛澤東主義但卻不曾和任何運動建立穩固關係或提供協助。更重要的是，中國不曾建立出一系列的盟友。和美國及蘇聯相比這實在令人驚訝，因為後兩者有眾多的盟友、衛星國或附庸國，無論你想怎麼稱呼。但中國只有阿爾巴尼亞，直到鄧小平開始改革，阿爾巴尼亞因為中國成為「修正主義者」而與其斷交為止。甚至到了今天，除了北韓以外，中國沒有任何盟國。這可不是人們對下個世界霸主的期望。

除了中國是否願意「出口」政治資本主義以外，另一個該問的問題是該模式能否轉移。之前提過，政治資本主義的關鍵特徵（技術官僚、缺乏法治精神、內建貪腐）的確出現在許多不同的體系中，但也有些元素是中國獨有，移植它的難度很高。在一系列影響甚鉅的文章著作中，許成鋼定義中國政治系統是「地方分權式集權制」。[52]這種制度的兩大特點是中央集權（專制主義），還有看似矛盾的「分權化」。許成鋼近年來點出，大躍進時期就是因為地方分權，因此省級和市級政府得以採取不同經濟政策，進而找出最佳方案；當然前提是不可以明目張膽違背中央規定和共產黨意識形態（儘管只要政策偽裝得宜

中國政治資本主義的轉移性

並且大獲成功，忽略意識形態是可以接受的）。

許成鋼證明了所有的關鍵發展，從家庭聯產承包責任制（土地改革）到國營企業私有化，其實都是由地方政府起頭。這些政策並不是由最高層級規劃的偉大實驗計畫，完全是較低階政府的構想實踐。[53]如果改革成功，地方推動者就能在政府和黨內獲得升遷，進入中央決策單位（中央集權的部分在此），並且在其他地區推動相同政策。所以關鍵在於，提供地方領導在保持社會和平之下，盡量於轄區內改善經濟表現的激勵機制。然而，整個系統的骨幹是會獎勵成功、處罰失敗的中央集權組織（中國共產黨）。

獎勵是政治面的：重點不是對個人行為者的獎勵（勞工、農民，或地方企業家）而是對行政長官的獎勵。首長想升遷一定要「製造」地區成功。成功指標一般則相對容易衡量，像是國內生產毛額上升或是對外資的吸引度。地方首長可以被視為中央政府派出的準自治大使。這套系統其實有點類似包稅制，不過首長的職責不僅僅是提供歲入，還有保證地方經濟的進步。

根據許成鋼，這種政治上一黨集權、地方上經濟政策自治的獨特結合正是中國成功的原因。不過，也帶來了一些問題，像是無法以多元目標來衡量首長的表現（如果升遷標準完全取決於成長率，像是環保和人口健康等其他目標就會被犧牲），還有各地設法保護本地製造商（例如只能購買本地生產的車輛）而導致中國市場分化。

姑且不論這些隨著經濟發展而益發嚴重的衍生問題，要在其他國家執行一套同時集權又分權的體制顯然十分困難。中國模式是奠基於過去帝制時代的地方分權傳統，大部分國家並不具備此條件。這套模型也需要一個強大到能夠根據表現來獎懲地方首長的中央政府，必要時能收回分散的特權，但又有足夠遠見允許地方實驗。

最後，比起中小面積的國家，分權決策模式的確適合幅員遼闊、人口稠密的中國。很多國家可能面臨的危險（中國自身也無法免疫）是分權或許導致地方勢力壯大，最後甚至造成國家分裂。中國透過不斷輪調幹部來解除此威脅（幾乎沒有人會在同一省長職任職超過五年），但不保證政策能永久延續或是其他國家的中央政府能比照辦理。

因此「地方分權式集權制」完全符合政治資本主義的所有重要特徵，卻又具有中國獨特之處，或許難以移植他國。由此可看出，政治資本主義模式的弱點在於缺乏能適用多數情況的通則。[54]

即使有冷漠的傳統和缺乏通則的問題，我們還是要指出三個動力。首先，由於大量貿易和境外投資流入，中國今日的國際經濟參與度是歷史新高。不管是經濟、政治，甚至文化上，已經沒有超然漠視這個選項。不管是外國聯絡人數量、英文的普及（甚至連戶口本封面都有英文）、中國留學生人數、在海外工作和旅遊人數，還有日漸攀升的旅中外國人數量，都表示中國比起過去更是世界不可

為何中國必須（更積極）參與國際

分的一部分。[55]

第二，歷史上最成功的國家多半也成了他國仿效的對象，所以無論願意與否，都將承擔著與「客觀」重要性相符的全球角色。

第三，在習近平（或許還有更多人，因為習近平的相關政策引發許多共鳴）領導下，中國似乎準備好扮演更積極的國際成員，並且向世界「推銷」自身的成功與經驗。近年來一些舉動都可明顯看出這一點。最重要的是中國在非洲日益上升的重要性，還有由此衍生出的非洲發展策略。目前已經有好幾個非洲國家採行政治資本主義，而且全都和中國有強大經濟連結（表三）。甚至可以說，中國第一次成功、謹慎地推翻外國政權就是在二〇一七年時策畫辛巴威羅伯特．穆加比（Robert Mugabe）的下臺。這是個顯著的成就，因為過程毫無濺血，因為中國隱身幕後，也因為世界各國都表支持（穆加比政權在國內外都備受厭惡）。這場成功行動和西方國家在利比亞造成的災害形成對比；後者導致該國曠日持久的內戰，幾乎摧毀了所有現代社會建設，而且絲毫沒有結束跡象。

另一項重要甚至更具雄心的計畫是一帶一路（Belt and Road Initiative, BRI），預計由中國出資做基礎建設，串連起數片大陸。目前中國的貨物已經定時大量地以歐亞鐵路運送到歐洲大陸和英國（比海運快得多）。[56]一帶一路不只是挑戰了西方過去處理「南方世界」（Global South）的思維，因為後者不做實體投資而是著重在「後物質」的體制建設。一帶一路更將投射中國影響力，把一帶一路參與國順勢納入中國的勢力範圍。投資過程中任何糾紛都已計畫將交由一座中國設立的法院審理（參考文獻第七一項；安西亞・羅伯茲（Anthea Roberts），個人手稿）。這對於曾經因為外國人在中國領土卻不受中國管轄而蒙受「世紀之恥」的國家來說，絕對是大逆轉。

很多國家或許樂意參與一帶一路計畫，因為中國帶來的實質利益（道路、海港、鐵路），也因為他們認為中國對干預內政不感興趣，也不會在投資時附加政治條件。[57]正如賈克所寫，不同於在國內重視民主但在國外建立階級制的美國，中國對接受國的內政沒有興趣；它不施行熊彼得批評二十世紀美國政策時所說的「道德帝國主義」（**ethical imperialism**）。[58]相反地，中國在民族國家間強調民主，堅持所有國家在形式上都有平等待遇。[59]對許多小國來說，這兩點深具吸引力（不干預內政和形式平等待遇）。

一帶一路構想的倡議者之一林毅夫認為，一帶一路對貧窮國家還有另一個好處（參考文獻第一二五項）。中國將逐漸「移出」應該由低度開發國家「自然」接手的製造工作；但是，缺乏合適的基礎建設很難做到。事實上，中國自身的發展教訓之一就是，基礎建設是吸引外國投資的關鍵，經濟特區就是很好的例子。

這兩種發展重點的差異（基礎建設相對於體制建設），完全符合政治和自由菁英資本主義的區別。兩者都試圖透過偏好的發展策略，發揮所長。政治資本主義的賣點是國家效率，能夠帶動私人角色建設來改善人民的實體物質生活。自由資本主義的賣點則是由國家提供制度架構，然後私人角色自行決定要建設什麼。前者的國家角色積極且直接，後者的國家角色是「授權」且被動。當然，這反映了兩套體系對國家角色的理想解讀。

最後，中國循著相同的「建構者」模式在二〇一八年中成立了亞洲基礎設施投資銀行（Asian Infrastructure Investment Bank），超過八十個國家加入會員，並將總部設於北京。此舉目標顯然是要在亞洲區投射中國的經濟實力。中國創建新國際經濟機構正如美國在第二次世界大戰後領導設置世界銀行和國際貨幣基金。

或許還有另一個（第四）促使中國在國際舞臺上更活躍的原因，是有關於內政和外交政策。如果中國保持被動而不積極宣傳自己的體制，西方國家又不斷在中國鼓吹自由資本主義精神，很可能會有越來越多中國人接納、支持西方體制。但假如中國能夠勾勒出政治資本主義的優點，就可以自己逆向抵抗外國影響而不僅止於被動防禦。某種程度來說，國際表現積極其實是為了國內政治存亡，因應潛在國內危機。

這些要素和實際舉動似乎都推動著中國在「出口」政治資本主義和建立一系列類似體系國家上，擔負起更積極的角色，雖然目前很難看出這些國家是否會和中國建立正式結盟關係。但即使是在非正式結構下，中國勢必會在全球大小機構施展更多影響力。過去兩世紀內，這些機構完全由西方國家一手打造，而且反映的是西方的利益和歷史。[60]現在，局勢已經徹底改變。如賈克所寫：「中國躍升為國際強權改變了所有的相對關係。西方國家早已認為世界是**他們**的世界、國際社會是**他們**的社會、國際機構是**他們**的機構……，普世價值是**他們**的價值……。情況將不再如此。」（參考文獻第一〇六項，第五六〇頁）

政治資本主義是否能作為成功典範的關鍵在於：（一）隔離政治和經濟的能力，但在本質上有其難度，因為國家本身扮演重要經濟角色；（二）維持相對不算貪腐的中央「骨幹」，保有能貫徹國家利益決策、不只是狹隘商業利益的能力。具有革命歷史的政體通常比較容易實現第二點，因為中央集權經常是革命的產物。但隨著時間過去，維持可容忍程度的貪腐會更加困難，最後甚至能抵銷體系的其他優勢。我在前面「三項體系特徵和兩處體系矛盾」這一節中所說的兩大矛盾都和貪腐以及貪腐造成的不平等有關。

底線：政治資本主義的可行性

政治資本主義的出口將有所限制，因為能做到上述（一）和（二），政治隔離以及相對不貪腐行政體系的國家屈指可數。或者換個說法，該體系的確能出口或效法，但大部分情況下或許無法帶來經濟成就。這一點，將破壞政治資本主義的全球吸引力。

第四章 資本主義與全球化的互動

遠古時期，所有發明都必須日日重新來過，處處獨立研發……唯有商業全球化、產業規模化、全世界各國捲入競爭性的鬥爭以後，人類取得的生產力才得以永存。

——馬克思，《德意志意識形態》（*The German Ideology*）

本章探討全球化下資本與勞動力所扮演的角色。論其首要之影響，全球化使兩者流動四方。過去，全球化的意思幾乎等同是資本的跨國界流動，但近期，勞動力的流動性也日漸增強，導致許多國家開始強化邊界管理，設下新的障礙。勞動力之所以流動，乃是因為各個國家之間，同等品質及同等單位的勞動所得到的報酬差異甚大。此差距我稱為「公民權獎勵」（citizenship premium）及「公民權懲罰」（citizenship penalty）。如本章以下所述，公民權獎勵（或稱「公民權租金」，兩者互通）指的是人單靠生在富裕國家，便能享有較高的收入，而公民權懲罰指的則是人僅僅因為生在貧窮國家，便須承受較低的收入。

就算考量到窮國的物價較低，經物價指數調整後的公民權獎勵（或懲罰）仍有可能達到五倍甚至十倍之多。收入差距主要源自十九世紀與二十世紀的發展，此期間西方國家與少數其他國家（日本及近期的南韓）的人均收入遠遠超越世界其他地方。如此差距必定導致勞動力流動，就像如果風險相同，報酬率三〇%的資產必定比報酬率三%的資產吸引更多投資。因此，勞動力的流動如同資本的流動，兩者皆是全球化的必然結果。

本章開頭探討全球化下的勞動力，接著則談及資本。最能反映資本流動的，莫過於所謂的全球價值鏈（global value chains）。資本加速貧窮國家的成長，且中長期能削減引發遷徙的公民權租金。因此，勞動力與資本的跨國界流動乃會帶來平衡。最終（可能永遠也無法達成）將把世界各國人均收入的差距降到最低。

為何我特別強調全球價值鏈是全球化的特色？這是因為全球價值鏈帶來雙重深遠的影響。首先，如本章以下所述，由於有全球價值鏈，生產活動得以和生產控管拆分開來，這對經濟活動的空間分布有深遠影響。其次，結構主義者與新馬克思主義者認為與北方世界（Global North）脫鉤才是發展之道，但是全球價值鏈推翻此論點。在此澄清一下，有人認為中國的經濟成長多半能用較傳統的方式解釋，也就是說中國延續數十年前日本、南韓及臺灣所採取的發展道路，推動出口導向經濟，並逐步提升技術複雜度。我強調全球價值鏈的主要原因如上，並非要以此解釋中國的脫胎換骨。

接著，我將探討全球化，也就是資本和勞動力的流動，對社會福利的影響。最後，我將討論全球的貪汙腐敗。讀者可能納悶，本章竟然把貪腐和兩項生產要素的流動和社會福利的未來放在同一個層級討論。的確，若以異常的眼光看待貪腐，本章的組合真的很奇怪。然而，此觀點謬矣。如同資本及勞動力的流動，貪腐與全球化密不可分。資本的流動導致資本主義全球化，資本主義全球化的基礎意識形態就是賺取財富，而賺取財富的意識形態刺激著貪腐。此外，政治資本主義及自由資本主義邁向金權政治的趨勢將貪腐「常態化」。

我於第三章提出，貪腐是政治資本主義的固有元素。現在，我們必須以常態的眼光看待貪腐：應將兩種資本主義之下的貪腐視為一種特別生產要素所產生的報酬（如同租金）。有些人握有此類生產要素，有些人則無。貪腐必定隨著全球化、政治資本主義及金權政治的發展而增加。經濟學家並非衛道人士，經濟學家必須將貪腐視為所得的一種。這也是本章最後一部分的重點。

勞動力：遷徙

公民權獎勵或公民權租金之定義

「公民權獎勵」或「公民權懲罰」指的是教育程度相同、工作動機相同、工作努力程度相同的人，由於公民權不同而產生的系統性收入差距。為求精簡，我會將重點放在前者。雖然公民權獎勵的存在似乎毋庸置疑，但從經濟學家角度而論，真正重要的問題是：公民權獎勵是否能比做租金（一種非生產所必要的所得）？換句話說，在假想實驗裡，是否能將先進經濟體中某技術等級的勞工直接替換成來自貧窮國家，但技能專業度和所有工作有關背景皆相同的勞工，並支付他們較低廉的薪水，而最終獲得同樣的產值呢？[1] 與此假想實驗類似的情形，便是完全開放勞動力跨國界自由流動。

公民權獎勵是否為一種租金？從上述假想實驗來看，答案是似乎是肯定的。由於高薪勞工可以被同樣資格但願意接受較低薪資的勞工所取代，生產成本便能降低，從而導致「國家」或「全球紅利」（即淨所得）增加。粗略而論，公民權租金存在乃是因為世界上特定地區的出入被當地居民所控管。如果該區域擁有大量資本、先進科技及良好制度，當地居民便能享有一輩子的高所得。其中的關鍵元素是土地的掌控，但這反映在掌控「抽象」的公民權上。持有公民權就像是持有股份，公民權持有人可以分享其公民權所涵蓋之地理範圍內的產值（有時也能分享同國公民在海外所生產的產值）。[2]

表面看來，公民權租金似乎和土地租金或自然資源租金類似，因為兩種租金皆源自對房地產的掌控。然而，此比喻並非完全貼切。土地租金來自每塊土地生產力的差距。終端產品的價格（玉米或石油）取決於產品尚有充分需求之邊際（最貴的）生產者的生產成本。因此，生產成本低於邊際生產者的生產者皆享有租金。

另一方面，由於公民權屬於抽象類別，且能和國土脫鉤。因此，公民權與控制實體土地的關聯比較薄弱。此外，所有國家的全體國民（國家的共同「所有人」）皆分享公民權租金；如果國家貧窮，則無法享有公民權租金。第二項差異在於土地租金的標的（土地）是可以透過市場買賣的，但一般而言，公民權無法買賣（但本章稍後便會提及例外）。因此，公民權有點像行會（guilds）之類的同業公會，透過限制貿易獲取壟斷租金。行會會籍可以如同子承父業一般透過繼承而來，但也可以透過遴選加入；同理，公民權可以天生就有，也可以透過歸化而取得。

公民權通常「和國土掛鉤」。也就是說，公民權主要涵蓋範圍是居住在國家地理邊界之內的人，且支付公民權租金所需的所得大多產於國內。但實際上，公民權的實際範圍不僅於此。有很多公民其實並沒有居住在國內（例如旅居國外的美國僑民），這些僑民仍能享有本國的社會福利，而社會福利屬於公民權獎勵的一種；這些社會福利的開銷主要以國內資源所產生的所得來支付，且這些資源主要來自本土。例如，僑居義大利的美國公民仍能享受美國的社會安全保障及各項社會福利，但這些福利的開銷主要由美國國內的所得支付。

公民權屬於「抽象」概念

然而，隨著全球化加深，這些資源有可能和國土脫鉤：可以想像在未來，美國所得越來越多產於美國國土之外，並以投資國外資產利得的形式回到國內。此情況和菲律賓類似，許多菲律賓公民在海外工作，同時享有菲律賓公民權的福利，而福利的開銷主要由菲律賓海外勞工匯回國內的資金來支付。

如果將這些趨勢延伸至未來，我們便能想像公民權完全和國土脫鉤的情境：多數公民可能不住在國內，且國家多數收入可能來自僱用國外的勞動力或投資國外的資產，但獲取公民權福利的方法仍與今日相同。

因此，公民權顯然屬於「抽象」概念。公民權並非正式的產權，和土地的私有財產權不同。公民權甚至也不是某片土地上的居民對該片土地的共同所有權。其實，公民權是一種法律概念，完全是人構想出來的（因此稱「抽象」）。**以經濟學觀點而論，公民權是一群擁有能產生公民權**

租金的共同法律或政治特色的人所進行的聯合壟斷。由此可見，擁有公民權不代表一定要住在國內；公民權獎勵所需的所得也不一定要在國內賺取。公民權福利的經費不一定完全來自國土之內，公民權福利也不一定完全由居住在國土之內的人享有（因為國內也有外國僑民，他們可能也從自己國家提取公民權租金）。由此可見，公民權作為一種經濟資產在原則上可以和國土脫鉤，也就是成為一種抽象概念。

公民權作為一種經濟資產

如同任何持久的租金收益，公民權租金可以透過計算未來可能收益而轉變成一種資產。（公民權的收益期限通常是至死亡為止，但如果是遺屬年金等，收益期限便能延伸至死亡以後。）如果甲國公民權每年產生的收入比乙國公民權高 x 單位，則甲國公民權作為資產的價值便是 x（以適當利率計算）乘以公民權持有人的預期壽命。公民權收益的多寡取決於公民權本身以及持有人壽命。教育程度等各類因素也有影響，但並非本書重點。

從個人的觀點看來，公民權租金是透過一連串的雙邊衡量計算出來的，把自己的公民權和所有其他國家的公民權一個個相比而得出，[3]比較的結果會有正值，也會有負值。如果考量持有人的年齡，公民權就顯然是一種資產。在其餘條件相同的情況下（包括養育小孩），公民權作為一種資產對年輕人的價值比對老年人高。年輕人如果取得「更好」的公民權，就能獲得較高的差額收入。[4]

公民權成為一種可交易資產

如果要讓討論更貼近現實，就必須考量另外兩項議題。其一，公民權資產是否能交易？其二，公民權是否能細分類別？由於兩個問題的答案皆為肯定，因此：（一）可交易資產與公民權之間的分別；（二）公民與非公民之間的分別，就沒有那麼明顯。

過去二十年來，公民權已成為可合法交易的資產：加拿大、英國等國皆開放以高額私部門投資的方式購買居留權，而擁有居留權者便能進而申請歸化公民權。因此，像行會那樣壟斷公民權的體制已在某種程度上鬆綁，使公民權成為可交易買賣的商品。政府顯然發現公民權的確是一種資產，而且如果販賣公民權的所得大於多一人共享公民權的損失，則販賣公民權的政策或許能使本國國民受益。

以本國國民的利益來說，公民權的售價越高越好，因此公民權的目標客群是富人。無論是直接購買公民權還是先購買居留權再歸化公民權，其花費皆非常高昂：希臘的價碼是二十五萬歐元，英國則是二百萬英鎊。然而，這對高淨值人士（擁有資產價值介於一百萬美元至五百萬美元之間的人）來說並非天價：根據估計，全球高淨值人士有三分之一擁有兩本護照或雙重國籍（參考文獻第一八〇項，第一六頁，根據二〇一七年《瑞士信貸集團全球財富報告》（Credit Suisse

Global Wealth Report）所計算〕。

為確實了解公民權的現實，我們必須考量到公民權分為不同的類別（層級）。當然，我們的重點是公民權作為一種經濟資產：獲得高所得的權利。通常，公民權是二元類別（不是〇，就是一）：一個人要麼就是公民，要麼就不是公民，且必須擁有正式合法公民權才能享有經濟利益。但實際上，情況有時不是非黑即白。在某些情況下，如果擁有所謂的「次公民權」，也能享有公民權帶來的多數經濟利益，但無法享有全部。最常見的案例就是美國永久居留權（綠卡），而歐洲也有類似的政策。擁有永久居留權的人能享有接近全套的公民福利，但可能無法享有某些社會福利，也沒有投票權（歐洲各國法規各異；美加各州及各省法規也不同）。然而，次公民權的存在很重要，因為它表示僵固的二元區別（公民—非公民）其實可以有彈性，而這主要是因為國家需要勞動力。

次公民權可以說是一種過渡：人們為了獲得公民權租金而移民，但在取得正式公民權之前，是以永久居民的身分居留。然而，次公民權不限於這類人士。直至最近，生在德國但父母不是德國公民的人無法享有全套公民福利，因此屬於次公民。此外，居住在以色列的阿拉伯人亦處於類似狀況。有些阿拉伯人終其一生保持「居民」身分，永遠無法取得公民權，其兒女也無法繼承父母的永久居留權。然而，阿拉伯裔以色列公民的處境更為特殊。

次公民權

他們毋須履行服兵役等義務，因此他們的處境很矛盾：如果把兵役義務視為一種成本（也應如此，原因有很多，其中包含服役時無法工作賺取收入），他們既是次公民，也是超公民，根據官方定義，以色列是一個猶太民族國家，但阿拉伯裔以色列公民同時又能在毋須履行若干義務的情況下享有多數公民福利。除此之外，尚有其他公民權分級的案例。[5]

對於生產要素流動的態度改變

生產要素的自由流動

值得一提的是，以前富國與窮國對於生產要素自由流動的立場與現在完全相反。過去，輸出資本的富國歡迎生產要素的自由流動，直到最近產業外移的疑慮出現才改變立場。過去，由於第二次世界大戰的動亂結束後移民潮並不興盛，[6]富國普遍對移民並無特別立場。另一方面，過去的窮國雖然偶爾歡迎外國資本，但向來很警惕，慎防遭到剝削或邊緣化。如下一節所述，全球價值鏈出現後，此態度發生反轉，新興市場經濟體無不竭盡所能吸引全球價值鏈進駐。過去窮國支持人員自由流動，現在仍是如此。

雖然人才外流的疑慮有時會降低支持度，但許多窮國認為人員的自由流動總體而言利大於弊：國內的人口壓力得以減輕，海外匯回資金得以增加。因此，過去對移民沒有感覺或甚至抱持歡迎態度的富國（例如一九五〇年代至一九六〇年代經歷經濟奇蹟（Wirtschaftswunder）的德國），現在開始對開放移民有了警惕之心；過去對外國資本懷有疑慮的窮國，現在則竭盡所能吸引外資。[7]

以經濟學角度而論，阻止勞動力跨國界流動導致低效率，這點幾乎無庸置疑。經濟學家普遍認為，允許生產要素自由流動，勝於限制其流動，因為如果能自由流動，每項要素便會自然而然流至報酬最高之處，而報酬之所以會最高，乃是因為此生產要素在此處的貢獻（產值）比其他處高。此理論適用資本，也同樣適用勞動力。

我必須在此釐清此理論的意涵，並澄清潛在誤會。此理論認為，生產要素如果遷移至新地點，受惠的是生產要素本身，其原因很簡單：留下與遷移兩個選項中，該生產要素選擇了遷移，代表遷移能為其帶來好處。此理論也認為自由流動將會增加總體產值。然而，此理論並不是說自由流動對一切相關的事情皆有益。勞動力與資本的流動有可能會擾亂或取代其他勞動力或資本，有可能會對流出地的勞動力或資本造成負面影響，也有可能對流入地的勞動力或資本造成負面影響。後者是社會摩擦的主要來源，也或許是各國普遍限制勞動力流動的主因。在政治舞臺上，這就是富國限縮移民的主要理由。

全球化之下的遷徙

何謂遷徙（migration）？在本章討論的脈絡下（全球化下的遷徙），我們將遷徙定義為：**世界各國平均所得不同，加上全球化脈絡下，一項生產要素（勞動力）的流動**。此定義看似複雜，但各部缺一不可。首先，勞動力（僅以經濟層面而論）不過就是一種生產要素，與資本無異。原則上，我們不應將兩種生產要素差別看待。因此，本定義強調：粗略而論，勞動力並沒有什麼特別之處。

其次，人員的流動（如同資本的流動）是全球化的結果。如果沒有全球化，而且各國皆採取自給自足的封閉經濟，並嚴控資本與勞動力的進出，兩種生產要素皆無法跨國界流動。

其三，如果有全球化，但各國所得差異不大，勞動力便沒有系統性的遷徙動機。遷徙仍會發生，因為仍會有人因為擁有特定技能而前往異地找尋更好的機會，也有人會因氣候因素或文化因素而遷徙，但遷徙的規模不會大，遷徙的人數也不會多。美國國內的人員流動即屬此類，軟體工程人才可能會遷徙至矽谷，礦工可能會遷徙至南達科他州；歐盟十五國也是如此（二〇〇四年以前即屬歐盟的會員國），英國退休人士搬到西班牙享受好天氣，德國人在義大利托斯卡尼購買別墅。這些遷徙不同於整體的系統性流動，無論年齡及專業技能，窮國的居民如果移民至富國便能享有較高的所得。

如果以今日全球化的脈絡來看遷徙，便不難了解人員流動的起因與邏輯。此外，我們也可以看出，如果：（一）有全球化的現象；（二）世界各國所得差距甚大，勞工便不會留在原出生地。如果我們認為勞工會停留在出生地，這就違反基本經濟學理論：人皆想要改善生活條件。然而，如果我們認為人不應該在國際間遷徙（這是一種價值觀的主張），我們可以根據邏輯主張全球化的趨勢應反轉（也就是說各國要限制資本與勞動力的自由流動），或主張世界應該採取積極措施加速消弭窮國與富國之間的所得差距。前者能立即阻斷遷徙，後者則需要數十年的時間才能減緩遷徙，但最終必定會看到效果。[8]

要阻止遷徙只有這兩種方法，而且其中一個方法能迅速見效。因此，反對移民的人只有一項符合邏輯的主張：逆轉全球化，建立壁壘，限制資本與勞動力的流動。

逆轉全球化的主張雖然邏輯合理，但有許多問題。逆轉全球化可以想像，但實際上不太可能發生，因為過去七十年來國際間已設置極為複雜的組織結構來推動全球化。就算有零星國家想要退出全球化，多數國家並不會如此。限制資本與勞動力的自由流動會導致全球所得減少，就連退出全球化的國家都無法倖免。這點可用反向推理證明：如果說國家所得不受邊界障礙影響，則必然推導出國家所得也不受國內的資本及勞動力流動所影響。也就是說，紐約與加州之間或美國隨意兩地之間人員及資本的流動並不會產生任何影響。如果將地理單位逐漸縮小，則必然推導出勞動力的流動（無論是地理方面的流動還是職業方面的流動）對總體所得沒有影響，此論點顯然錯誤。[9]此立場的荒謬證明限制人員自由跨國流動的立場也同樣荒謬。

由於此論點存在缺陷，反移民人士便陷入僵局。反移民政策有損全球利益，亦損國家利益，反移民人士若欲為反移民政策辯護，則困難重重。進行過上述邏輯推理的人很少會採取這樣的立場。

勞動力與資本的差異

由此似乎可見，如同商品貿易或資本跨國流動，最佳的勞動政策便是完全開放人員自由跨國流動。完全開放的政策對某些特定勞工族群可能會產生負面影響，但如同本國勞工受到進口商品影響時，政府會為受影響的勞工制定配套措施（至少在理論上），政府也可以針對受勞動力流動衝擊的族群制定具體的配套措施。

所以，我們是否解決遷徙的議題了？很可惜，還沒有。

我們尚未解決遷徙的議題，因為反移民人士還有另一套我們目前尚未談及的論述：勞動力和資本雖然都是生產要素，因此在抽象概念上相同，但其實兩者之間存在根本的差異。根據此論點，資本進入社會並不會對社會造成重大改變，但勞動力卻會。這派人士可能主張，外國企業可以投資本國，引進新的人資管理制度，或甚至僱用不同類型的勞工以取代某些類型的勞工，但無論有多少外國企業進駐，它們並不會干擾本國社會的基礎文化或制度。

然而此立場有瑕疵。新科技經常顛覆現狀，使某些技能遭到取代，而且就算是看似有益的變革也經常會帶來許多副作用，其中有些是負面影響。例如，外國企業的階級分層可能比較沒那麼明顯，也有可能比較願意僱用女性或同志勞工，而不會歧視這些族群。雖然許多人會認為此發展是好事，但本地人可能會認為這是在顛覆他們的生活方式及價值觀。認為只有外來勞動力才會對社會造成干擾的人必須銘記，外來資本也同樣會干擾社會。

但是勞動力所帶來的干擾的確有可能大於資本，而這就是反移民人士最終的關鍵論點。大量外國勞工湧入，而且外國勞工的文化規範、語言、行為、對外人的信任程度如果和本地人的價值觀差異甚大，便有可能導致雙邊都不滿（本地人及移民），造成社會衝突，信任瓦解，最終引發內戰。

波加斯（參考文獻第三一項）認為來自窮國的移民帶著原生國的價值觀，而這些價值觀總體而言不利發展（所以他們的國家才窮）。這些移民把原生國次等的模式帶入富國，便會損害富國的發展制度。根據此論點，移民猶如白蟻，會摧毀穩定且堅固的架構，因此國家有理阻止移民這樣做。切記，波加斯的立場完全背離美國的歷史經驗，不僅不符史實，更是違反「把你疲乏睏倦的人交給我，把你貧窮疾苦的人交給我，把那渴望自由呼吸的蜷縮眾生交給我」的精神。根據波加斯的邏輯，「疲乏睏倦和貧窮疾苦」的移民早就把美國的繁榮給摧毀了。

然而，歷史上仍有案例能支持波加斯等人的論點。四世紀初，歌德人遭受匈人攻擊，於是請求羅馬人允許他們跨越多瑙河附近的軍事邊界（limes），並定居在今日的巴爾幹半島上。思考些許後，羅馬人同意歌德人的請求。然而，在允許歌德人進入的同時，羅馬人也對歌德人犯下暴行：強行帶走歌德人的孩童，綁架歌德婦女，並將歌德男人販賣為奴。羅馬帝國中央領導人看似明智又慷慨的決策，實際在第一線落實的時候卻完全走樣。結果，「獲救」的歌德人從此對羅馬帝國懷恨在心。

這份仇恨先是引發叛亂，後來引爆數場戰役，造成羅馬首次有皇帝戰死沙場。最終，歌德領導人亞拉里克（Alaric）於西元四一〇年率領部隊洗劫羅馬城（雖然羅馬當時已非帝國首都）。在此案例中，大規模遷徙和族群混合導致重大災難。類似的案例不勝枚舉，尤其如果把歐洲人征服美洲視為一種遷徙（確實也是），也就是人為了更好的生活而流動。美洲原住民起先多半非常歡迎歐洲人，但歐洲人的到來對美洲原住民而言卻是一場大災難。

此類反遷徙的論點的確有其道理。文化不同的兩群人大規模融合有可能無法提升總體所得，甚至反而會產生衝突與戰爭，損害總體福祉。有些人認為自己族群的文化是根本，而且不相容於其他族群的文化。對人性抱持這類悲觀看法的人便會支持限制遷徙或完全禁止遷徙，即便純粹以經濟學角度而言，遷徙對本地人是利大於弊。但根據這派觀點，允許遷徙長遠而言會引發災難。

兼顧本地人的疑慮及移民的願望

上一節談到有人認為開放遷徙會破壞本地文化，如果我們承認此論點有些許道理，或是再退一步，承認到許多人抱持這樣的觀點，無論有無表現出來，那麼我就必須提出一套替代方案（且必定會引發爭議），以解決如上所述各國人均所得差異甚大、富國人民享有高額公民權獎勵的情形下的遷徙問題。

我這套方案的絕對基礎是此論點：**移民永久居留移入國並享盡公民權福利的機率越低，移入國本地國民接納移民的機率就越高**。根據本論點：（一）願意接納移民；（二）賦予移民更多權利，兩者之間呈現負相關。若要詳細而論，則必先探討其反論：（一）與（二）之間呈現正相關是不可能的。如果說（一）與（二）有正相關，就等於是在說本國人讓給移民越多權利，並最終使移民享有和公民完全同等的權利，本國人就會越支持接收更多移民。

對於移民的政策建議

的確，本國人有可能想要讓外國人盡可能融入社會，但我認為如果政府賦予移民完整權利，不太可能有本國人支持接收更多移民。唯一有可能發生這種事的情況是國家面臨外部威脅而亟需擴張人口，或統治階級刻意想要引進特定族群的移民（例如，拉丁美洲及加勒比海國家以前特別想吸引歐洲移民，以壓低原住民及黑人的占比）。但總體而論，兩者不太可能呈現正相關，而且除非是國家引進特定移民族群進行特定工作等特例，就連對移民最開放的國家都不可能呈現正相關。因此，我們至多能期望的情景是：無論移民享有多少權利，本國人必然會對移民的配額有強烈意見。

在此情境之下，變數（一）與變數（二）會呈現正交；此情形可稱為「一團移民」：無論如何，本國人只願意接納固定數量的移民，而且此固定數量有可能是零。

然而，「一團移民」（也就是說，誘因再大都不可能改變本國人對移民的態度）的觀點有可能太嚴格了，我們可以合理假設本國人對移民的態度呈現一條需求曲線：開放移民的成本（也就是移民所享有的權利與公民權獎勵）越高，本國人對移民的需求就越低。此關係如圖十九所示。

現在想一下此關係的兩個極端。其中一端，所有移民一上岸皆立即享有完整的公民權利與義務，直接獲得身分證、護照、社會福利、社會救濟、就業保障、投票權、醫療健保、住房、免費教育。我們可以假設這樣一來本國人接納移民的意願就會很低。因此，如果給予移民完整公民權，本國人對移民的接納度是接近零（如圖十九中A點所示）。在相反的那端，移民享有的權利非常少，可能沒有免費教育、社會福利、社會安全、依親權，或甚至如理查・福利曼（Richard Freeman，參考文獻第八〇項）所提，稅率比本國人還要高（因為移民過來顯然對他們有好處）。我認為在這樣極端的情況下，本國人對移民的接納度會比另一端更高，因此圖十九橫軸的值（B點）會比較大。

這兩個極端能夠解釋我的理論：本國人對移民的接納度和賦予移民的權利呈現負相關。兩個端點（A點及B點）的存在足以表現出負相關（假設此關係為連續且單調）。我們可以畫一條線（「需求曲線」）連結兩點。各國國情不同，賦予移民的權利不同，移民歷史不同，本國國民態度不同，因此向下斜線的形狀也會有所不同。有些國家的斜線比較陡峭，有些國家的斜線比較平緩。曲線有些部分接近平坦，有些則陡峭。無論如何，斜線的斜率必定是負值，而各國便會在斜線上找到自己的點。

此關聯涵蓋各種移民權利及移民數量的情境。假設有一套移民制度將移民的權利減到最低，移民只能暫居四至五年，不得延長，家人

圖十九 移民數量與移民權利之間呈現負相關

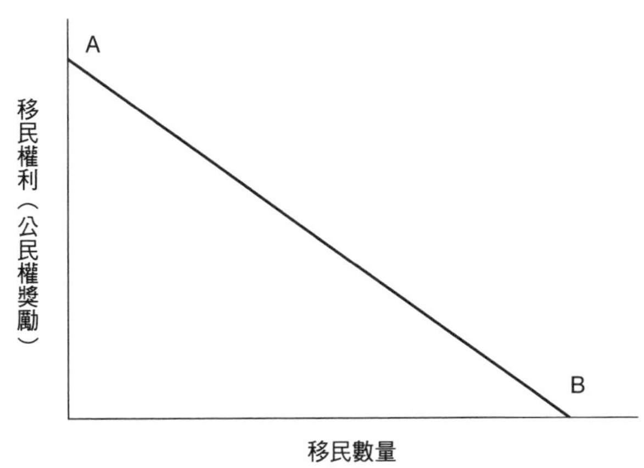

根據本圖，如果賦予移民的權利越少，本國人願意接納的移民數量就會提升。

不得依親，且不能換工作。移民一切的工作權利和本國國民相同（工資、意外保險、健康保險、工會會籍等），但沒有公民權利，沒有任何非工作相關的社會福利，沒有投票權。也就是說，移民只能享有低度的公民權獎勵。這樣的低度待遇制度如果再加上苛刻對待和暴力威脅，便和海灣阿拉伯國家及新加坡類似，也和英國和美國特定簽證類似。國家也可以順著需求曲線往上，賦予移民更多權利；最極端而言，移民可享有完整的公民權利。

本政策建議的優點

以此脈絡探討移民不只能讓國家彈性選擇最適合的移民政策，更是能透過提供彈性來防止最糟糕的情況出現：零移民。我主張零移民是最糟糕的選項，因為和其他情境比起來，零移民對移民及對多數本國公民（許多本國人的技能與移民互補，而且移民能降低產品與服務的生產成本）皆是最不利的，會導致嚴重的全球貧困及貧富不均。如果要防止最糟糕的情景出現，國家可以為不同類別的居民提供不同層級的權利。當然，這並非理想方案。如果世界的組成形態不同（例如非以民族國家為劃分），或如果文化差異不存在，或如果各國人均所得差距不大，那麼我們無疑能有更好的方案。但由於世界並非如此，所以我們必須找到務實的解決方案，接受人們的意見，並在此限制中制定可行方案。

如上所述，許多國家已經對不同類別的居民實行差別待遇。居留權允許持有者在國內居住並工作，但無法享有整套公民權利。美國的權利義務體制早已分級。次公民就是無證移民，根據估計至少有一千萬人之多，占美國總人口三％至四％。他們無法享有社會福利，也不容易獲得免費教育，甚至直接被州政府或州立學校拒絕。他們的工作選項很少（只能從事不需完整身分的工作），而且無時無刻有遭到遣返的危險。他們無法離開美國（如同冷戰時期東歐國家的公民）。他們權利受限、自由受限、社會地位比本國人低，但他們仍願意接受這樣的處境，因為比起母國，美國的工作所得較高，環境較安全，而且提供的待遇比較好。此外，這些移民也預期自己的子女能獲得更多權利。

比無證移民高級一點的就是臨時簽證持有者，他們獲准在美國居留若干年，並為一間特定企業工作。綠卡持有者在工作選擇及賦稅上與公民相同，但沒有投票權（因此無法參與決定課稅制度及國家政策）。由此可見，差別待遇早已存在，這類體制有些是漸漸地默默形成的。理論上，公民與非公民就是清楚明白的二分法，但現在許多國家開始制定不同層次的歸屬權。隨著全球化及經濟開放，二十世紀以二元論區分公民與非公民的體制無法成立。上述這些案例就是為因應此趨勢而產生的妥協。

國家有彈性選擇需求曲線上的點，不代表有彈性選擇要不要落實法規，反之亦然。循環移民（circular migration）系統要維持運作，合法移民管道必須暢通，但同時所有非法移民管道必須封死。不然，國家在需求曲線上精心選擇的點便毫無意義，而且實際的移民數量將會超越理想值。如此一來，移民政策便會遭到人民強烈反彈。如果國家無法落實法規，本國選民就有可能認為唯一合理的選擇就是完全禁止移民。移民系統要維持運作，國家不只要能彈性選擇理想的移民數量，更是要在必要時以鐵腕打擊超額移民。

本政策建議的缺點

然而，這種鼓勵實質待遇歧視的政策建議也有缺點，其中最嚴重的莫過於這套制度會產生一群永遠無法融入本國社會的次等公民，即便這個群體的組成分子並不固定（即循環移民）。這將產生貧民窟、治安敗壞，並使移民感到與本國社群疏離（也使本國人感到與移民疏離）。貧民窟化的問題可能沒有表面上看起來那麼嚴重，因為技術越高且收入越高的移民將會更容易融入本國社會，但移民的標籤以及受排擠的問題不太可能消失。此外，國家在必要時也必須鐵腕甚至暴力執行遣返，將居留到期的移民送回母國，而且沒有國民身分證的國家必須推動重大改革。

此隱憂反映一項問題：在多元且族群區隔的社會中，移民有可能組成一種特定階級，在這樣的脈絡下，要如何確保社會穩定？移民族群的教育程度及收入越多元，就越不會被視為一種特定階級，或許就像是現在的美國綠卡持有者，他們並沒有被視為一個特定族群，因為他們的教育背景、技能及文化多元。移民族群如果技能、職業、收入多元，就不會群聚在特定區域（與本國人分離）。移民族群如果族裔背景多元，就不會形成一個從外貌上看起來就不一樣的群體，而且個體與個體之間也不會有太多共同點。

此外，評估提案的缺點時，不能只看缺點的總和，應把缺點和替代方案做比較。例如，富國加強援助窮國或許能減少移民。然而，對外援助其實至今成效不彰，而且即便產生效果，真正要縮減所得差距也會需要很久的時間，所以移民的誘因難以消除。[10]因此，如果不彈性賦予移民權利，那麼替代方案就是完全禁止移民。這意味著建立歐洲堡壘及美國堡壘，會有更多人死在這兩塊高收入地區及南方低收入地區之間的邊界。這並非理想結果。

接下來，本章將探討全球化之下資本的流動。

資本：全球價值鏈

全球價值鏈是一種組織生產的方式，將不同的生產階段分配至不同的國家進行。全球價值鏈或許是全球化時代最重要的組織創新。全球價值鏈的形成有兩項條件：其一，遠端管控生產程序的科技能力；其二，全球各國對產權的尊重。

以前的世界缺乏這兩項條件，因此外資擴展受限。二百五十年前，亞當·斯密發現到資本所有人喜歡投資距離自己近的標的，這樣才能監控生產及企業管理方式（《國富論》第四卷第二章）。亞當．斯密認為資本不可能全球化。在資通訊科技革命讓人可以在千里之外密切監控生產程序之前，亞當．斯密的觀點是正確的。

全球對產權的保障是第二項重要變革。第一波全球化浪潮大約始於一八七〇年，終於一九一四年。這波浪潮始終遇到一項阻礙：投資人的海外財產缺乏保障，有面臨濫用或國有化的風險。對此，資本輸出國找到的「解決方案」是帝國主義及殖民主義。這些國家征服其他國家，或是掌控半殖民地的經濟政策，迫使中國、埃及、突尼西亞、委內瑞拉等國保障外國人的財產權。[11]今日，殖民主義已經褪去，取而代之的是國際貨幣基金、多邊投資保證署（Multilateral Investment Guarantee Agency）、數百項雙邊投資協議，以及其他全球治理組織：這些體制保障外國資本免於國有化及濫用的風險。以此而論，全球化生成了自己的治理架構。

全球價值鏈重新定義了經濟成長。過去，有人認為窮國參與全球價值鏈對窮國來說並非好事。例如，安德烈．貢德．弗蘭克（André Gunder Frank）於一九六六年發表一篇影響深遠的文章，主張開發中國家參與全球分工體系對其發展有三項不利之處，會導致「不發達的發展」（development of underdevelopment）。

首先，根據「依賴學派」（dependencia）的觀點，南方世界與北方世界聯繫，只會推動少數出口產業，無法發展內部的後向聯繫與前向聯繫，並藉此促進持續發展。

第二點與第一點互補，叫做「出口悲觀論」（export pessimism）。此理論預測，南方世界將會永遠扮演出口原物料的角色，而長期的貿易條件將持續惡化。

第三點，羅伯特・艾倫（Robert Allen，參考文獻第六項）近期主張，科技進步總是發生在資本—勞動比率（K／L比）最發達的國家。例如，一八七〇年最先進的經濟體是英國，當時的資本—勞動比率使英國有誘因引進新的生產方法；同理，今日最先進的經濟體是美國，美國有誘因開發使用超高資本—勞動比率的新生產方式。

總歸而言，先進經濟體不會採取資本—勞動比率過低的生產方式，因此也沒有誘因為了資本—勞動比率過低的生產方式進行創新。（例如，美國的投資人只會投資改良自動化汽車製造程序，不會有人投資改良手工汽車製造程序。）根據此觀點，今日的窮國仍在使用兩百年前的落後生產科技，是因為富國沒有誘因投資改良窮國資本—勞動比率條件下的生產效率。也就是說，對科技先進的國家來說，窮國的資本—勞動比率對富國來說太低，因此富國不會有意願投資改良窮國的生產方式，而窮國自己則缺乏改良生產方式的技術。因此，窮國便陷入貧窮陷阱：如果要發展，就必須升級生產方式，但低資本—勞動比率的科技早已過時且效率低下。

今日，全球價值鏈的興起已推翻這種南方世界悲觀論。現在，國家如果要發展，就必須加入西方供給鏈，而不是嘗試與先進國家脫鉤。改變的關鍵原因是外國投資人現在視全球價值鏈為自己生產程序的重要環節：開發中國家不再需要「乞求」投資人引進最先進的科技或是最適合的科技。投資人現在有誘因在窮國的工資水準以及資本—勞動比率的條件下引進科技發展，因而消除艾倫所提出的陷阱。這項改變對現實生活影響深遠，且闡明全球化是窮國的發展之道，因此非常重要。

全球化是一種拆分

理查．包德溫（Richard Baldwin）二〇一六年的著作《大融合》（*The Great Convergence*）便對此議題進行精湛的分析。包德溫主張，國家唯有透過加入全球供給（或價值）鏈，才能加速發展。根據包德溫，已加入全球生產鏈的國家包括中國、南韓、印度、印尼、泰國、波蘭，而其他國家（孟加拉、衣索比亞、緬甸、越南、羅馬尼亞）也有可能在未來加入。然而，若欲了解這些國家為何能大量受惠於全球價值鏈，就必須了解，比起過去的全球化，今日的全球化除了財產權保障更完善（由於國際條約及落實機制）以外，在技術層面上有何差異。全球價值鏈之所以變得非常重要，乃是因為今日的全球化擁有這些具體的新特色。

根據包德溫的定義，全球化有三波，依照順序分別是：（一）商品；（二）資訊；（三）人口的運輸成本降低。前兩波全球化就是本章上述的兩波，而第三波在未來才會發生。包德溫的論點如下：以前，商品的運輸又危險又昂貴，因此生產和消費必須在同一個地理區域內進行（當地社群自給自足）。就連在古羅馬等最發達的前現代社會，大部分的貿易仍是奢侈品及小麥，況且，羅馬是一項例外，大部分的前現代社會都沒有什麼貿易。

後來，工業革命發生，降低了商品的運輸成本，使商品能夠運送到遠處，並推動第一波全球化。包德溫稱之為「第一次拆分」：商品的生產地與消費地得以分開。今日經濟學使用的概念與工具，也幾乎都來自這波全球化。第一次拆分使國家開始注重貿易餘額，因而產生重商主義（**mercantilism**）。此外，國家也開始推動在地生產政策，希望所有生產階段皆在國內生產，並把貿易視為「甲國出口商品至乙國」的活動（而非甲公司販賣商品給乙公司，或甲公司販賣商品給子公司，然後子公司再把商品販賣給乙公司）。除此之外，這波全球化也催生一套成長理論：國家的發展軌跡就是從農業型經濟升級成製造業經濟，然後再轉型成服務業經濟。現代經濟學所用的工具，幾乎都以第一次拆分的過程為基礎。[12]第一次拆分的主要特色為：（一）商品貿易；（二）直接對外投資（這便是在海外產權缺乏保障的情況下，催生殖民主義）；（三）民族國家。

今日的情勢包德溫稱之為第二次拆分（及第二波全球化）。這波全球化的要角完全洗牌。現在，生產的管理與統籌可以在甲地進行，但實際的生產線卻位在乙地。請注意其中的差異：起初是生產與消費拆分，現在則是生產本身受到拆分。[13]生產之所以能拆分，乃是由於資通訊革命使

第二波全球化

企業能在核心國家進行產品設計與生產程序管控，並將實際生產過程轉移至海外的生產單位或是承包商。資訊的傳輸成本降低（其實就是遠距管控的能力）

之於第二次拆分，猶如商品的運輸成本降低之於第一次拆分。本波全球化的要角分別是：（一）資訊與管控（而非商品）；（二）全球強制性制度（而非殖民主義）；（三）企業（而非國家）。

此外，第二次拆分也有若干其他特點。首先，制度變得更重要。從前全球化只是商品出口的年代，出口目的國的制度並不是如此重要；「當地」的制度無論好壞，出口商的成本差異不大。[14]然而，第二次拆分不一樣。由於生產分散各地，海外國家的制度、基礎建設及政治便對核心國家的企業非常重要。如果設計遭竊、商品遭扣押、核心國家企業的人員難以抵達海外廠址，則企業的整套生產體制將會崩毀。對核心國家而言，海外地區的制度品質已變得和本國同等重要。也就是說，邊陲國家的制度現在必須盡可能遵循核心國家的制度，或是盡可能與核心國家的制度接軌。這恰好違背「依賴學派」的主張。

其二，現在海外地區的科技發展與過去完全不同。從前，開發中國家必須努力說服外國投資人分享技術，但現在核心國家的企業（母公司）有誘因把最先進的科技引進海外生產地，因為海外生產地已成為核心國家生產鏈不可或缺的環節。這是一項重大變遷：現在，窮國不再需要提供誘因請求外國企業進行技術移轉，因為技術的擁有者願意主動盡可能將技術轉移至海外生產地。

從某種意義上來看，這就是風水輪流轉：現在是母公司所在國必須阻止企業將最先進的科技移轉至邊陲國家。新科技領導者所享有的創新租金現在正從核心國家消失，這也是富裕國家許多人埋怨外包（或產業外移）的主因之一。他們之所以批評這項趨勢，不只是因為國內就業受到影響，更是因為現在外國勞工比本國勞工更常享有創新租金。新科技的利潤流至核心國家的創業家及資本家，同時也隨著生產線外移而流至開發中國家的勞工。這項趨勢其中一個跡象就是高科技產業的外移特別嚴重。

艾恩尼斯・伯納基斯（Ionnis Bournakis）、米歇拉・維吉（Michela Vecchi）與弗朗切斯科・文篤里尼（Francesco Venturini）（參考文獻第三三項）針對八個先進國家（日本、丹麥、芬蘭、德國、義大利、荷蘭、英國、美國）的研究發現，高科技外移占附加價值的比率在一九九〇年代末為一四％（自一九九〇年代初即未改變），但到了二〇〇六年則增加至一八％。低科技產業的外移占附加價值比則一直穩定維持在八％。其中失去利益的就是富國的勞工。正因如此，伴隨今日全球化而來的是富國勞工失去議價力量，而且低技術勞工（或至少是很容易就被外國人所取代的勞工）的工資停滯。這也解釋為何已開發國家會有人想要逆轉全球化。更重要的是，這項變遷造成一個想像：在全球層級，富國的富人與窮國的窮人形成一種默契上的聯盟。

第二次拆分也徹底改變我們的觀念。原本普遍認為，國家發展有既定的階段順序。舊有的觀念承襲英國、美國、日本相繼依循的發展軌跡：國家先實施進口替代政策，以高關稅保護國內產業，接著開始出口初階製造產品，然後慢慢爬升到更尖端且附加價值更高的產品。一九五〇年代至一九八〇年代許多國家的發展政策皆以此觀點為基礎，最典型的案例就是南韓、巴西、土耳其。然而，一九九〇年代第二波全球化開始後，情勢改變了。對開發中國家來說，現在重要的不是依循既有的發展階段制定經濟政策，而是成為核心國家（北方世界）全球供給鏈的一部分。

第二波全球化推動全球資本主義

此外，開發中國家不僅要透過模仿富國以進入高附加價值的階段，更是要像中國一樣想辦法成為自成一格的科技領導國。第二次拆分發生後，國家可以跳過原本公認必要的發展階段。在不久前的一九八〇年代，很難想像印度及中國這兩個貧窮的農業國家竟然可以在短短二、三個世代間成為科技領導大國，或至少在某些領域中接近生產可能線（production possibility frontier）。但因為這些國家成為全球供給鏈的一部分，使如此發展成為現實。

如果要詮釋亞洲在這個時代的成功，就不能把中國、印度、印尼、泰國等國視為新的南韓。這些國家其實開拓先河，走出一條新的發展道路。它們將經濟和已開發世界整合，藉此跳過若干科技與制度階段。第二波全球化中最成功的國家，都是由於制度因素、勞動力的成本與技能，加上地理位置鄰近北方世界，而成為北方經濟不可或缺的環節。這樣的發展軌跡顛覆了舊有的「依賴理論」典範。依賴理論主張斷開連結才是發展之道，但亞洲卻透過建立連結，在極短的時間內擺脫絕對貧窮，並成為中等收入地區。**此科技與制度的連結使資本主義散播至全世界，並成為普**

世的制度。因此，第二波全球化與資本主義的主宰相輔相成。

根據包德溫，第三波全球化會長什麼樣？終極的拆分（至少從今日的觀點來看）將會是勞動力的自由流動。當勞動力的遷移或遠距工作的成本降低，終極拆分便會發生。現在，如果有工作需要人員在場，短暫移動人員的成本仍然很高。然而，如果利用遙控科技，或許就不需要人員在場。例如，現在已經有醫生使用機器人在遠端進行手術。如此一來，勞動力也可以全球化。第三次拆分就是勞動力（作為一種生產輸入）與地理位置脫鉤，這將改變我們對遷徙及勞動市場的觀念：如果現在需要勞工在場的工作在未來可以透過遠距科技由地球另一端的勞工從事，勞工遷徙的重要性便會大幅降低。如果第三次拆分發生，全球勞動市場就會和允許完全自由遷徙的世界類似，但沒有實際的人員流動。[15]

包德溫將全球化視為各階段的拆分，此觀點最重要的作用或許是讓我們將世界過去二百年的發展視為一串連續的階段，其背後的推動因素依次是便利的商品流動、資訊流動，以及人員流動。此觀點也讓我們一窺未來的烏托邦（也有可能是反烏托邦）的樣貌：任何事物都能幾乎即時且自由在全球流動，徹底打破時空限制。

然而，第三次拆分尚未來臨。現在，勞工仍然要前往工作現場從事勞動，而同等單位的勞動報酬隨勞動所在地不同而有顯著差異。換句話說，如同上節所述，今日的世界中，勞工仍有遷徙的動機，而勞動力的遷徙是一項重大議題。

接下來延伸第二章的討論，探討資本與勞動力的流動對於福利國家的實施有何影響。

福利國家：存活

公民權租金之所以存在，公民權之所以是一種資產，乃是因為公民權賦予持有人三項關鍵經濟優勢：（一）經濟機會較多：工資水準較高，工作內容較有趣；（二）享有重要的社會福利；（三）由於國家現行制度的關係，享有若干非財富的權利（例如受公平審判權及不受歧視權）。優勢（一）其實自古以來就存在，只是現在變得更顯著。自有史以來，各個社群給予公民的工資與機會便有所差異，例如，古羅馬與亞力山卓（Alexandria）吸引了許多外地人，因為這兩個地方的工資水準較高，而且向上流動的機會較多。然而，現代富國與窮國之間的差距，是古代社會無法比擬的。優勢（三）也由來已久：基督教的使徒保羅受酷刑威脅時，便宣稱「我是羅馬公民」（Ego sum Romanus civis）。根據原則，羅馬公民不得受酷刑，保羅也因此倖免。

優勢（二）是福利國家所給予的經濟利益，這就是現代社會才有的，因為福利國家本身就是現代社會的產物。福利國家的基礎就是公民權的概念，是一種防止資本與勞工產生內部衝突的方式。因此，如果要享有國家給予的社會福利，就必須要擁有公民權。如此一來，民族國家、福利國家、公民權，三者密不可分。此外，福利國家，尤其是斯堪地納維亞地區的福利國家，其建立的基礎條件是國家必須以單一文化或甚至單一民族組成。單一文化有兩項作用。其一，行為規範是福利國家永續經營的關鍵，如果國家以單一文化組成，其全體人口便能遵守同樣的行為準則；其二，如果國家以單一文化組成，便能提倡民族團結，藉此排解階級衝突。

由於享受社會福利的前提是擁有公民權，因此在今日全球化的時代裡，福利國家與勞動力的自由流動明顯產生衝突。福利國家的利益只限公民享有，使其成為公民權租金的一部分（有時是很大一部分）。因此，福利國家必定會和勞動力的自由流動產生衝突。如果國家自動授予公民權給移民，土生公民享有的租金便會被稀釋。長期而言，福利國家無法和全面全球化共存，因為伴隨全球化而來的必定是勞動力的自由流動。如本章前面所述，公民權租金源自本國公民對移民的實質限縮（類似於壟斷者限制貿易）。限制移民乃是為了保存租金的優勢（一）（高工資）及優勢（二）（社會福利）。優勢（三）乃是一種公共財，對本國公民而言可能並沒有那麼敏感，因為這項優勢就算開放給外人共享，自己也不會有什麼損失。

各個國家在這三項因素上（一、二、三）有所不同，因而產生高額的公民權獎勵或公民權懲罰，進而促使國家加強限制勞動力自由流動。二十世紀大半部分，各國平均所得差距持續拉大

（換言之，富國人均所得的成長率高於窮國），加上福利國家形成，導致移民接收國對於勞動力流動的忍受度低。高額公民權獎勵與反移民政策是一體兩面的，兩者互相依存，無法單獨存在。因此（如本章「勞動力：遷徙」一節所述），有三個方法可以降低勞動力全球化帶來的政治爭議：（一）國家之間的所得差距必須縮減（窮國追上富國）；（二）富國現有的福利國家制度必須大幅刪減或甚至廢除；（三）國家給予移民的權利必須大幅少於本國人。

左翼政黨與福利國家

上節提到，勞動力的自由流動能使全球所得及移民所得增加，並藉此減少世界貧窮。如果我們因此主張勞動力的自由流動是好的，那麼根據同樣的道理，我們必然得出此項結論：勞動力的自由流動對世界有益，但是遇到的主要障礙之一就是富國的福利國家制度。我們還可以順著此邏輯繼續推論下去：如果說福利國家是富國公民及勞工所實現的社會進步，因此不太可能刪減或廢除，那麼要維持勞動力自由流動的最後一條路就是限縮移民的經濟權利。[16]

福利國家與公民權掛鉤，導致有些左派政黨抱持反全球化的立場〔例如「不屈法國」（La France Insoumise）及丹麥、奧地利、荷蘭、瑞典的社會民主黨（Social Democrats）〕。這些政黨反對資本外流（因為產業與資金外移至窮國會摧毀國內就業，即便此發展有可能在海外創造更多就業機會），也反對移民。這些推動建立福利國家的左翼政黨現在處於一種看似矛盾的狀態。

過去，社會主義人士推崇國際主義，但現在這些左派政黨卻走向民族主義及反國際主義。左翼政黨立場改變，乃是由於過去一百五十年來經濟條件的改變：各國貧窮人口的經濟條件不再相同，且富國開始建立複雜、全面的福利國家制度。因此，左翼政黨改變立場並非偶然，而是因應長期趨勢。左翼政黨或社會民主政黨的支持者族群相對固定，多為公私部門的勞工，因為資本與勞動力的自由流動威脅到他們的工作。由於左翼政黨揚棄傳統的國際主義，導致它們在政治立場上與右翼政黨靠攏，並經常和右翼政黨共享政治空間及選民族群（法國即屬此例）。然而，從左翼政黨的反歧視政策中，還是可以看見國際主義的殘存痕跡。反歧視政策的主要受惠族群是已經居住在接收國的移民。因此，這些左翼政黨的選民有點精神分裂，他們支持現有移民的權利，但同時反對接納更多移民，也反對資本外流，替更為貧窮的人創造就業機會。

我要以一個哲學性的問題來為移民的討論收尾。公民權租金的存在赤裸裸反映全球收入不均：兩個一樣的人，一個住在窮國，另一個住在富國，他們終其一生的收入將會呈現巨大差異。這是赤裸裸的事實，但其意涵並沒有完全闡明。如果兩個相同的人生在同一個國家，但一個家庭有錢，一個家庭貧窮，那麼就會看到有人關注兩人機會不均的問題，而且社會普遍認為這種出身

全球機會不平等

的不平等應該要消弭。然而，如果是兩個一樣的人，一個生在窮國，一個生在富國，大家似乎就不會以同樣觀點看待。

羅爾斯作品就是很典型的例子，正好體現這種差異。在著作《正義論》（*A Theory of Justice*）中，羅爾斯認為國內的不均是最重要的議題，並主張社會應降低或消弭富人家庭子女與窮人家庭子女之間的不平等。然而，他在另一本著作《萬民法》（*The Law of Peoples*）中探討國際議題時，完全忽視窮國與富國之間的不平等。喬賽亞·史丹普（**Josiah Stamp**，參考文獻第一八一項）一個世紀前曾寫道：「個人繼承的議題無法完全脫離軀體層面。〔人〕誕生在世界上，他作為一個經濟單位，將會得到兩種協助。其一，他繼承自父母的；其二，他繼承自先前社會的。兩者之中皆有個人繼承的存在。」

大家普遍不認為全球機會不均是一項問題，更遑論找尋解決之道。在民族國家之內，許多人對於跨世代家產繼承有種不以為然的態度，但在國家之間，社會集體財富的繼承似乎沒有人在意。這是一個有趣的現象，因為人和家庭的連結深於和社會的連結，而且我們可能會以為大家在意社會財富的跨世代轉移勝於家產的跨世代繼承。然而事實並非如此，原因在於一項關鍵的差異。對於同一個社群內家產的跨世代繼承，人與人可以相互比較，並怨恨不公不義；但對於社會財富的跨世代轉移，這種不平等是國際的，因此人比較沒有辦法比較，或甚至不想比較（至少富人不想）。如亞里斯多德所言，人對於遙遠之人的命運漠不關心，或許是因為他們在比較收入或財富時，不會把比較對象當成同類。[17]

對於社群的正式歸屬（公民權）是解釋這些差別的關鍵。亞當・斯密在《道德情操論》（*Theory of Moral Sentiments*）中將基本的議題定義得很清楚：「在人類的偉大社會中……法蘭西之繁華〔因人口較多〕，大不列顛猶未及也，但不列顛子民如果偏好法蘭西，更勝於不列顛，則不被認為是不列顛的好公民。」（第六部第二章）

我們長期承襲「方法論民族主義」（**methodological nationalism**），在民族疆界之內探討各類現象，因此我們普遍只重視民族國家之內的機會平等，也只研究民族國家之內的機會平等。全球的不平等不是受遺忘，就是遭忽視。過去，這種立場在哲學上及實務上或許有道理，因為人難以了解各國之間的差距，而且國內的不平等也沒有人重視。然而，這種立場在今日或許並不合理。在此議題上，世界主義者（**cosmopolitans**）與國家主義（**statists**）必定會意見相左，但我們也必須開始以經濟學的觀點探討此議題，並討論全球不平等與遷徙之間的關係，因為遷徙是全球不平等最明顯可見的結果。

全球貪腐

根據我的觀察，大家普遍認為今日多數國家的貪腐情形比三十年前更為嚴重。[18]如果以揭發的貪腐案件數量而論，事實似乎的確如此。然而，光是看貪腐案件數量有可能會被誤導，因為貪腐案件數量增加，有可能是因為國家打擊貪腐及懲罰貪官的能力提升，而不是因為貪腐本身變得更猖獗。或許，我們感知到貪腐變得更嚴重，有可能是因為現在資訊流動程度比過去大，使我們看到本地的貪腐，也看到世界各地的貪腐。這些原因皆有可能。關於第一個原因，我們缺乏可靠的長期執法資料，而且即便有這些資料，起訴案件數量提升也無法揭露貪腐的規模，更無法顯示執法的強度。這是因為總體的貪腐程度（如果有這個分母，就可以判斷執法是否進步）根本無從得知。我們永遠只看得到法院審理的案件，摸不清貪腐的真正規模。

貪腐調查報告可以在某種程度上彌補資訊缺乏的問題。國際透明組織的清廉印象指數（Transparency International Corruption Perception Index）及世界銀行的全球治理指標（Worldwide Governance Indicators）等報告詢問專家有關貪腐情形的問題，並以此為基礎制定指標。這些指標並非貪腐調查，而是貪腐印象調查。[19]然而，這些指標一直到一九九〇年中期全球化蓬勃發展時才出現。更甚者，這些指標只能對貪腐進行相對的比較（這年，俄羅斯的貪腐程度是否比丹麥更嚴重？），無法顯示貪腐的長期演變趨勢（二〇一八年的俄羅斯貪腐是否比二〇一〇年的俄羅斯更為嚴重？），也無法進行基數比較（相較去年，今年俄羅斯比丹麥更貪腐的幅度是否增加？）。這是因為這些指標乃是每年將國家進行排名，並沒有進行各年度之間的比較。人對貪腐的感知可能受很多因素影響，有可能是因為通報案例增加，有可能是因為媒體更開放，有可能是因為資訊流動使人們更了解自身社群以外的貪腐情形。

若欲挖掘更多資訊，則可以調查近期避稅天堂裡的資金估計。避稅天堂的使用程度不是貪腐的完美指標，但兩者息息相關。當然，貪腐的所得不一定要存放在避稅天堂；貪腐所得也可以「洗白」成合法活動，或用來購買倫敦或紐約的房地產。因此，如果單看避稅天堂的資金規模，則有可能低估貪腐的程度。然而，這樣做也有可能高估貪腐的程度，因為合法所得也可以為了避稅而存放在避稅天堂。但無論如何，多數存放在避稅天堂的資金，不是來源有問題，就是動機有問題（為了避稅）。[20]

祖克曼（參考文獻第二二六項，第一三二一頁）使用各國異常資產部位的資料進行估計。根據他的估算，二〇〇八年全球家戶金融財富有五兆九千億美元存放在避稅天堂（其中四分之三並無紀錄），占全球國內生產毛額的一〇%。自祖克曼於二〇〇〇年開始估計以來，此數字直到二〇一五年皆呈現穩定。[21]根據定義，這個數字只包含金融資產，但無論是不法所得還是合法但欲避稅的所得，都還有許多其他的存放形式（房地產、珠寶、藝術品），只是祖克曼並沒有將這些資產形式納入估算。

另一個評估貪腐的方法就是看全球的誤差與遺漏淨額（global net errors and omissions）。這是各國國際收支表上的一項科目，部分反應真實的誤差，部分反應資本外逃，而資本外逃就有可能和國內貪腐活動有關，有可能是出口低報或進口高報（如此一來差額便能留在國外），也有可能是其他各類不法交易。根據國際貨幣基金組織的資料，全球誤差與遺漏淨額在二〇〇八年金融危機之前從未高於一千億美元，但在之後有資料的五年間，每年平均皆超過二千億美元。[22]

另一個量化貪腐的方法，其實是使用一個替代指標計算透過政治人脈所賺取的財富。弗蘭德在開創性的著作《富人、窮國：新興市場巨頭及其巨型公司的崛起》（*Rich People Poor Countries: The Rise of Emerging Market Tycoons and Their Mega Firms*，參考文獻第八二項）中便使用此方法。弗蘭德將世界各地的億萬富翁分為二大族群：白手起家或是繼承家產，然後再從第一族群中挑出一個特別的子族群：透過自然資源、民營化，或是政府人脈賺取財富的億萬富翁。[23]圖二十顯示屬於此類別的億萬富翁比例（人數占比，非財富占比）。在先進國家，此比例約為四%（二〇〇一至二〇一四年間英語系國家及西歐國家有所成長）。

在新興市場經濟體中，此比例約落在一〇%和二〇%之間，但也有例外。東歐諸國、俄羅斯、中亞諸國地區的比例特別高，這是由於這些國家有很多前蘇聯加盟國的億萬富翁。除了此地區（可以說是目前貪腐最嚴重的地區）及拉丁美洲以外，所有地區裡透過政治人脈賺取財富的億萬富翁比例正在增加，增幅尤其明顯的區域是漠南非洲及南亞（主要是因為印度）。如果以財富比例來看，全球億萬富翁透過政府人脈賺取的財富占比在二〇〇一年是三・八%，到了二〇一四年則成長至一〇・二%。可想而知，東歐國家、俄羅斯及中亞國家的比例高居第一（七三%），其次是中東和北非（二二%），接著是拉丁美洲（一五%）。[24]

圖二十　2001年與2014年，透過自然資源、民營化，或其他政府人脈賺取財富的億萬富翁人數占比

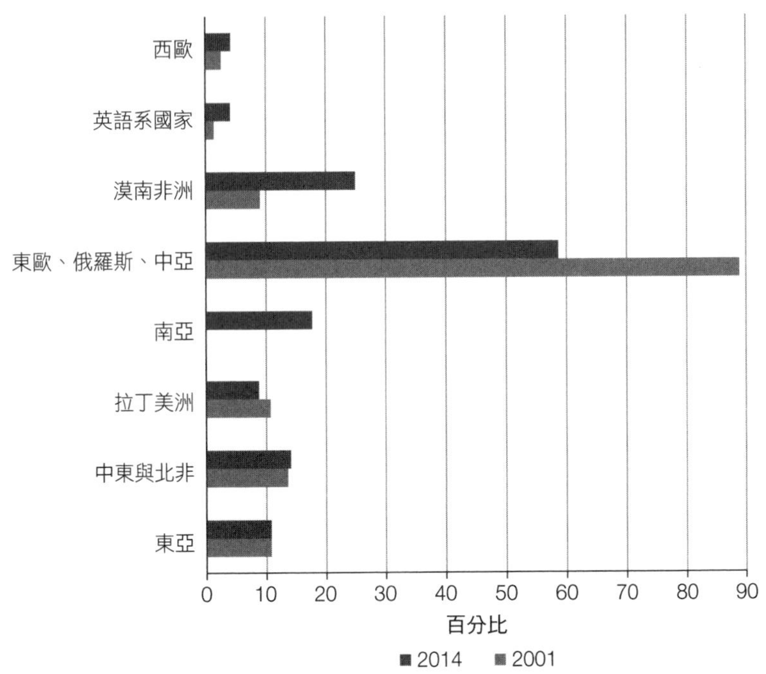

英語系國家指的是澳洲、加拿大、紐西蘭、美國。東亞地區不包含已開發的東亞國家，因為它們這兩年度的占比為零。

資料來源：改編自參考文獻第82項，第37至38頁，表2.4。

全球化時代中貪腐成長的三個理由

儘管貪腐無法直接衡量，只能透過替代指標粗估，但我們有堅強的理由相信今日全世界的貪腐比二、三十年前更為嚴重。我至少觀察到三個理由：（一）資本主義全球化與超級商業化，完全以財富衡量一個人的成就（第五章將詳述）；（二）開放的資本帳戶（capital account）使資金跨國轉移更為容易，有利洗錢與避稅；（三）全球化產生比較心理，許多中低收入國家的人（尤其是公務員）認為自己理應享有高收入國家同職位的消費水準，但他們的名目薪資不足，因此只能透過貪汙來達成。理由（一）其實屬於一種普世的意識形態（舉世皆然，萬民通用）；理由（二）只適用特定族群；理由（三）是刺激全球貪腐的推動因素。

本章將簡要探討這三點。

在此，我要提出一個我視為理所當然的論點，並在第五章詳述：超級全球化需要一套意識形態作為其思想基礎，以合理化賺錢（透過任何手段）的行為，使財富成就超越一切目標，並建立一個無道德基礎的社會。在無道德的社會中，人們想盡辦法不擇手段取得財富。只要財富的取得方式尚在合法邊緣（即使違反倫理），或非法但沒有人發現，或在一地非法但在另一地合法，大家就不會在乎。在此環境之下，貪腐的誘因強大。[25]

大家的目標會是找到「最佳」或「聰明」的貪汙方法，這種方法可能違反倫理，但難以查獲，甚至在法律上根本不算真正的貪腐。這些行為即使公認為貪腐，但法律不見得如此認定，因此政府也不見得會查緝。例如，在美國，遊說（lobbying）的行為向來遊走法律邊緣。[26]貪腐的另一大推動因素是專門協助貪官的律師，他們為客戶提供顧問服務，協助客戶找到不公然犯法的貪汙之道，或將犯法的程度降到最低。例如，倫敦就有法律產業專門協助俄羅斯、中國、奈及利亞的貪汙人士在英格蘭洗錢，或用倫敦作為跳板到其他地方洗錢。

全球化散布至全世界各地，這也是貪腐的重要推動因素。裴敏欣在一本影響深遠的著作中解釋為何中國在毛澤東時期幾乎沒有貪腐（參考文獻第一五八項，第一四七至一四八頁）。他提出若干原因：地方官員和民眾毗鄰而居，因此人民可以就近監控他們的消費行為，且不時會對官員進行清算鬥爭（如果懷疑官員貪汙[27]或不忠）；社會均貧，且官員貪汙所得能夠購買的東西極少；中國當時與世界隔絕，因此官員無法將資金轉移至海外，這項因素或許最為關鍵。

從共產國家的案例最能看出，國家如果實行不同的經濟制度，採取封閉經濟或與資本主義隔絕，貪腐便會受限。這些國家多數的資金交易都是國有企業之間的交易，完全避開家戶金流。這些企業資金很多只是在企業部門內流通的會計單位，無法挪作家戶消費使用。理解此現象的最簡單方法或許是

> 沒有融入資本主義世界經濟的國家，貪腐程度不高

想像一下，企業之間所有的交易皆使用電子貨幣，無法用以支付薪資，也無法私下用來購買商品。[28]傢俱廠商只能把傢俱賣給另一間公司以換取電子幣。理論上，購買傢俱的公司主管可以把寄送過來的實體傢俱偷走，但這樣做很困難（接收的傢俱會計入帳上），且太過明目張膽，太過笨拙。換言之，使用企業資金購買的商品不太有機會非法落入個人手中。

黨政高層獲得的特權及獎勵幾乎全是實體商品：開公務車，取得品質更好的商品，或住進更大的公寓。這些商品無法轉換成現金，無法積存，亦無法傳承給子女，而且隨時有可能被收回；根據規則，官員一旦失去職位，職位所附帶的特權馬上就會收回。此現象並非偶然。這些特權能隨時收回，官員才會服從。如果特權可以轉換成金錢，傳承給子女，或永久享有，個人便會產生獨立性，而獨立性不見容於專制或極權政權。但往好的方面想，缺乏獨立性能限制貪腐。

此外，國家如果沒有完全整合進國際（資本主義）經濟，貪腐也會受限，就連富裕的資本主義國家都是如此。許多富裕的資本主義國家在一九六〇年代至一九七〇年代實施貨幣管制，限制商務旅客或觀光客攜帶出國的現金額度。[29]使用不可兌換貨幣的開發中國家更是限制嚴格。可想而知，與世界經濟隔絕的社會主義國家或類社會主義國家（蘇聯、東歐諸國、中國、印度、阿爾及利亞、越南、坦尚尼亞）是限制最嚴格的。即使官員找到辦法貪到錢（而且找到辦法把貪到的錢轉換成外國貨幣，難上加難），他們也不清楚要如何把資金轉移至海外。如果貪官尋求別人協助轉移資產，他所面臨的指控就不只是貪汙，而是叛國，因為了解資本主義經濟運作、了解如何投資的，多數是從共產國家移民出去的人，他們被視為階級敵人。

我記得一九八〇年代中期有一個案例。當時，歐洲的共產政權已進入解體階段，黨的控制力明顯衰退，大家開始認為官員有可能貪汙並把所得藏在海外，雖然我認為這在當時幾乎不可能（共產政權垮臺、國有企業民營化之後才有可能）。當時有一則謠言，說南斯拉夫總理在巴黎購買一間公寓。和朋友討論這則謠言時，我主張這不太可能屬實。

首先，總理如果兌換那麼多外幣不可能沒被祕密警察發現。不過也有可能，他在當上總理之前，曾在其他職位替外國企業取得非常有利的合約，這或許是他能「賺」到這麼多錢的唯一方法。但他即便曾為外國企業提供這項「服務」，也難以獲得報酬，因為擁有海外帳戶是非法的行為，無論他是用本名還是親戚的名義開戶，都是一件高風險的事，一旦查獲，政治生涯就壽終正寢，更遑論當上總理。

如果當上總理後才去海外開戶，也同等危險，同等困難。國家高層訪問外國時，不會有獨自行動的時間。總理不可能直接走進一間巴黎銀行並開設戶頭（再者，當時主要的市場經濟體也實施資本管控，總理沒有當地地址及身分證也很難開戶）。如果是請其他人代為開戶，也同樣危險，因為這樣把柄就落入他人之手，日後有被勒索的風險，且如果遭人密報「有關當局」，他就等著失勢垮臺。

我最後一項論點是，即使總理有辦法克服上述種種障礙，他也沒有國外置產的能力，因為他不可能知道如何獲取待售公寓的資訊，如何得知售價，或如何處理法律文件（他也不可能僱請外國律師）。當時，即便是資本主義世界邊陲的非共產國家（印度、土耳其）官員也經常不知道要如何把資產轉移至海外，也缺乏能提供協助的人脈。

由於非法所得無從運用，官員貪腐的誘因也就降低。因此，經濟「整合度」低的國家不僅貪汙賺錢的機會少，運用不法所得購買好東西的機會也不多。未整合國家的官員就算貪到錢，也不知道要把錢拿來做什麼。他們無法用貪汙所得購買海外房地產，甚至無法將所得匯出國，更別說搬到法國蔚藍海岸享受退休生活。

如果他們想要用不法所得送子女出國留學，這也是不可能的，因為把子女送到資本主義國家留學，在國家眼裡是背棄社會主義及社會主義教育的行為。共產國家任何官員如果送子女到美國受教育（派駐海外期間除外），便會立刻遭到降職並接受清查，以找出資金來源。換言之，官員如果送子女出國留學，自己就等著坐牢。因此，只有民間企業家（要有一定程度財力）或獨立於政治權力（例如醫生、工程師）且在海外有親戚的人，才有機會送子女出國留學。

我在閱讀何塞．皮涅拉（José Piñera）的自傳文章時，深刻體會到整合進資本主義體系的國家及未整合進資本主義體系的國家之間的差異（以及百萬富翁和「平民百姓」的差異）。皮涅拉的父親是智利首富。奧古斯圖・皮諾契特（Augusto Pinochet）擔任總統期間，皮涅拉出任勞動及社會安全部長。[30]

自傳裡，他若無其事地提到自己就讀哈佛大學的經歷。我覺得這種若無其事的態度很特別，許多其他類似案例中，富人都有這種態度，尤其是在拉丁美洲。沒有家財萬貫的平民，不太可能就讀昂貴的預備學校，並以此為跳板進入頂尖大學，同時還能玩得起昂貴的運動，或空出時間從事特殊活動（高空跳傘、樂團等），並把此經歷當作加分以進入哈佛大學或其他頂尖大學。況且，頂尖大學的學費及留學生的日常生活費也是昂貴無比，非英語系、中等收入、中度不平等，且貨幣禁止兌換的國家的一般民眾不可能幻想就讀哈佛。當然，我在此說的是一九六〇年代及一九七〇年代的情況（皮涅拉就是在此時留學）。

因此，在未整合進資本主義體系的國家中，貪腐因體系而受限，但後來國家開始整合資本主義體系，貪腐便浮現，並成為國際貪腐的主要來源，其中以俄羅斯和中國尤甚。

資金接收國出現助長世界貪腐的機構

認為貪腐變嚴重的第二個理由，是世界出現協助貪腐的架構。如上所述，過去無論是先進經濟體還是開發中國家，皆普遍實行貨幣控管，而這項政策使資金難以轉移至海外。此外，過去缺乏一個使資金接收國出現貪腐的架構。

隨著全球化，世界出現許多專門服務高淨值人士的銀行，以及專門協助轉移不法所得的律師事務所。隨著貪腐的機會增加，想要藏錢於海外或投資海外的人士之「供給」便高漲。因此，對這類資金的「需求」也隨之成長，現在出現許多專門把不法所得轉移至海外的職業。

供給和需求相輔相成，隨著中國和俄羅斯的資金外逃增加，協助外逃的銀行與律師事務所也越來越多。根據諾富克維特、皮凱提及祖克曼（參考文獻第一五〇項）的估計，由於外國機構的協助，俄羅斯的資本約有一半為海外持有，且多數用來投資俄羅斯企業股份。這項發現凸顯全球化的一個新層面：國內資本存放在海外，以享受低稅率及高保障，但又用外資名義投資回國內，以享受國家給予外國投資人的優惠條件，同時又享有當地的語言與習俗優勢，而且知道賄賂的對象及行賄的方法。此現象非常普遍，俄羅斯不過是極端案例。

另外一個案例是印度。印度有四〇%的外資來自模里西斯（印度最大的外資來源國！）及新加坡。[31]當然，這些資金其實是偽裝成外資的印度資本：國內的不法所得轉移至海外，然後又以「外資」的名義投資回印度。在一九七〇年代，印度和蘇聯是不太可能出現這種情況的，但在全球化的時代裡，這卻成為一套稀鬆平常的技巧。

其中，全球金融中心及避稅天堂發揮重要作用。祖克曼在著作《列國的隱藏財富：避稅天堂之患》（*The Hidden Wealth of Nations: The Scourge of Tax Havens*，參考文獻第二二七項）中便深入探討避稅天堂的議題。近年釋出的巴拿馬文件（Panama Papers）及天堂文件（Paradise Papers）清楚記錄避稅天堂的作用，而布魯克・哈靈頓（Brooke Harrington）的著作《資本無國界》（*Capital without Borders*，參考文獻第一〇一項）也清楚解釋避稅天堂所扮演的角色。然而，倫敦、紐約、新加坡等大型金融中心在此扮演的角色，卻少有人關注。如果沒有銀行與律師事務所的服務與協助，全球規模的貪腐是不可能產生的。

貪腐所得能進行國際洗錢，國內貪腐才有意義，而沒有全球金融中心的支持，國際洗錢也不可能發生。因此，這些金融中心乃是直接阻止俄羅斯、中國、烏克蘭、安哥拉、奈及利亞等國建立法治或實行法治，因為這些國家缺乏法治，得利的就是這些全球金融中心。全球金融中心為不法所得提供庇護。說來諷刺，實行法治（且不管外國資金所得來源）的地區竟然成為全球貪腐的協助者。這些地區為不法所得提供的洗錢服務，快於任何傳統洗錢事業（例如經營虧損的餐廳或電影院）。

除了銀行及律師事務所，還有另一系列協助洗錢的組織：大學、智庫、非政府組織、藝廊等懷有崇高理念的機構。銀行負責金融洗錢，這些組織則提供所謂的「道德」洗錢，為貪官汙吏提供安全的庇護所。貪汙的人只要捐獻一小部分贓款，便能自稱為履行社會責任的企業家，藉此建立重要人脈，並打入資金匯入國的上流社交圈。[32]俄羅斯商人霍多爾科夫斯基就是很經典的案例。他在俄羅斯透過關係以賤價購入資產，據說還盜用四十四億美元的政府資金，然後把一臺卡車開進河裡銷毀證據。[33]

現在，霍多爾科夫斯基及其同類在西方世界以「貢獻社會的捐款人」之姿重新浮現。特別提及霍多爾科夫斯基，是因為此人乃是洗錢技術的創新者。他很早以前（二十世紀末至二十一世紀初）就發現，如果要助長自己在國內外的事業，最有利的投資就是提供競選獻金給美國政治人物，並捐款給華府智庫。自其以降，這套方法越來越普遍。

雖然霍多爾科夫斯基這套策略沒有幫到自己（他後來被普丁逮捕監禁），但在全球化的時代中，許多重要決策都操之在華府或布魯塞爾，此策略長期而言大概是正確的。其他國家的企業，特別是沙烏地阿拉伯，也採取同樣策略。有些其他寡頭（oligarchs），例如李奧納德・布拉瓦特尼克（Leonid Blavatnik），他在一九九〇年代俄羅斯民營化的「東大荒」（Wild East）時期致富，則認為如果要進行「道德洗白」，與其提供政治獻金，不如投資創辦商學院或藝廊，並以自己命名。[34]我曾和印度一位大學行政人員私下交流，他向我透露，校方要爭取印度超級富豪的捐款，可說是難上加難，但這些超級富豪卻捐獻數千萬美元給長春藤大學。他說這是因為富豪想提升自己在美國的形象，表現出好公民的樣子，以防民意代表問一些尷尬的問題，調查他們僱用多少印度移工，多少美國公民。富豪如果投資印度的大學，就得不到同等利益。

全球化時代中貪腐增加的第三項原因是示範效應，也就是比較心理。示範效應其實由來已久。自一九六〇年代，拉丁美洲的結構主義者便提出，拉丁美洲的儲蓄率低，乃是因為富人不願意儲蓄，以免被別人看出自己的消費水準低於北美（比他們更有錢）的富人。范伯倫在描寫炫富型奢侈品消費時，也提出類似的論點：浪費型的消費使資金無法用來產生實質利益，但「浪費」本身就是追求的目的。[35]更早以前，馬基維利（Machiavelli）也注意到這點，發現國家如果和富裕的鄰國交流，便會助長腐敗：

> 夫善者，今也少，故當珍之，僅存於是〔日耳曼〕省也。究其因，猶得二。其一，省內諸城與鄰邦鮮有往來，鄰訪彼者少，彼訪鄰者亦少。所用、所食、所著之羊毛，皆自產也，故無往來之需。既往來者少，則腐敗之道不始。法蘭西、西班牙、義大利諸邦，天下腐敗之源也，然是省無以習之。（參考文獻第一三〇項，卷一：五十五，第二四五頁）

模仿富裕國家的消費模式

結構主義者的貢獻在於看出人會模仿外國富人的消費模式。以此而論，結構主義者是探究全球化時代效應的先驅。但我認為，今日的示範效應不只鼓勵消費，更是助長貪腐，換言之，示範效應使人渴望提升收入，並不擇手段得之。

全球化有一項重要影響，那就是使人更了解異地的生活方式。全球化的另一項重要影響，就是使人更常與外國人互動，與外國人合作。當同等教育程度、同等能力水準的人一起合作，且發現每單位技能的報酬有所差異，羨慕、嫉妒、要求同工同酬，或對不公義的憤慨之心便會產生，來自窮國的人會覺得自己被欺負，認為自己應得同等收入，而且此心理並無不合理之處。如果大家密切合作，就能直接掌握對方的技能水準，並直接發現薪資差異，這種感受也就更強烈。感受最強烈的，或許莫過於中低收入國家的政府官員，因為他們的薪資通常不高，但在政府部會（發展部門、財政部門、能源部門等）任職時，常會和有錢的外國商人及官員往來。[36]

對中低收入國家的官員而言，這種似乎不公義的感受便合理化收賄的行為。他們會覺得自己低薪不公平，因此認為收受賄款不過是對待遇不公的一種補償，或是對不幸生在窮國且必須在窮國工作的一種彌補。這些官員在工作上可能要處理數千萬甚至數億美元的合約，但自己的月薪卻只有區區數百美元，而且要和日薪數千美元的人士往來。面對如此巨大的收入鴻溝，很難有人心中不起波瀾。在這樣的情況下，貪腐會被看作是一種弭平人生不公的方式，也就毫無意外。（有人可能會說，公務員應該把自己的生活和國內的窮人相比，但這不切實際，畢竟人的天性就是和同儕比較，而這裡指的同儕：公務員經常往來的對象，是外國人。）

低收入國家有些人民在國內工作，但薪水來源是國際組織，這種情況也明顯表現出同工不同酬的效應，以及對貪腐的助力。無論是擔任政府職位（由外國補貼）或在大學、智庫，或非政府組織任職，他們的薪水可能是國內一般水準的十倍之多。可想而知，這些領外國薪水的本國官員及學者鮮少貪腐：他們領高薪，而且需要擔心的是自己的國際名聲。但也可想而知，他們做同樣的工作卻領有高薪，國內一般公務員看了必定會垂頭喪志，遂有可能透過收賄來補償收入。

如果忽視這層關係（與他人做同樣的工作，但對方的薪水硬是多了數倍），就很容易將貪腐歸罪當地文化。但現實更為複雜：某種意義上，貪腐被當作是一種收入，一種對公民權懲罰的補償。如上所述，如果要把公民權懲罰轉換成公民權獎勵，移民是一種方式，而貪腐不過就是另一種。[37]

為何各國幾乎不會推動任何打貪措施

既然如此，在超級商業化的全球資本主義時代中，要如何對付貪腐？本節之始提出貪腐增加有三個理由。第一是意識形態，這套體制的價值觀基礎是透過任何手段賺取財富。因此，此體制本質上就存在貪腐的誘因。除非徹底改變價值體系，不然沒有什麼能做的。

第二是貪腐的助力，例如資本帳戶開放，富國及避稅天堂出現各種資產轉移服務，專門吸引低收入國家的貪官汙吏和高收入國家的避稅人士。前者只要把資產轉移至這些法治國家，就能免於法律追究，後者只要把資產轉移至避稅天堂，就能免於稅賦。在這方面，我們就有很多可行對策。如果重要國家受不了公民避稅造成稅收損失而決定出手，則打擊避稅天堂並非難事。

近期有些案例顯示，大國如果有決心採取行動，是可以有效打擊貪腐的：美國成功挑戰瑞士的銀行祕密法；歐盟判決反對愛爾蘭和盧森堡的零企業稅率政策；德國採取措施反制受列支敦斯登鼓勵的避稅行為；英國國會規定開曼群島及英屬維京群島等英屬避稅天堂實施財富登記制度。然而，這些措施只能遏制部分貪腐，打擊影響到富國的貪腐，因為富國公民避稅會造成國家稅收損失。

有些貪腐直接對富國有利，要打擊此類貪腐就很困難。有些富國的銀行體系與法律體系保護貪官汙吏免於法律追究，因而助長窮國的貪腐。因此，富國必須採取政策打擊國內強大的既得利益者：得利於貪腐的銀行家和律師；賺外國貪官錢財的房地產經紀人與房地產開發商；參與道德洗白的政治人物、大學、非政府組織和智庫。光是列出這些得利於第三世界貪腐的族群，就知道嚴厲的反貪措施不太可能推得動。

這種貪腐的情形，和毒品貿易及性交易類似。現在，國家打擊貪腐、降低毒品濫用、減少性交易的措施都是針對供給面：叫烏克蘭與奈及利亞等國管控貪腐，叫哥倫比亞與阿富汗等國減少古柯鹼產量，叫性工作者轉職；但同時卻都沒有推動針對需求面的防制措施：打擊富國得利於貪腐的人士，打擊歐美的毒品濫用，或打擊購買性服務的嫖客。會有如此情形，原因不是從供給面下手比較有效；其實，有堅強論點認為從供給面下手效果較差。原因其實是從需求面下手會遇到政治阻礙。因此，若就貪腐而言，這樣的政治關係短期內應該無法改變。

全球化時代貪腐增加的第三項原因，是示範效應。這也難以改變，因為現在大家都知道世界各國之間的所得差距甚大（因此存在鉅額的公民權獎勵及公民權懲罰）。此差距在可預見的未來會一直存在，但與此同時，各國同工異酬的人彼此合作往來的機會增加。因此，此類自我合理化的貪腐行為將持續增加。

強國如果採取措施打擊影響到稅收的貪腐行為，將會得到政治支持，而且此類貪腐有可能會減少。然而，其他種類的貪腐是今日全球化的必然結果；我們應習慣貪腐增加，並將其視為全球化時代下合乎邏輯（且幾乎是常態）的收入來源。由於其本質的關係，此類貪腐永遠不可能合法化（除了政治遊說等形式有可能以外），但現在已經常態化了，在未來會變得更為常態。我們也應看出自身的偽善，並停止正義凜然地指責貪腐，威嚇窮國：許多富國人民得利於貪腐，也得利於導致貪腐的全球化。

第五章　全球資本主義的未來

對凡人而言，黃金勝過千言萬語。

——歐里庇得斯（Euripides），《美狄亞》（*Medea*）

超級商業化資本主義必然非道德

馬克斯．韋伯的資本主義

資本主義有光明的一面，也有黑暗的一面。

對於光明面的觀察，最早至少能追溯至孟德斯鳩所提出的「和善商業」（doux commerce），而亞當・斯密、熊彼得、佛烈德利赫・海耶克（Friedrich Hayek）及羅爾斯[1]等差異甚大的學者也都對資本主義提出類似的觀點。大致的觀念是，在商業的社會中，要成功（也就是賺錢）就必須取悅他人，提供他人願意購買或交易的商品及服務，導致所有人類行為充滿和善，而此和善也自商業交易擴散，進而感染人際互動。光明面也就是「民風和善」（adoucissement des moeurs），隨著人類日常生活的商品化而日益顯著。

在已開發的資本主義社會中，我們日常生活進行的許多交易，背後的確都有金錢上的動機。雖然有時會使交易喪失傳統意義（這就是商業化社會的黑暗面），但也促使人互相著想、互相尊重。隨著交易關係的範圍不斷擴大，和善的範圍也不斷擴大，人開始做出妥協，並意識到他人的喜好與利益。在商業化的社會中，人乃是互相依存的：唯有滿足他人的利益，才能滿足自身的利益。亞當・斯密就說，烘焙師如果要賣麵包，就必須說服客戶他的麵包比其他家好吃。因此，人變得更有禮貌，並開始考量到他人以及他人的需求。

純商業社會的定義，就是人的社會階級：人與人之間的差異，並非取決於身家背景、所屬群體（例如貴族或神職人員），或甚至所從事的工作（例如，印度教便以此區分階級）等非經濟標準。在純商業社會中，社會階級就是取決於財富，而且原則上財富是任何人都能爭取的。如同本書第二章所述，雖然實際上並非如此，但在概念上的確所有人均享有同等機會。人無論是從社會金字塔底層白手致富，或是從中上層起家，皆同樣能獲得同儕的尊敬。白手起家的人甚至有可能因為必須克服更大的困難，而獲得更多肯定。金錢能帶來平等，而商業社會就是其效果的最佳印證。

不同性別、不同性向、不同種族的人，以及身心障礙人士逐漸享有平等的機會，使從前屬於弱勢族群的人現在能躋身高位。更甚者，這些人能完全擺脫以前身處弱勢地位所受到的汙名化或歧視：一旦致富，就和其他人一樣受到尊敬。我認為此現象在美國尤為顯著。在美國有一句話是這麼說的：致富是一種洗白。財富能夠「洗去」過去所有「罪孽」。

由於社會階級取決於財富，人自然會注重追求財富。羅爾斯曾言：「人民的欲望、抱負、志向、性格，皆受到社會制度所形塑。」（參考文獻第一六八項，第二二九頁）自韋伯提出以來，資本主義社會其中一項關鍵特徵，就是有系統地理性追求財富。就連美國獨立宣言（Declaration of Independence）中的「追求幸福快樂」（pursuit of happiness。原本更為普遍的說法是「生命、自由及財產的保護」（life, liberty, and the protection of property），但獨立宣言起草人湯瑪士·傑弗遜（Thomas Jefferson）以「追求幸福快樂」取代「財產的保護」），也可以視為希望能無拘無束地追求財富（不受傳統封建社會的階級和身家所制約），而原因其實也不無道理：財富被視為幸福快樂的替代指標（或是幸福快樂的必要條件）。[2]

私人的惡性，公共的利益

早年，亞當・斯密在《道德情操論》中就體認到，追求財富能消除人與人之間的非經濟階級。此外，亞當・斯密也提到，一心追求財富有其危險，可能會鼓勵非道德的行為。伯納德・曼德維爾（Bernard Mandeville）其中一本著作的標題恰恰體現其經濟學理念：「私人的惡性，公共的利益」（private vices, publick benefits），亞當・斯密雖然強烈反對此理念，但反對的理由卻沒有什麼說服力，況且他同時也承認，「曼德維爾博士」的制度「某些層面上貼近真實」。[3]

這就是黑暗面。

其實，曼德維爾很早就深刻體認到新商業化社會的特徵。人如果要成功，就必須激發最自私、最貪婪的行為，但因為必須待人和善，所以這些行為受到「緩和」、受到隱藏，但這又很容易使人虛假、使人偽善。因此，貪婪與偽善兩者相輔相成。亞當・斯密當初也看到這層危險，並擔憂如果人完全逐字詮釋資本主義的精神，可能會造成「道德墮落」（moral turpitude），或對追求財富之道產生「道德同等論」（moral equivalence）的謬誤，而作為道德哲學家，亞當・斯密厭惡「道德同等論」。他曾企圖證明曼德維爾的看法是錯的，但我不確定是否成功，不只因為缺乏有理論據，更是因為（我認為）他自己作為經濟學家撰寫《國富論》時，其實並不完全反對曼德維爾的主要見解（詳見附錄二）。[4]

馬克思則認為，貪欲源自一種「特定社會發展」，是歷史而非自然的產物，並和貨幣的存在密不可分。在其著作《政治經濟學批判大綱》（*Grundrisse*）中，馬克思將貪欲定義為「抽象享樂主義」，其原文值得一讀：

> 貪欲本身是一種特殊形式的欲望，也就是說，它不同於追求特定形式財富的欲望，例如追求服裝、武器、首飾、女人、美酒等的欲望，它只有在一般財富……個體化為一種特殊物品的時候，也就是說，只有在「貨幣」出現的時候，才可能發生。因此，貨幣不僅是貪欲的對象，同時也是貪欲的源泉。如果沒有「貨幣」，人還是能夠瘋狂追求財產，但貪欲本身卻源自一種特定社會發展，是歷史產物而非自然產物……一般形式的享樂以及吝嗇，是貨幣欲的兩種特殊形式。抽象的享樂的先決條件是必須要有一種包含一切享樂可能性的對象。貨幣作為財富的實體象徵，使抽象享樂得以實現……為了把貨幣本身保存下來，則必須犧牲掉對於特殊需要對象的一切關係，必須節制，以便滿足貨幣欲本身的需要。（參考文獻第一三五項，第二二二至二二三頁）

我認為馬克思必定會認同，貪欲和生活的商業化相輔相成。

因此，宗教是一項替代方案，透過宗教內化特定得體行為，便能保存商業化社會繁榮所需的進取精神，但同時也能對此精神產生制衡。因此，韋伯認為新教不只助長資本主義發展，更是維持難以理解的資本家行為（努力工作賺取財富卻不花費），敦促上層階級展現君子之風，並使大眾接受結果上的不平等。[5]新教教化了菁英階層，制約菁英階層早期的炫富及粗鄙行為。

新教鼓勵節儉，限制菁英階層的消費，並為財富的展現制定上限。新教將從前的禁奢法（sumptuary laws）內化至人心。[6]凱因斯在《凡爾賽和約的經濟後果》（*The Economic Consequences of the Peace*，參考文獻第一一〇項）中曾言，十九世紀的資本主義使英國人民接納「地主—資本家—勞工」的社會階級，讓英國免於像法國、中國、俄羅斯、哈布斯堡帝國及鄂圖曼帝國等封建社會一樣爆發革命。[7]只要資本家將多數剩餘所得（surplus income）拿來投資而非消費，社會契約就能存續。[8]透過宗教與內隱社會契約，得體的行為才能內化進人心。羅爾斯曾言，這些行為透過日常實踐，更加確立一個社會的價值觀。如果沒有這些制衡力量，一個不擇手段一心一意追求財富的社會究竟會不會爆發動亂？答案尚未明朗。[9]

外包道德

在今日全球化的資本主義中，上述兩種制衡力量（宗教及內隱社會契約）並沒有效果。

本書的目的不在解釋世界各地宗教信仰的衰退，以及此現象對經濟行為的影響，畢竟這不是我的專業。但毫無疑問，宗教信仰的確衰退了。多數先進國家中，基督教會的數量穩定減少，表示自己無宗教信仰的人數越來越多。[10]當然不是說人如果上教堂就一定會遵守倫理，畢竟今日的宗教對正確的經濟行為並沒有太多著墨。比利．葛理翰（Billy Graham）等牧師甚至讚揚貪欲是一種美德。[11]

二〇一八年沙烏地阿拉伯記者賈瑪爾．卡舒吉（Jamal Khashoggi）慘遭殺害後，美國布道家派特．羅伯森（Pat Robertson）曾說大家不應太過苛責沙烏地阿拉伯政權，因為：「我們和他們有軍火交易，大家都想要分一杯羹……會帶來很多就業機會、帶來很多錢，使國庫充實。這不可以隨便亂砸鍋。」[12]此案例非常極端，因為他為了賺取更多軍火交易收入，而呼籲大家無視謀殺的行為，但這恰恰能體現將不擇手段賺錢擺在第一位的宗教是什麼樣子。

即便純以理論而言，宗教信仰與社會契約也難以在全球化的脈絡中對人產生制約，這不只是因為宗教信仰非常多元，且許多宗教都已將超級商業化資本主義的目標融入自己的信仰，更是因為個體和自身所處之社會環境乃是脫離的。

人的行為不再受到街坊鄰居的「監督」。亞當．斯密提到的烘焙師如果從事違反道德的商業行為，就有可能會被鄰居發現，但現代人的工作圈與生活圈有可能完全分開，同事圈與朋友圈完全沒有交集，因此違反道德的行為便不受監督。拉納・達斯古塔（Rana Dasgupta）在其著作《資本：德里的爆發》（*Capital: The Eruption of Delhi*，參考文獻第六二項）中講述一則故事：有名德高望重的印度裔醫生，住在加拿大多倫多一處中產階級社區，家有漂亮的花園，還有兩個車庫，但主要的收入來源卻是經營強摘器官事業，摘取對象是數千哩以外德里近郊貧民窟的居民。這名醫生在街坊鄰居眼中可能是正直人士，但實際上卻是名罪犯。

缺乏內隱行為準則

內隱制約機制萎縮、凋零或無法適用全球化的環境，取而代之的則是外顯制約，也就是法規。當然，此類法規自古就存在。然而，雖然內隱制約很重要，但在過去法律及自我約束兩者就都會影響人的行為。現今，自我約束正在消失。如果富人不遵守倫理，或無法謹慎行事以避免激起窮人的怒火，強化法規顯然是一件好事。[13]政治史學家皮耶・羅桑瓦隆（Pierre Rosenvallon）於二〇一七年曾在課堂上提出，國家必須推動現代版禁奢法，對特定行為及消費課以重稅或直接頒布禁令。現在的問題是，富人（或任何人）不再受兩條欄杆的制約，而是只剩下一條：法律。內隱道德被掏空後，現在已完全外顯化。原本是自身維持，現在則是外包給社會。

外包道德的缺點就是會使原本缺乏內隱制約的問題更加惡化。每個人都想遊走法律邊緣（從事違反倫理但合乎法規的行為），或直接違反法律，然後想辦法脫身。當然，犯法絕不僅存於今日商業化的社會，但不一樣的是，現代商業化社會中，人僅僅不犯法，就會宣稱自己已盡可能遵守倫理，或人犯了法，卻宣稱別人要負責抓他們並證明他們確實犯法。源自本體道德觀的內隱制約似乎失去作用。

此現象在商業化的運動中或許最為明顯。從前，公平競爭的觀念將得體行為內化至人心，但現在此觀念已消失殆盡，取而代之的是有時公然犯規的行為，而這些行為完全受到默許，甚至還受到鼓勵，因為現在大家都認為執行規定是裁判自己的責任。二〇〇九年足球界曾發生一件很有名的案例：法國足球選手蒂埃里・亨利（Thierry Henry）以手進球得分，使愛爾蘭國家代表隊落敗，讓法國國家代表隊獲得世界杯足球賽參賽資格。包含亨利與所有法國隊支持者在內，完全沒有人否認該得分乃是以手進球，沒有人否認這是犯規，沒有人否認這分應該要撤銷，但卻沒有人講出明顯的結論。大家都認為此事的決定權不在亨利（例如告訴裁判該進球為犯規），也不在隊友能決定（採取同樣行動），而是在於裁判。一旦裁判沒有看到得分方式就宣判得分有效，得分便就地合法，大家也不恥於慶祝，甚至也不恥於誇耀。

合法不代表符合倫理，西塞羅（Cicero）曾說過一則故事，恰恰體現這層衝突。近期，納西姆・塔雷伯（Nassim Taleb）的著作《不對稱陷阱》（*Skin in the Game*，參考文獻第一八七項）重述西塞羅的故事。故事中，巴比倫的第歐根尼（Diogenes of Babylon）與其弟子塔蘇斯的安蒂佩特（Antipater of Tarsus）兩人對一件事情有不同的看法：羅德島缺糧，糧價高漲時，載運穀物至島上的商人是否應告知當地人，有另一艘從亞力山卓出發，同樣載滿穀物的船隻即將到來？第歐根尼純粹以法律層面看待，認為商人完全可以不揭露私有資訊，況且沒有人能證明他知悉此資訊。但安蒂佩特以倫理而論，認為不可以不揭露資訊。我認為，今日的商界中，大家都會選擇第歐根尼。他們嘴巴上可能宣稱自己贊同安蒂佩特，但實際行為卻採取第歐根尼的論點，而行為才是重點，口中的話不過是虛無縹緲的修辭。

完全依賴法律或執法人員，藉此將道德外包，使得所有人都想鑽制度漏洞。所謂道高一尺，魔高一丈，任何懲罰新型不道德或非道德行為的法律，必定會有人找到辦法規避。金融去監管及逃稅就是很好的案例。內隱道德不再制約大銀行與避險基金，其後果時有所聞；不再制約蘋果（Apple）、亞馬遜（Amazon）、星巴克（Starbucks）等大型企業，因此避稅或逃稅層出不窮；不再制約富人，因此他們為了避稅，將財富以合法或非法的手段藏至加勒比海群島或海峽群島。大家的目標就是盡可能遊走合法邊緣；如果需要違反法律或無視法律，就想辦法不要被抓到；如果被抓到，就僱用律師軍團，找到最艱澀最體面的理由來解釋自己的行為。如果不成，就出錢和解。

和解金更助長了非道德：受害者必須選擇要享受正義的憤慨，並藉由懲罰加害者使自己得到滿足，抑或是放下自尊，接受金錢賠償，使自己在某種程度上也成為共犯。無論是性騷擾、逃稅、非法遊說，還是其他各種罪行，被告經常使用這種標準程序來「解決」問題，但也唯有在真正面臨懲罰的風險時才會如此。買通受害者通常就是給封口費，此提案對受害者而言通常難以拒絕，因為抉擇很明顯：究竟是要獲得幾日後就消逝的道德滿足感，還是把錢拿到手？況且，拿取和解金並不會受到社會的譴責，畢竟這是商業化的社會。

我曾遇過有人欣然接受被有條件「開除」（無論是因為他們出包為雇主帶來麻煩，還是能見度太高無法直接解僱），因為雇主會給他們巨額資遣費，以換取他們對資遣細節保密。我很討厭朋友敘述離職原因及離職條件時公然扯謊，但他其實別無選擇，因為根據和解條件他不得揭露真相；也很討厭有人寫書大肆批判一間機構，但對於另一間非常類似的機構卻毫無評論，因為後者曾給她和解金，以換取她對前份工作內容完全保密。

然而，不能因此就批評足球選手、銀行、避險基金、富人，或甚至我們自身的行為，並譴責從事這些行為的人有道德缺陷。做出這種批評的人，其實是治標不治本。在現實世界中，非道德的行為是出於必要，畢竟大家都在想盡辦法賺錢，並在社會階級金字塔中往上爬。如果不這麼做，就是對自己不利。

當錢成為成功的唯一標準（超級商業化的社會中就是如此），其他的階級標籤便消失了（總體而言這是好事），但這樣的社會也傳達一種訊息：有錢是光榮，且賺取財富的手段不是重點，只要不被抓到從事非法行為就好。因此，批評富人或銀行的行為無濟於事，太過天真。之所以無濟於事，是因為這些人不會因此就改變自己的行為。之所以天真，是因為問題的根源在於體制而非個人。銀行也可以遵守倫理，謹慎行事，但這樣就會輸掉商業競爭，讓對手得利。不久，該間銀行的財務狀況就會出問題，導致投資人不再購買其股份，人才會出走，公司終將倒閉。銀行的股東可能在日常生活中自視為謹守倫理的人，但仍然會賣出股份，或想辦法改變銀行的經營方式。

當然，人可以嚴以律己，自我施加嚴格的倫理規範，但也只有想要脫離社會，或離開全球化及商業化的世界，住在與世隔絕的小型社群裡的人才會這樣做。只要住在全球化及商業化的世界，就必須使用和其他人一樣的手段與（非道德）工具，以爭取生存。

「沒有替代方案」

讀到這邊，有人可能會同意本書目前的分析，並提出此主張：現況如此，不就代表我們必須改革社會經濟體制？不就代表我們必須揚棄超級商業化的資本主義，並找尋替代體制？此主張很合理，唯獨有個問題：我們並沒有任何可行的替代體制能取代超級商業化的資本主義。世界曾經嘗試過替代體制，但結果證明更糟糕，有些甚至慘不忍睹。此外，如果揚棄資本主義內建的競爭及進取精神，就會導致收入減少，貧窮增加，科技進展減速或逆行，並喪失超級商業化資本主義所賦予的各項好處（例如生活中已變成不可或缺的商品及服務）。如果要保存這些，就必須保存進取精神，並繼續以財富作為衡量成功的唯一標準。兩者是相輔相成的。這或許就是人類處境的關鍵特性：唯有允許開發人性中討厭的一面，才能提升物質生活水準。其實，曼德維爾早在三百多年前就看出這層真相。

近期有許多提議欲改善超級商業化資本主義的黑暗面，但這些提議就錯在它們企圖找尋可行的替代方案。有人提出，減少工時並增加休閒能讓世界變得更美好，這個想法看似合理，但實際上大錯特錯（參考文獻第一七〇項；參考文獻第三九項）。這種想法的假設是：如果我們可以說服一定比例的人，使其相信自己如果減少工時，就能過更好的生活，則資本主義超級商業化的特性就會受到制衡。我們就能開心生活，天天參觀畫展，坐在咖啡廳討論最新的劇作演出。然而，人如果這樣悠閒生活，很快就會用罄財富（除非之前已經存下足夠財產），兒女則會不爽父母選擇悠閒過活，而不是努力工作，讓孩子能用同儕也有的物品，並就讀最貴的學校。

因此，父母無不持續往上爬，企圖將優勢傳承給下一代。如同本書第二章所述，自由資本主義中，上層階級就是靠這種優勢進行階級複製。這就是為什麼歐巴馬雖然在演講中經常提到公立學校教育的重要，但自己還是讓兩個女兒就讀私立菁英高中，然後進入最昂貴的私立大學。又一次，我們看到人唯有繼承鉅額財產，或是願

退出體制乃是不切實際的選擇

意隱居遺世獨立且自給自足的社群，才能過著悠閒的生活。如果真的要退出超級商業化的資本主義，的確有可能辦到，但這樣做的人很肯定是鳳毛麟角。

假設提倡中庸方案的人，以某種方式成功說服整個國家改變工作方式。例如，歐洲某一個富國居民認為自己現階段所享受的福利足夠，且拜科技進步所賜，即便大幅減少勞動投入，也能維持同等的福利。如此一來，他們可能決定將每週工時縮減至十五小時。凱因斯在〈我們後代的經濟前景〉（The Economic Possibilities for Our Grandchildren，參考文獻第一一一項）中提出，十五小時的工時便能「滿足多數人邪惡的本性」。

然而，這樣的國家及人民不久便會發現自己被其他國家超越。或許他們樂天知足，起初沒有那麼重視全球經濟實力排名。但之後，經濟更為繁榮且更為富裕的國家人民就會開始在該國家購買房地產，住進最好的地段，吃最好的餐館，並逐漸迫使當地居民外遷。在不久的將來，威尼斯與佛羅倫斯等城市有可能幾乎完全由德國人、美國人、中國人等外國人所居住（威尼斯市中心及托斯卡尼部分地區已經如此）。在完全全球化、完全商業化的世界中，義大利如果所得成長持續低於其他國家及地區，享受義大利美景的便不再是其原生居民。不過話說回來，也沒有人規定義大利的美景只能由義大利人享有。如果為了享有威尼斯大運河的景色，一名中國人能付出高於現任義大利屋主的錢，他便有權享有景色。

我們再次得出同樣的結論：抗拒商業化世界的唯一辦法，就是徹底退出。個人可以逃離現況，住進遺世獨立的社群；國家則可以對外封閉，採取自給自足的模式。人一旦在進取的環境中社會化，將商業化社會的目標內化，就不太可能脫離此世界，放棄商業化帶來的舒適，並接受大幅降低的生活水準。要說服足夠數量的人如此，更是不可能的事情。的確，美國的賓夕法尼亞荷蘭村及以色列的基布茲（kibbutzim）（兩者皆在衰退）等社群，不會因為看到鄰近社群更為富庶而感到灰心喪志，但想要模仿它們的社群少之又少。

提倡減少工時的人不明白，現在世界上所有社會無不崇拜成功及權力，而且在商業化的社會中，成功與權力的唯一體現就是金錢，而賺取金錢的方法不外乎工作、擁有資產，還有貪腐。這也就是為何貪腐是全球資本主義的必然結果。

原子化與商品化

家庭功能衰減

現代資本主義社會有兩個一體兩面的特性：（一）原子化；（二）商品化。

原子化指的是家庭已失去其多數經濟優勢。過去，家庭能在市場之外生產或提供不接受金錢交易的貨品與服務，但現在，這些貨品與服務越來越多能在市場上購買或租賃。在傳統社會中，烹飪、清潔、整理花園、照顧嬰兒、照顧病患、照顧老人等服務皆是由家人「無償」提供。現代社會中直至最近也是如此（除非家裡很有錢）。這肯定是婚姻存在的原因之一，但隨著財富增加，這些服務幾乎全部都能在外面的市場上購得，而我們也越來越不需要與他人共同生活。

今日世界最為富庶的社會中，平均家庭人數逐漸向「一」逼近，此現象並非偶然。挪威、丹麥、瑞典的平均家庭規模介在二·二與二·四人之間，幾乎快要變成一字頭。反之，中非最為貧窮的社會中，平均家庭規模是八至九人。[14]這不一定是因為窮國的人民喜歡互相陪伴，而是因為他們負擔不起獨居生活。群居能將這些活動（烹飪、清潔等）「內部化」，並產生規模經濟，以分攤食用油與電力的成本（換言之，兩人住在一起的水電及食用油花費低於兩人各自獨居的花費加總）。[15]

但在富庶的社會中，這些活動現在都能外包。如果以反烏托邦的角度而論，未來的世界會變成大家都獨居並經常獨自工作（照顧小孩期間除外），與他人並沒有任何永久的連結或關係，而且所有的需求皆透過市場來滿足。如同現在絕大多數人如果需要鞋子，並不會自己製作，而是在店裡購買。同理，如果需要洗碗，也不一定要自己進行；如果需要吃飯，也不一定要自己烹飪

（極端貧窮的赤貧人口除外）。

法律日益介入家庭生活，也加速原子化（其極端意味著家庭的終結）的進程。家庭之所以成為照顧老幼的單位，家人之所以不計較誰淨「利」、誰淨「損」，相互交換商品與服務，乃是因為家庭內部的規則與外部社會的規則並不相同。論道德或甚至論實體，家庭與外界乃是兩個不同的世界。達斯古塔（參考文獻第六二項）關於現代德里的著作就提到，印度母親與祖母的生活可說是與世隔絕（她們也期望媳婦遵循這樣的生活），盡可能降低與非家人的互動，恰恰體現家庭與外界在道德上及實體上的二元性。印度人進家門前，要換鞋若干次，以免外界的粒子（塵埃？草屑？）侵入家庭的聖殿，這也正好體現家庭與外界的實體分界。

這種家庭與外界的極端分隔，在今日許多人眼裡看來可能很奇怪，但此觀念直至近期都是世界上多數社會的常態。唯有透過區分「我們」與「他們」，家人之間才能共享許多家庭活動，無論是家事或是休閒。換言之，共享的基礎是排外。[16]

法律介入家庭生活助長原子化

今日的商業化模式位在另一個極端。現在，外界不只是透過餐點外送或到府清潔服務，更是透過法律介入來侵入家庭。法律介入（例如婚前協議書、法院奪走兒女撫養權及控管夫妻相處行為的權力）雖然多數情況是正面的發展（例如防止配偶家暴），但卻更加掏空凝聚家庭的內部隱性契約。其實，社會透過法律介入家庭生活，不過就是另一種外包。如同烹飪外包給附近的餐廳，家庭內部的「規範」也被外包給整個社會。這兩種形式的外包令人不禁納悶：在富庶的商業化社會中，任何服務皆能購買，那麼家庭或共居的優勢何在？

歷史上，私領域及公（經濟）領域的互動有三種形態。第一種是前資本主義形態：以家庭為單位進行生產。如同本書第三章所述，中國長久以來實行這種「家庭生產模式」。直至十九世紀，中國仍停留在第一種形態，但西歐早已進入第二種歷史形態，普遍以僱傭勞動進行生產。[17]第二種形態中，社會普遍使用家庭以外的僱傭勞動力（換言之，已經脫離以家庭代工為主的「散作制度」（putting-out system））。這就是一種典型的資本主義生產模式，將生產與家庭領域兩者嚴格區分，韋伯認為此分別是資本主義的絕對基礎。第三種模式伴隨新興的超級商業化資本主義而來，使生產與家庭再度合而為一，但這次是把家庭嵌入資本主義生產模式。我們可以將其視為資本主義發展的合理結果，因為資本主義本來就會「征服」新領域，並將越來越多貨品及服務商品化。此階段也代表勞動生產力大幅成長，因為唯有夠富庶的社會才有能力將所有原本不在市場上的個人關係給全部商品化。

私人生活即日常資本主義

原子化的反面就是商品化。原子化使我們獨居，因為所有的需求皆能透過在市場上向他人購買而滿足。在完全商業化的狀態下，我們便成為「他人」：我們盡可能商品化自己的資產，包含自由時間在內，以滿足他人的需求。[18]

全球資本主義使消費者能購買過去由家人、朋友及社群無償進行的活動，也使生產者能提供各式各樣的服務（同樣的活動）給他人。因此，原子化與商品化乃是相輔相成的現象。

最明顯的案例，就是過去在家族之內所進行的各項活動被商品化。隨著人越來越富裕，則輪到核心家庭的活動被商品化。現在，烹飪可以外包，家人經常沒有在一起用餐。清潔、修理、整理花園、照顧小孩等活動皆日益商業化，甚至可以說商業化的程度前所未見。小孩寫作文功課，以前是「外包」給家長，現在則可以外包給商業公司。

零工經濟的興起將人的自由時間商品化，也將過去不曾做商業用途的個人財產給商品化。優步（Uber）當初創立的想法就是要讓人更佳善用自由時間。長型豪華轎車的司機在工作之間通常有剩餘的時間，與其浪費這些時間，不如開車載人賺外快。現在，任何人只要有時間，就能提供共乘服務或是外送比薩，以「販賣」自己的時間。過去無法商業

創造新產品

化的閒暇時段（因為工作時段是「固定的」，無法塞入零碎的閒暇時段），現在變得可以販賣。同理，私家車原本是「呆滯資本」（dead capital），但如果成為優步或來福車（Lyft），就能變成真正的資本。把車停在車庫裡或停車場中，就有明顯的機會成本。同理，居家在過去可能只會無償給親朋好友借宿一週，但現在可以變成資本並租賃給旅人以換取租金。一旦如此，貨品便成為商品，並獲得市價。如果不加以利用，顯然是浪費資源。在過去，不作為的機會成本是零，但現在卻是正值。

當然，這不代表每個人都會一有自由時間就來打零工，或是居家一有空房間就把它租出去，畢竟我們本來就不會把人生所有時間都用來賺錢。然而，一旦自由活動的機會成本變成正值，人們就不禁會把這些活動視為商品或服務。必須要有堅強的意志，才能放棄機會，不使用它們來賺錢。

如同超級商業化資本主義消滅生產與家庭領域分界的方法有邏輯可循，受到商品化的對象也有歷史進程可溯。起初，剩餘生產的商業化使人類脫離自給自足的農業模式，造成農業的商品化。接著，製造活動，尤其是衣服的生產，被商品化。隨著原本由家庭生產的貨品轉變成商業化生產，新市場便出現。歐洲工業革命〔Industrial Revolution，也可以稱為「勤奮革命」（Industrious Revolution）〕的源頭，是家戶之外的僱傭勞動，以及勞工使用賺來的工資購買原本自己在家戶生產的商品（新體制的生產力遠高於家戶生產）。[19]

今日，服務也正經歷同樣的進程。服務的商品化，以及最終自由時間的商品化，不過是發展的道路上，一步合理的進展。個人服務商品化的難度較高，因為服務的生產力提升不如貨品（因此商品化的優勢較不明顯），且分工所帶來的利益較低：不自行製鞋而是購買大量製造的鞋子，能產生很大的利益，但相較之下，不自行烹調而是叫外送，其利益較不明顯。

過去不具商業用途的東西現在被商品化，使大家身兼多職，甚至把大家轉變成日常資本家。租賃公寓就是很好的例子。然而，說勞工身兼多職，就等同說勞工並不從事長久的個體工作，且勞動市場是完全「彈性」的，大家都不斷在切換工作。韋伯曾言：「普通勞工經常被迫從事非正規工作。非正規工作經常無可避免，但總是一種討厭的轉換。人如果沒有使命感，就會缺乏規劃，缺乏條理。」[20]換言之，二十一世紀可能存在的工作，在韋伯眼裡是不理想的，因為這些工作缺乏對職業的使命感，也就是奉獻精神。

因此，若以雇主的角度而論，勞工便成為完全可相互替換的「經濟主體」（**agents**）。一個工作，大家都做個數週或數月，然後就換下一位，不會因為僱用不同人而有所差別。我們正逼近新古典主義經濟學的理想世界：具有獨立特性的個體並不存在，取而代之的是「經濟主體」，也就是可相互替換的分身，而每個分身之間頂多只有教育程度、年紀或性別的差異。除了這些特徵以外，個體沒有任何個人特性，完全可以相互替換。

因此，下列三項發展顯然是相關的：（一）家庭組成的改變（原子化）；（二）越來越多活動的商品化；（三）充滿零工且完全彈性的勞動市場出現。有其一則必有餘二。

商品化的負面影響

這種商品化及「彈性化」的問題就是，它們會削弱市場經濟平穩運作所需的人際關係及人際信任。人如果長期擔任一個職位，就會嘗試與經常互動的人建立信任關係。換言之，人會從事經濟學家所謂的「重複賽局」（repeated games）。但如果大家都頻頻切換雇主，且每幾個月就更換工作，則重複賽局就不存在，因為大家都沒過多久時間就和不同的人互動。如果沒有重複賽局，人的心態就會改變，轉變成進行單一賽局、單次互動的心態，進而產生非常不一樣的行為模式。

我曾經離開紐約數月，回來後發現，在常去的餐廳及居住的公寓裡，我原本以為和我進行重複賽局的人全都變了。新來的人把我當作完全的陌生人對待（這可以理解）。在這種情況下，人不會有「和善待人」的誘因，不會釋出合作訊號，因為心裡知道這些新的人不久後就會換成另一批人。和善待人是一種投資，其成本很高；願意付出，就代表心理期望能有所回報。但如果互動的對象一個月後就走人了，和善待人的意義何在？不過是浪費精力罷了。當然，對方也在想同樣的道理：他都已經著眼下一個零工了，為何還需要在乎你？

現在，許多服務的提供者與使用者都有評價可以查詢，以在缺乏長期關係的狀態下鼓勵「和善待人」。這樣當然比完全沒有評價制度要好，但評價制度是可以濫用的。重點是，在全球化且勞動力具彈性的世界中，持久的商業關係會非常稀少。人不再認識他人，也不再對他人負責，取而代之的是一種評分系統。以某種層面而論，評分系統可以提供更多資訊，但終究是去人格化的。

為何人際互動被商品化之後，我們的行為就改變了？我有位朋友曾經一語道破：「因為我們被簡化為經濟主體，因為我們無法跳脫這樣的思考方式，因為和善待人是一種投資，因為和善待人的邏輯超越市場邏輯。」自從商品化進入個人領域後，我們便難以想像有任何超出商品化或存在於商品化之外的事物。[21]

商品化的擴增終結了異化（alienation）。人必須意識到自身作為本體與作為經濟主體之間的對立，才有可能被異化，但當經濟本體已融入自我，事物的秩序已經被內化到沒有不和諧之處。我們自身變成管理與最大化的對象。在二〇一五年耶魯大學法學院畢業典禮上，法學教授馬科維茲的致詞恰好體現這點：「今日，你的才能、訓練與專業（也就是你自己），是你最大的資產，是財富與地位的主要來源……〔你們必須〕像資產管理經理一樣，把自己當作投資組合在管理。」[22]

零工經濟與極彈性勞動市場的興起，伴隨諸多活動的商品化，全都屬於同樣的演化；我們應將其視為邁向更理性、但卻更去人格化的經濟，其中多數的互動都是單次性的接觸。以某種層面而論，如同孟德斯鳩的「和善商業」，徹底的商業化應使人更佳和善相待。但另一方面，由於缺乏人際互動，使投資合作行為的成本大增。因此，超級商業化不一定會使我們邁向更和善的社會。「和善待人」受到兩股力量的侵蝕：原子化掏空家庭生活，缺乏人際互動導致孟德斯鳩所讚揚的「和善」行為減少。這些現象的背後，則是徹底的非道德。

個人成為資本主義生產中心

資本主義的最終成就，就是轉變人性，使每個人都善於計算痛苦與歡樂、利得與損失，精明到就算資本主義工廠生產一夕之間消失，我們仍會互相販賣服務以賺取金錢；最終，我們自己將成為企業。想像有一個經濟體（表面上看起來類似非常原始的經濟體），所有的生產都是在家戶之內或是家族之內進行。這看似是典型自給自足的非市場經濟，但這種經濟體如果出現在今天，仍會是完全的資本主義經濟，因為我們會互相販賣生產出來的產品與服務：鄰居幫你看小孩是要收費的，沒有人會免費與你分享食物，你會要求配偶付錢才會和他發生性行為，諸如此類。

這就是我們現正邁進的社會，而且資本主義式經營的範圍有可能會無限擴大，因為我們每個人都會融入其中，我們多數日常生活的例行公事也都會融入其中。保羅・梅森（Paul Mason）在其著作《後資本主義》（*Postcapitalism*）中討論新型「無重量」（weightless）經濟的資本主義時曾說：「認知資本主義（cognitive capitalism）中的『工廠』就是整個社會。」（參考文獻第一三七項，第一三九頁）

梅森主張，企業為了找尋新的利潤來源，而強迫我們接受商品化。此論點謬矣。其實，我們乃是自願參與商品化，甚至是渴望參與商品化，因為大家長期在資本主義環境中社會化，已經變成資本主義式的計算機器了。我們每個人都已成為小型資本主義生產中心，在心中為自己的時間訂價，為自己的情緒訂價，為自己的家庭關係訂價。

其他學者也注意到商品化的趨勢。例如，南西·弗萊瑟（Nancy Fraser）就說，商品化正「長驅直入」我們的個人領域。這些學者也認為商品化將導致資本主義面臨危機，甚至覆亡，不過其中的理由和梅森不同：「（商品化）必然導致危機加劇。」（參考文獻第七九項，第一〇頁）弗萊瑟的確承認勞動力的商品化有其優點，也批評卡爾·波蘭尼（Karl Polanyi）無視「數十億奴隸、農奴、農民、被種族化的族群、貧民窟與棚戶區的居民，對這些人而言，工資（過去無償活動的市場化）能帶來解放，使他們免於奴役、封建、種族歧視、社會排斥、帝國主義統治、性別歧視、父權壓迫。」（參考文獻第七九項，第九頁）儘管如此，她認為今日個人領域的商品化是一項非自然的發展，是一種危機的徵兆，預示資本主義即將發生危機。

我認為此觀點錯誤，因為事實正好是相反的。「長驅直入」的商品化是一種個體能自由參與的過程，而且能為個體帶來自由與意義。有些人可能會認為這很膚淺（無時無刻都能開車載客或外送比薩，真的能賦予生命意義？），但這正好吻合超商業化資本主義的價值體系，而這種價值體系也受到個體所內化。如同本書先前所述，這套價值觀崇拜賺錢。因此，大家會認為販賣個人空間及時間以賺取利潤的能力，可以賦予人們權利，能使人邁向賺取財富的目標。這就是資本主義的勝利。[23]

私領域的商品化是超商業化資本主義的巔峰，並不是資本主義即將發生危機的徵兆。如果大家視私領域的商品化為一種侵襲，並想要保護自己的私領域不受商品化入侵，且認為商品化逼迫自己從事非自願活動，這才會造成危機。然而，多數人的觀點正好相反：商品化使人邁向富足與自由。

因此，我們可以得出以下結論。首先，隨著社會越來越富裕，商品化的範圍將不斷擴大，這項事實不容置喙，沒有任何好的論點能質疑。[24]其二，商品化範圍擴大雖然在許多面向上提升我們的生活水準，而且是大家自由選擇的結果，但也經常削弱人際連結，並且有時使我們失去人情味，變得冷酷無情，因為我們明白任何麻煩的小事情都可以靠付錢來解決，使我們對鄰居與家人的關懷變少。

因此，隨著商品化不斷擴大使人際互動變得短暫且分離，我們展現「和善」合作行為的空間也縮減了。如果走到極端，我們大家不過就是從事單次交易的經濟主體，不再有免費「和善待人」的空間。若論財富，這是烏托邦；若論人際關係，這是反烏托邦。

資本主義已成功將人類轉變成擁有無限需求的計算機器。大衛・藍迪斯（David Landes）在其著作《新國富論：人類窮與富的命運》（*The Wealth and Poverty of Nations*，參考文獻第一二〇項）中曾言，資本主義一大貢獻就是鼓勵大家更妥善地利用時間，並以抽象購買力來表達任何事物。今日，這項貢獻已進入我們的私人生活。活在資本主義之中，我們不需要工廠的資本主義生產模式，因為我們自己已成為資本主義的中心。

資本主義的主宰地位

資本主義是組織生產與分配的最佳，或者說唯一方法，這似乎無庸置疑，其他制度遠遠比不上。資本主義能達到此主宰地位，乃是利用人類自利的精神及擁有財產的渴望，以促使人們透過去中心化的方式創造財富，並提升一般人類的生活水準數倍之多，然而一個世紀以前，大家認為這幾乎是烏托邦。

但是，這經濟上的成就使得一項反差變得更為顯著：人們的生活水準提升，平均壽命增加，而道德或幸福卻沒有相同幅度的成長。物質上的豐富的確使人更加和善相待：因為基本需求，甚至更高層次的需求，已經獲得滿足，人不再需要像湯瑪斯．霍布斯（Thomas Hobbes）所說的那樣進行「所有人對所有人的鬥爭」。待人處事變得更文雅，人變得更體貼。

然而，這種表面上的文雅是有代價的，代價就是人行事的動機變得只有自利，就連一般事務或個人事務皆是如此。資本家精神是資本主義整體成就的印證，這種精神已深深植入我們的私人生活。把資本主義延伸至家庭生活與親密生活之中，等同於反對犧牲奉獻、熱情友善、友情親情等數世紀的傳統價值觀，因此許多人不願公開承認這些傳統價值已被自利精神所取代。這層焦慮產生大量偽善。因此，資本主義的物質成就使我們的私人生活真偽混雜。

對科技進展的莫名恐懼

工作總量謬誤及想像未來的困難

對於使用機器取代人力，人類已有二百年的經驗。每一次有大規模自動化取代原本由人類所進行的工作，或是有這樣的跡象，就有人會害怕發生大量失業，社會失序。總歸而言，就是「慘了，完蛋了」。每一次，都會有人說這些恐懼是獨一無二的，是前所未有的。但每一次衝擊過後，我們都發現這些恐懼乃是危言聳聽。

近期，許多人關心機器人的問世，討論機器人是否會取代人類，擔心這波威脅是否真的史無前例，是否會徹底改變人類文明與生活方式。然而，這種發展早就行之有年了。自從工業革命開始之後，機器就不斷在大規模取代重複性（有時甚至創意性）的勞動。機器人和其他一般機器並無不同。

人類一直煩惱機器人，或恐懼機器人，乃是因為人類喜歡把機器人擬人化。有些人說，「機器人的所有者」將能獲取巨大利益，好似這些所有者是奴隸主一樣（參見如參考文獻第八一項；參考文獻第一七三項）。但機器人並沒有所謂的「所有者」，只有投資並部署科技創新的企業，而能夠獲得利益的就是這些企業。自動化擴大有可能造成國家所得中，資本的比例增加，並導致本書第二章所述之人際不平等。但話說回來，這其實和以機器替代勞動力所造成的影響沒有什麼不同之處，人類已經經歷至少兩世紀了。

人類喜歡將機器人擬人化

機器人技術使我們直接面對三點謬誤。

第一點就是工作總量謬誤，有人認為工作的總量是固定的，所以隨著新機器取代人力，許多勞工將會面臨永久失業。看的期間越短，這項論述就越顯得合理，因為若論短期，工作的總量的確是有上限的。因此，如果越來越多工作被機器人取代，人類能做的工作就變少了。然而，如果放眼長期，工作的總量就不是固定的；我們並不清楚究竟會有多少工作消失，或有多少新工作出現，也無法確定新工作的形態與數量，因為我們不明白新科技會帶來什麼樣的影響。[25]

然而，我們可以借鏡兩世紀以來的科技進展史。綜觀歷史，新科技總是會引發恐懼，但這些恐懼從來沒有實現過。新科技總是會創造足夠的新工作，而且比起被消滅的工作，新工作的數量更多，品質更好。當然，自動化還是會造成某些人的損失。新機器（所謂的「機器人」）會取代一些勞工，並造成一些人的工資減少。然而，這些人的損失無論有多慘，都不會影響到全體社會。

究竟有多少比例的工作受到自動化的威脅？不同的估計方法會產生不同的結果，而且每個國家的比例差異甚大，單一國家的比例也莫衷一是。在美國，約有七％至四七％的工作受到威脅；在日本，約有六％至五五％的工作受到威脅。[26]如果超過七〇％的「專家」認定某些職業會受到自動化影響，那麼這些工作的風險就很高，但如果考量到「工作內容」與「職業」的細微差別，比例則大幅降低，經濟合作暨發展組織國家平均只有六％至一二％（參考文獻第一〇〇項）。這些數據只計入消失的工作，不包含（也無法包含）新科技在取代人力並創造新需求時，將會創造的新工作，因為新工作的數量無法估計。

這就帶到第二點「總量」謬誤：人類的需求是有限的。第二點謬誤和第一點息息相關，也就是我們無法預測科技帶來的影響，因為我們的需求乃取決於已知的現有科技。以經濟學角度而論，現有科技無法滿足的「需求」並非真正的需求。如果今日我們突然想要飛到冥王星，然而這項需求是無法滿足的，因此沒有經濟意義。同理，古羅馬元老如果想要將自己的演講錄音（如果當時任何人有此需求），這種需求在當時不可能滿足，因此並沒有意義，但在現代社會卻有意義。

這兩點謬誤有以下關聯：我們對於人類需求的想像，經常受到現有已知科技以及現有人類欲望的限制，而無法想像新科技會帶來何種新需求（因為新科技也是未知的）。因此，我們無法想像為了滿足新需求，會需要何種新工作。

又一次，我們可以借鏡歷史。短短十五年前，我們無法想像人會需要智慧型手機（因為無法想像智慧型手機的存在），因此無法想像智慧型手機應用程式（優步、機票訂購、遛狗服務）將會創造的新工作機會。四十年前，我們無法想像人會需要在家中安裝個人電腦，也無法想像個人電腦會創造出數以百萬計的工作機會。約一百年前，我們無法想像人會需要私家汽車，因此也無法想像底特律（Detroit）會崛起，以及福特（Ford）、通用（GM）、豐田（Toyota）等汽車公司會出現，甚至也無法想像會有米其林餐廳指南（Michelin Guide）這種東西。約二百年前，著名的早期經濟學家尚—巴蒂斯特．賽伊（Jean-Baptiste Say）曾言：「不可能有機器做到連最爛的馬匹都能做到的事：載送人貨穿梭繁忙的大城市。」[27]

其他經濟學家如大衛．李嘉圖（David Ricardo）及凱因斯（在〈我們後代的經濟前景〉中）認為人類的需求是有限的。但今日的我們應該明白事理：人類的需求是無限的；我們無法確切預測科技的發展，因此也無法預測新需求的形態。

第三點「總量」謬誤是「原物料與能源總量」謬誤，也就是所謂「地球環境承載力」的概念。當然，由於地球是有限的，因此原物料的供給的確有地質上限（但以人類渺小的觀點而言，宇宙是無限的）。

然而，如果綜觀歷史，就會發現其實地球的上限永遠比人類想像中還要大，因為人類對於地球蘊藏物質及其用處的理解，受到現有科技的限制。隨著科技發展，人類便會發現所有物質皆有更多的蘊藏量，而使用的效率也會提升。假設X是一種非再生能源或原物料，則依現在的使用速度，X將在Y年後耗盡的這種計算方式有缺陷，因為沒有考量到隨著X越來越稀少，X的價格會越來越高，進而提升創造替代品的誘因（甜菜糖、合成橡膠及水力壓裂採油法的發明就是很好的例子），或使用不同的原料來製造原本需要用到X的成品。成品的成本可能會增加，但這不過是相對價格的改變，不是什麼重大災變。環境承載力的概念沒有考量到科技發展，也沒有考量到訂價，不過就是另一個「總量」謬誤。

有些著名經濟學家也懷有這種不合邏輯的恐懼。[28]十九世紀經濟學家威廉・斯坦利・傑文斯（William Stanley Jevons）就曾經認為樹木即將耗盡，因而囤積大量紙張。結果，儘管紙張的使用量上升了數千倍（甚至數百萬倍？），世界仍然沒有耗盡樹木。傑文斯會有這樣的想法情有可原，畢竟他無法想像未來的科技竟然可以回收紙張，可以高效復育森林，也無法想像電子通訊會減少紙張使用量。我們不比傑文斯聰明。我們同樣無法想像石油的替代品，或鎂礦或鐵礦的替代品，但我們應了解替代品的研發過程，並以類比論證。

我認為，對機器人技術及科技的恐懼來自兩項人性的弱點。第一項是認知上的弱點：我們無從得知未來科技如何變遷，因此也無從預測未來會創造何種新工作、出現何種新需求，或以何種方法使用原物料。第二項是心理上的弱點：害怕未知給人類帶來刺激感，恐怖又誘人的金屬機器人在工廠中取代勞工的血肉之軀。人類有一種尋求刺激感的欲望，這就是為何我們喜歡看恐怖電影，也就是凱因斯所說的「想要被驚嚇或刺激的心態」。我們喜歡嚇自己，想著自然資源終將耗盡，成長將會遇到上限，人類將會被機器人取代。這樣想或許能帶來趣味，也或許能讓人覺得自己很高尚，能成熟思考，未雨綢繆，但歷史的經驗告訴我們，若理性而論，毋須害怕機器人取代勞工的世界。

全民基本收入的問題

由於許多人恐懼未來會發生大量失業，使得「全民基本收入」（universal basic income, UBI）[29]的概念興起。全民基本收入有四項特色：（一）全民：每一位公民皆能獲得收入；（二）無條件：每一位公民都能無條件獲得收入；（三）以現金形式發放；（四）它是一種收入來源：為持續供給，而非單次津貼（單次津貼也可能擁有前三項特色，但每位公民只能領取單次）。

全民基本收入的概念很受左派歡迎，因為看起來很慷慨，而且如果金額達到一定水準，便能減少貧窮，甚至降低不均。全民基本收入似乎採取由下而上的方式解決問題：這套制度不是限制最頂層的所得，而是提升最底層的所得。如果最底層的所得提升到一定水準，富人的稅金也會相對加重（為全民基本收入提供經費），間接減緩收入不均的情形。全民基本收入也吸引右派支持者，但支持的理由完全相反。如果實施這套制度，大家或許就不會再抱怨超高所得族群，不會再企圖限制超高所得，也不會不斷修補稅制及福利制度。富人一旦同意無條件提供收入給所有人，使大家無論優劣都能過著像樣的生活，往後的不均皆可以完全交由市場競爭或獨占競爭來決定。因此，右派視全民基本收入為一種能最大化高所得，同時又提升其社會接受度的手段。

顯然，一套制度如果吸引到兩派目標完全相反的人士，最後必定會使其中一派大失所望，甚至兩派皆無法討好。但現在全民基本收入尚在討論階段，兩派都覺得未來發展會證明自己是正確的，所以全民基本收入對雙邊的政治吸引力可能不會減少。這就是目前的情況。

但無論其政治吸引力為何，全民基本收入有一些問題，使其難以實行。

首先，人類幾乎沒有實施全民基本收入的經驗。二〇一九年世界銀行的《世界發展報告》（World Development Report）主要探討自動化與全民基本收入的議題。根據報告，全世界目前只進行過僅僅兩個全國性的全民基本收入實驗。其中一個是蒙古，蒙古曾實施每人每月十六・五美元的全民基本收入實驗，計畫持續了兩年，直到經費（高國際價格的稀有礦物）耗盡為止。另一個國家是伊朗，伊朗曾將能源補貼換成現金發放，涵蓋率達全國人口總數九六％，發放金額為每人每月四十五美元，計畫持續了一年。[30]就這兩個，除此以外沒有其他實驗了。

其他類似的實驗規模小得可憐。芬蘭曾經進行試點計畫，對象是兩千名失業的芬蘭公民。加州奧克蘭市（Oakland）也曾經辦過實驗，但對象只有區區一百個家庭。此外，芬蘭的實驗對象只包含失業人士，因此這項計畫既不全民，亦非無條件。阿拉斯加州有一個自然資源基金，每年都會為州民發放年度津貼，但這是一筆額外之財，而且發放額度取決於當年度基金表現，並不是用來支付生活開銷的每月固定收入。這些經驗其實完全沒有意義，完全無法比擬全民基本收入支持者所提倡的制度：全民、永續、提供「可接受的」最低收入，永久每月發放（以社會的角度而言），直到死亡（以個人而言）。

有人可能會說，沒有試驗不代表無法推行。此論點當然有理，但我們目前確實也沒有任何經驗告訴我們全民基本收入要如何推行。

第二個問題就是成本。這個情況比較複雜。基於經費原因，全民基本收入不可能與兒童福利、身心障礙保險等所有其他現有福利制度共存。這就引發一則難題：如果全民基本收入要達到收支平衡，則必須縮減哪些其他福利制度？縮減幅度為何？顯然，如果廢除或縮減現有福利制度，並將全民基本收入的發放金額設定在適當的同等水準，這樣就必定可以使全民基本收入達到收支平衡。如此一來，問題就變成，大家是否認為這樣的水準足以讓人過著「像樣」的生活水準？如果不夠的話，左派人士不會退縮，而是會推動加稅，畢竟收支平衡不是左派的重點。然而，對於計畫如此龐大的花費以及提高稅率的做法，右派人士是否能接受就不得而知了。

全民基本收入必須搭配內建機制，使發放金額隨通貨膨脹而增加，並與國內生產毛額的實質成長掛鉤。例如，每過二至三年，全民基本收入就會隨人均國內生產毛額的成長幅度調整，人均國內生產毛額增加多少百分點，全民基本收入就增加多少百分點（或許也有可能略低？）。反之，如果人均國內生產毛額減少，全民基本收入也會跟著減少。

第三個問題是哲學性的問題。富國現有福利制度的基礎是社會保險的概念。奧佛和松德柏格

（參考文獻第一五三項）主張，社會保險原則是社會民主的骨幹。人民（有時候只限有工作的人）如果遇到意料之外的突發狀況，導致失去工作能力或維持生活水準的能力，便能申請保險。生病、身心障礙、停薪育嬰、老年、失業，都有相對應的保險。社會保險必須是「社會的」，也就是全民的，這樣才能避免自我選擇造成制度發生財務問題：如果自認為失業風險低的人可以選擇不繳保費，那麼就只剩下高失業風險的人投保，如此一來保費就會過高。因此，全民參與及重新分配是社會保險制度的基石。

此外，對於其他受遺漏、即便有社會保險計畫也仍無法獲得一定收入的人，制度中還有所謂的社會救助給付，申請這種給付需要經過資產審查，且給付的目的和社會保險不同，是很直接的貧窮扶助。

如果推行全民基本收入，福利國家的基礎概念將徹底改變。全民基本收入並非保險，而是完全忽略風險。全民基本收入制度將金錢平等發放給每一位公民，但富人拿到的錢還是會被稅賦抵銷。當然，這不代表我們就要因此反對全民基本收入。福利制度的基礎理念當然可以改變，或許也應該改變。然而，我們必須銘記在心，以全民基本收入取代現行制度，不只是技術上或是財務上的改變，更是徹底改變一世紀以來福利國家的基本理念。

全民基本收入是一套完全不同的福利國家概念

第四個問題也是哲學問題，但考量點更為宏觀：如果推行全民基本收入，會產生什麼樣的社會？如同先前所述，左派與右派對於全民基本收入的結果有非常不同的想像。左派認為全民基本收入將限制最頂層的收入，並降低不平等；右派則認為正好相反。此外，我們也不清楚全民基本收入對於人的求職態度及工作態度有何影響。一方面，像全民基本收入這種定期的給付，對於工作的抉擇照理來說不會有影響（休閒與工作之間的替代效應應該為零，因為全民基本收入無論有無工作都會給付，而且如果收入夠低，就不會被稅賦抵銷）。另一方面，比起完全沒有收入或是低額的社會救助，全民基本收入大幅提升人民的所得水準，便有可能造成人民增加休閒時間，也就是降低工時。

平衡下來，全民基本收入對工作的影響有可能不大，但也有可能使社會變得兩極化。例如，可能會有二〇％的工作年齡人口選擇完全不工作。此外，還要再加上因為繼承高資本收入而選擇不工作的人口（如第二章「千秋萬世的上層階級？」一節所述）。如此一來，社會將被分為三部分：頂層和底層的人完全不工作，而中產階級則繼續工作。這樣的社會不鼓勵工作，不把工作當成一件本質上是好的事情，而且可能有三分之一的年輕人長期不參與勞動。這種社會是好的社會嗎？

在決定支持或反對全民基本收入之前，必須考量以上問題。以上所提出的反對論點，單獨而論皆不足以證明全民基本收入不可行，因為每一項問題都可以解決、應對，或被證明不太可能發生。然而，若綜合而論，這些問題便質疑莽撞推行全民收入是否為明智之舉。

奢華與享樂

兩種情境：戰爭與和平

如果繼續討論全球資本主義的演變，就必須認真考量世界爆發全球性核武戰爭的可能。核武戰爭就算沒有摧毀地球上所有生命，也會徹底改變世界的未來，與和平共處的情境完全不同。至少可以說，如果世界發生核戰，發展會急劇中斷（雖然我們不應認為核武戰爭和資本主義制度沒有因果關係）。第一次世界大戰的歷史可以引以為鑑。第一次世界大戰大幅改變了世界歷史的軌跡。如果沒有發生第一次世界大戰，世界歷史的走向將會大大不同。這場戰爭直接引發一九一七年共產革命，進而導致許多國家建立不同的社會經濟系統，並在二十世紀後半對資本主義發起認真且有理的挑戰。這場戰爭（加上二十年後的續集，第二次世界大戰）也使歐洲的全球地位衰退，並讓美國成為世界霸權。幾乎可以肯定地說，這場戰爭一方面削弱歐洲殖民母國的力量，另一方面顛覆殖民統治的合法性，進而加速了殖民地解放的進程。

第一次世界大戰的爆發並非偶然：其根源乃是戰前的情勢。約翰・霍布森（John Hobson，參考文獻第一〇五項）曾言，第一次世界大戰的起因是歐洲帝國主義，歐洲帝國主義的起因是國內所得不均與財富不均擴大，而國內所得不均與財富不均擴大的原因則是全球資本主義的發展。富人（平均消費欲不高）把持大量所得，造成儲蓄高漲，但國內可獲利的投資標的卻很少。因此，富人運用資產的最佳方式就是投資國外。外國便成為全球資本主義的新舞臺，但為了確保資本的安全，資本輸出國就必須征服這些國家，將它們納入殖民統治，或實質掌控其政治。若干強權皆在同一時期透過這種方法擴大勢力，引發帝國主義競爭。這種情況轉化為歐洲政治，便引爆戰爭。[31]

戰前的經濟情況與戰爭的「必要性」有強烈關係。有論點認為，資本主義使各國的經濟互相高度依賴，因而需要和平（或促進和平），但如同本書第三章所論，第一次世界大戰的發生大力駁斥此一說法。其實，一九一四年以前大家也都以為資本主義帶來和平：大家都心知肚明戰爭將會導致各方慘重損失，但要下最後決定時，大家都蒙著眼睛跳下懸崖。

同樣的邏輯也適用今日。大家都知道強權如果發生戰爭，所有捲入的國家都會付出巨大代價，而且沒參與戰爭的國家也會遭受幾乎同等的波及。二十世紀是史上殺人最多的一個世紀，總共估計有二億三千一百萬人死於戰亂，占整個世紀總出生人口八十九億的二・六%。[32]二十一世紀如果發生戰爭，絕對死亡人數可能會遠高於此，相對人數可能也會如此。悲慘的是，資本主義在上一次達到全球擴張及影響力的巔峰時，引爆了當時史上毀滅性最大的衝突。今日，同樣的內部機制也有可能產生同樣的衝突，其機率不容忽視。

如果沒有導致人類全體滅亡，這種戰爭並不會使過去數百年的科技進步全數歸零，因為全球化已將科技的知識散播至世界各地。即便北美、歐洲、俄羅斯化為平地且變得不適人居（人均所得將急劇下降，倖存人口有可能大量遷徙至拉丁美洲、非洲、亞洲），科技知識（無論是汽車製造、電腦製造，還是基改作物）並不會失傳。各國之間的相對權力必定會徹底改變（如同二十世紀的兩次世界大戰）。然而，儘管科技發展會受到重挫，但不會完全停止。

由於全球資本主義，科技發展已散播至全世界各地；由於全球資本主義（這說來有點諷刺），即便人類發生大規模屠殺，科技發展仍能得到保存。[33]在這悲慘的情境下，全球資本主義既是毀滅的起因，亦是文明的救星。愛因斯坦曾打趣說，第四次世界大戰將會用石頭和木棍來打，但其實他錯了。就算全球一半人口遭到殺害，科技知識也不會失傳。

總歸而言，全球戰爭究竟會不會再次發生，取決於人類是否已夠成熟，了解到此類災難將使「贏家」和「輸家」的概念顯得荒謬至極，抑或是人類需要經歷一次實際示範，才會了解這個道理。

如果世界沒有爆發全球性的戰爭，全球資本主義在接下來數十年間的走向為何？如果要回答此問題，就必須探討本書提到的兩種不同資本主義之間的競爭。

政治資本主義與自由資本主義

本書第二章及第三章提到，自由資本主義的擁護者，以美國為代表，而政治資本主義的擁護者，則以中國為代表。在更為抽象的層面上，我們應將兩種資本主義制度與其主要擁護國脫鉤，獨立探討兩種制度的優勢。自由資本主義的優勢在於民主的政治體制。多數人（但並非全部人）都視民主為「基本益品」（primary good），民主本身就是好的，因此不需要理由，不需要去證明民主有益經濟成長或是預期壽命。這是其中一項優勢，但民主還有另一項工具性（instrumental）的優勢。民主國家的政府必須反映民意，因此能有效修正傷害人民福祉的經濟與社會趨勢。就算人民的決定有時產生阻礙經濟發展的、加劇汙染或降低預期壽命的政策，但民主的決策程序應能在相對有限的期間內修正之。如果民主無法有效修正負面發展，就代表多數人民長期不斷做出錯誤（或非理性）的抉擇，但這似乎不太可能發生。

相較自由資本主義的優勢，政治資本主義宣稱自己管理經濟的方式更有效率，經濟成長率較高。這是不小的優勢，尤其現在高收入與財富是大家追求的終極目標，這不只是全球資本主義的基本理念，更是體現在幾乎所有經濟全球化參與者（其實也就是全體人類）的日常行為。羅爾斯主張，基本益品（基本自由與收入）是有「詞典式排序」的：人重視基本自由絕對勝過財富與收入，因此不會接受妥協。[34] 但日常經驗似乎顯示，許多人願意犧牲部分民主決策，以換取更高的所得。

舉一個很簡單的例子：企業通常是以階層化的方式組織生產，其實這並不民主。員工並沒有投票決定想要生產何種產品，或是要以何種方式生產產品（例如，使用機器還是不用機器）。這樣的原因似乎是因為階層化的制度能增加效率，提升工資。賈克・艾路爾（Jacques Ellul，參考文獻第七二項，第二〇九頁）五十年前曾寫道：「技術是民主的邊界。技術贏走的，就是民主失去的。如果工程師很受勞工歡迎，他們必定不懂機械。」同樣的比喻也能套用到整體社會：其他的民主權利可以（也已經）受到自願犧牲，以換取更高的所得。在此方面，政治資本主義宣稱自己有優勢。

所得與政治自由之間的取捨

然而，問題在於，為了證明其優勢，並抵擋自由資本主義的挑戰（意即使人民支持政治資本主義而非自由資本主義），政治資本主義必須不斷展現高經濟成長。自由資本主義的優勢是「自然的」，或許可以說是內建在制度裡面的，但政治資本主義的優勢是工具性的：採行政治資本主義的國家必須不斷表明其優勢。因此，政治資本主義具有先天殘疾，必須以實證經驗證明自己的優勢。此外，政治資本主義還面臨另外兩項問題：（一）因為缺乏民主制衡制度，所以一旦選擇錯誤道路，就比較難修正方向；（二）因為缺乏法治，所以本質上很容易出現貪腐。相較自由資本主義，政治資本主義比較容易產生糟糕的政策與糟糕的社會結果，而且由於缺乏修正誘因，導致無法改變方向。政治資本主義也很容易因為系統性貪腐導致人民不滿。這兩種「禍害」在自由資本主義體制中較不重要。

因此，政治資本主義必須展現自己的賣點，也就是標榜能提供更好的社會管理、更高的經濟成長率、更有效率的政府行政（包含司法行政）。對於短期問題，自由資本主義可以採取較放鬆的態度，但政治資本主義如果要成功，就必須時刻保持警戒，不得懈怠。然而，以社會達爾文主義（social Darwinist）的角度而言，這或許是一種優勢：政治資本主義不斷承受壓力，必須不斷拿出更好的成績單給自己的選民看，因此有可能因而精練其經濟管理能力，並終年比自由資本主義生產更多的商品與服務。因此，起初的劣勢有可能轉化為優勢。

三種情境

薩謬爾・包爾斯（Samuel Bowles）與赫伯特・季廷斯（Herbert Gintis）在一九八六年的著作《民主與資本主義》（*Democracy and Capitalism*）中預言全球化將有三種可能走向。其一是新自由主義，由西方主導，並以自由菁英資本主義為核心。其二是新霍布斯主義，其定義為「財產權的主宰範圍擴張，個人權利縮減，不負責的國家制度出現」（第一九八至一九九頁）。此走向就和本書所謂的政治資本主義極為相似。包爾斯和季廷斯更是將此走向描述為：「如艾德蒙．伯克（Edmund Burke）一樣接受傳統價值，〔但又〕接近昂列．聖西蒙（Henri de Saint-Simon）所提出的前瞻性社會工程。」（第一九八頁）新霍布斯式的資本主義擁護相對傳統的社會價值，使財產權在許多領域擴張（即為本書所述之商品化擴張），並企圖透過社會工程「改善」社會。這些就是成功的政治資本主義之特色。

包爾斯和季廷斯所提出的第三種走向，是「食利者」（rentiers）將資本租賃或租借給實行民主制度的企業。這種資本主義目前不存在，但其實可以想像，隨著資本增加，人口成長停滯，社會中生產要素的僱用有可能反轉：意即勞工僱用資本，而不是資本僱用勞工。這種反轉目前之所以沒有發生，不只是因為目前資本所有者的議價能力較高（意即相較勞動力，資本較為稀有），同時也是由於勞工之間的協調問題。資本家人數較少，各方利益協調起來比較容易，但勞工為數眾多，各方利益協調困難，亞當．斯密當年就發現這點。

另外一項障礙，就是勞工缺乏擔保品，因此資本家不太敢借貸給他們。除此之外，根據定義，實行民主制度的企業並非由資本家所控制，這更是讓資本家不願意出借自己的資本。[35]然而，儘管有這些問題，二十一世紀還是有可能發生勞動力與資本之間相對議價能力的改變（資本越累積越多，但人口成長停滯），且實行民主制度的職場有可能出現，替代自由資本主義及政治資本主義的體制。這樣的社會中，生產工具仍維持私有，但僱傭勞動將不復存在。根據資本主義的標準定義，兩者皆具備的社會才能稱作資本主義社會，因此這種社會究竟能否稱作「資本主義」社會，答案並不明確。

全球不平等與地緣政治變遷

本書前幾章曾探討經濟與地緣政治的變遷如何大幅減少歐洲與復興的亞洲之間的所得差距，以及這些變遷所帶來的影響。我們可以合理預期這些趨勢持續發展。若果真如此，中國的所得水準將逼近西方國家，而隨後泰國、印尼、越南、印度等亞洲國也將跟上。這種趨同的走勢會讓世界的相對所得差距回到工業革命之前的水準。工業革命之前，中國與印度的所得和歐洲相近。圖二十一顯示中國與印度的人均國內生產毛額占英國人均國內生產毛額的比例。

中國的資料始於一八二〇年，印度的資料始於一八七〇年，圖中有四個重要的時間點：（一）一九一〇年代初，第一次世界大戰之前；（二）一九四〇年代末，中國發生共產革命，印度獨立之時；（三）一九七〇年代末，中國改革開放之初；（四）今日。圖中還有印尼的數據，並以同樣的方式及同樣的時間點與荷蘭進行比較。工業革命之時，亞洲國家的人均所得約占英國四〇％（英國為當時歐洲發展程度最高的國家）。接著，亞洲國家的相對所得水準急劇下降。從二十世紀中期至一九七〇年代末與一九八〇年代初，亞洲國家人均所得不到英國或荷蘭的十分之一。然而，過去四十年來，情勢劇烈改變，尤其是中國。現在，中國的相對收入水準幾乎回到十九世紀早期的水準。以某種層面而言，我們正見證第一次工業革命的效果漸漸褪去。圖二十一概括了過去兩世紀的發展歷程。

所得差距縮減也導致全球所得不平等，自一八二〇年以來首次下滑（見圖

圖二十一　工業革命至今，中國與印度人均國內生產毛額占英國人均國內生產毛額的比例。印尼的數據則是印尼人均國內生產毛額占荷蘭人均國內生產毛額的比例

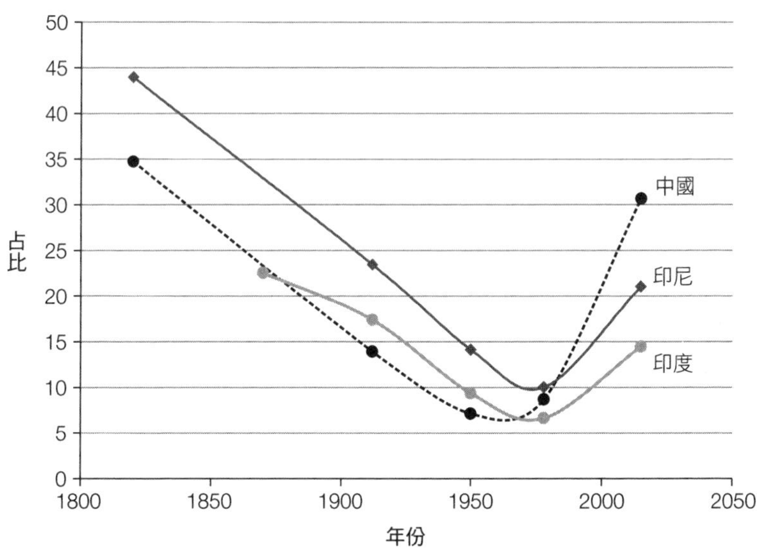

資料來源：麥迪遜計畫（Maddison Project，參考文獻第132項）；所有人均國內生產毛額數據皆以2011年購買力平價表示（variable cgdppc，用以進行特定時間點跨國比較的實質國內生產毛額變數）。

一）。[36]二十世紀的最後二十年間，如果沒有中國的成長，全球不平等其實是擴大的（參考文獻第一四四項）。在這段期間，中國的成長不僅單憑己力阻止全球不平等擴大，更是占全球絕對貧窮線以下人口縮減量的九五%（參考文獻第四六項）。二十世紀末、二十一世紀初，印度也發揮和中國同樣的作用。由於印度人口龐大，相對貧窮，且成長率高，現在全球不平等的縮減以及貧窮的減少有很大一部分來自印度。

全球不平等的縮減，其重要性不在於單一指標的降低（吉尼係數），而是在於世界各族群的實質所得差距縮減。這有可能是史上頭一遭，全球中產階級首次成形。然而，此發展會帶來何種政治影響，我們並不清楚。一般認為，各國國內的財產權保護與政治穩定仰賴大量的中產階級（因為中產階級會保護自己的財產不被窮人奪走，並防止富人壟斷治理）；然而，全球中產階級是否能發揮此作用，我們並不清楚，畢竟地球沒有出現世界政府。比起這個，更有可能發生的是，所得差距減少及全球中產階級的興起使更多人展現同樣的行為模式與消費模式，此現象現在已經顯而易見，但在未來隨著人口眾多的亞洲國家趕上歐洲與北美，這種情形會更普遍，並包含更多人。

所得差距的縮減已有大幅進展：二〇一七年，中國的實質人均國內生產毛額（經物價調整）只比歐盟中最窮的國家保加利亞低一〇%，且占整體歐盟經人口加權的人均國內生產毛額的四一％。如果保守估計中國的人均國內生產毛額年增率為六％，而歐盟則是二％，那麼短短一個世代（二十四年）後，中國的人均國內生產毛額便會和歐盟平均相同。因此，時至二〇四〇年，整個北半球，包含北美、歐洲（俄羅斯除外）、日本、南韓、中國，將會擁有相近的所得水準，而南亞與東南亞也不會落後太多。這將是劃時代的改變。

全球不平等的一大未知數是非洲的發展。非洲之所以重要，有兩個原因。其一，目前很少有跡象顯示非洲能持久地啟動縮減所得差距的進程，也就是多數國家的人均所得成長長期（例如二十年）高於西方；其二，非洲的預期人口成長是全球各洲之冠。如果非洲無法趕上富庶世界（在此必須強調，是人均所得趕上），同時人口數量又持續上升，且成長率高於世界其他地區，那麼全球所得不平等的縮減趨勢將會停止，然後反轉。這將會是很不幸的發展。或許，我們必須等到非洲揭開全球第三波高速區域成長（第一波是西方，第二波是亞洲），才能創造全球規模的國家平均所得差距縮減。

總歸而言，在接下來的數十年間，歐洲、亞洲、北美的所得差距將會縮減，而這些地區的人口約占全球人口總數的一半。漠南非洲目前則占世界人口一四％，但到了二〇四〇年，很有可能會上升至二〇％。至於漠南非洲是否會加入差距縮減的趨勢，我們不得而知。[37]

在這樣的脈絡下，我們應探討中國對非洲經濟發展的影響。中國對非洲的政策是大量投資基礎建設、土地開發，並提升食物與自然資源產量。這樣的策略的確能提升主要非洲國家的經濟成長，並加速全球所得差距縮減。此外，非洲國家成長率提升，也有可能減緩非洲人移民至歐洲富國的潮流。中國在非洲的經濟策略如果能成功，對歐洲將有明顯助益。本書第四章曾提到，歐洲是全世界最需要外國勞動力的地區，但同時也是最不願意放寬移民的地區。由此可見，世界各地區變得越來越互相依存：中國與印度的成功，不只對國內人民及全球中產階級有益，更是有可能促使非洲開始發展，並直接減緩歐洲所面對的移民壓力。

世界各地所得差距減少也有可能降低發生毀滅性全球戰爭的風險。亞當・斯密體認到，十八世紀的歐洲富國強兵，因此能幹盡各種不公不義的事情，但如果世界各地的財富及勢力更為平等，各國就會互相戒惕，進而維持和平：「或彼國強盛，或歐洲式微，使萬邦諸民齊勇齊兵，相互恐懼，故怯行不公不義之事，進而相互尊重彼方之權利。」[38]

總結：本書提倡何種社會體制？

最後，我要總結西方資本主義社會的發展歷程，並展望未來的走向。首先，自由資本主義分為五種，三種為真實存在的（如本書第二章所列），餘二種為假想：人民資本主義及平等資本主義，兩者並不存在於現實世界。稍後我將提出政策建議，冀望能使我們進入其中任一。

- **古典資本主義**：勞工完全透過勞動賺錢，資本家完全透過資本賺錢，且所有資本家都比所有勞工富裕，意即勞工的所得分配和資本家的所得分配完全分開，稅賦及福利制度只能進行低度重分配，人際高度不平等，下一代繼承上一代的財富優勢。這種資本主義也稱作「李嘉圖—馬克思資本主義」（Ricardo-Marx capitalism）。
- **社會民主資本主義**：勞工完全透過勞動賺錢，資本家完全透過資本賺錢，但不是所有的資本家都比所有的勞工富裕。稅賦及福利制度透過免費或平價的公共醫療及教育進行高度重分配，人際中度不平等，且教育機會較為平等，促進跨代所得流動性。
- **自由菁英資本主義**：多數人皆同時透過勞動及資本賺取所得。所得水準越高，資本所得的比例也越高，因此極端富裕的人多數收入來源絕大部分為資本所得。然而，最富裕的人（例如前五%）也有很大一部分的收入來自勞動所得。資本占比會隨著社會富裕而增加，且個人資本所得及個人勞動所得呈現正相關，導致人際不平等擴大。稅賦及福利制度能重新分配很大一部分的總所得，但社會分離主義（social separatism）興起，使富人喜歡投資私立教育機構及私人醫療機構。跨代所得流動性低於社會民主資本主義。
- **人民資本主義**：所有人的資本所得與勞動所得**比例**相近，但每個人的總所得仍然有所不同，因為有些人的資本所得加勞動所得的總量比較高。資本占比增加並不會導致人際不平等擴大，所以不平等不太會提升。有限度的直接重分配，但免費醫療及免費教育能促進跨代所得流動。

- **平等資本主義**：所有人的資本所得與勞動所得**總量**相近，因此資本占比增加並不會導致不平等擴大。人際低度不平等，國家僅透過社會保險進行重分配。由於所得相對平等，機會也呈現平等。自由放任主義、資本主義、社會主義幾乎融為一體。

這點說來很抽象：資本主義的未來演變，取決於自由菁英資本主義是否能踏入更先進的階段，也就是人民資本主義。人民資本主義體制有三個特點：（一）資本所得集中度（以及財富集中度）較低；（二）所得不平等較低；（三）跨代所得流動性較高。第三項特色也能防止久存的菁英階層出現。如果要進入這種階段（前提是大家認為這樣做是好的），光靠漸進政策是不夠的，無論政策的立意有多良善，無論政策的設計有多優良。如果要達成人民資本主義或平等資本主義，必須制定清楚且可測的目標才行，而達成進度的衡量其實相對簡單，使用今日已有的知識與技術便能衡量。其中最重要的兩個指標，就是財富與資本所得的集中度是否降低，以及跨代（相對）所得流動是否提升。兩者皆為長期指標，所以年度變化可能不是重點，但也可以用年度來設定目標，然後每隔數年檢視是否有進步。

本書前幾章已探討要推動何種政策才能達到此目標。這些政策全部都相對簡單，總分為四大類：

一、推動中產階級減稅，尤其是取得金融財富及房產財富方面。同時，富人則必須加稅，而遺產稅也必須重新提高。此政策的目標是降低財富集中在富人的情形。

二、大幅增加公立學校經費，並提升公立學校教育品質。公立學校的學費必須夠低，不只讓中產階級負擔得起，更要讓所得分配底部三〇%的人負擔得起。此政策的目標是降低世代間的優勢繼承，並實現機會平等。

三、實施「半公民權」，終結公民與非公民之間的二元分界。此政策的目標是在開放移民的同時避免國內民族主義反彈。

四、嚴格限制政治活動經費，禁止私人贊助政治活動。此政策的目標是防止富人掌控政治，產生久存的上層階級。

或是自由資本主義與政治資本主義結合？這是自由資本主義另一種完全不同的演變方向：邁向金權資本主義，最終演變成政治資本主義。此情景不無可能：隨著今日自由資本主義中，金權政治的特性越來越強，這種演變方向就越有可能發生。此演變非常符合自由資本主義所產生之新興菁英的利益，使菁英更加自主，並獨立於社會。如同本書第二章所言，菁英如果要保護自己的地位，就必須掌控政治領域，也就是我所謂的「財富和權力的結合」。在自由資本主義體制中，經濟權力與政治權力結合程度越高，自由資本主義就會越邁向金權資本主義，並和政治資本主義越來越相似。在政治資本主義中，菁英透過政治管制獲得經濟利益；在自由資本主義轉變而成的金權資本主義中，菁英則是透過經濟權力來征服政治。兩種體制的終點是一樣的：菁英階層的團結與鞏固。

菁英階層可能也認為，自己能透過政治資本主義的技術官僚工具更有效統治社會。如果年輕人受夠了主流政黨一成不變的政策，並因此對民主程序幻滅，認為民主程序無法促成有意義的改變，那麼自由資本主義就更有可能轉變成政治資本主義。政治資本主義的目標是讓人民不要去想政治。如果人們對民主政治幻滅且興趣缺缺，此目標就更容易達成。

如果自由資本主義演變成政治資本主義，就會呈現本書第三章所提的多數特色或全部特色。政府必須高效治理經濟，促進高經濟成長，才能讓人民滿足。要實行這些措施，就必須組織高效率的官僚體系。這種體制自然也會伴隨貪腐猖獗，且長期下來有可能威脅政權穩定。

附錄一 共產主義在全球歷史中的定位

本書第三章探討共產主義在全球歷史中的定位。我的觀點對於二十世紀，甚至二十世紀歷史的詮釋有兩大意涵。

其一，馬克思認為資本主義導致帝國主義競爭，進而產生戰爭。我的結論在許多層面強烈證明馬克思終究是對的，第一次世界大戰正好證明這點。國家的自主性遭到制約，國內的資本家經常掌控政治程序，這兩點也都獲得證明是正確的。

其二，我曾解釋，馬克思主義觀點存在兩大缺陷。第一項缺陷，馬克思主義觀點並沒有考量到資本主義的轉型，並產生社會民主資本主義能力。如本書第二章所述，二十世紀與二十一世紀的現代資本主義有三個變種，其中一種就是社會民主資本主義。社會民主資本主義使底層階級與中產階級的所得大幅增加。實施社會民主資本主義的國家達到人類歷史上前所未有的繁榮與政治自由。

第二項缺陷，馬克思主義理論完全誤判共產主義在歷史中的定位。如果以馬克思主義的定義而言，其實這裡所說的「共產主義」必須稱作「社會主義」。馬克思主義認為，資本主義爆發危機與戰爭後，就會被社會主義所取代。然而，實際情況是，社會主義為第三世界的資本主義發展創造條件。在第三世界某些國家裡，共產主義意識形態與共產黨促進了資本主義的發展。由此而論，共產主義對於第三世界的作用，猶若資產階級（bourgeoisie）對於西方世界的作用。因此，社會主義並沒有成為資本主義與共產主義烏托邦之間的轉型階段，反倒在第三世界成為封建體制與資本主義之間的轉型階段。

在某些層面上，這樣的結果證明俄羅斯「法律馬克思主義者」（legal Marxists）的觀點正確。他們的主張看似矛盾：在低度開發的國家中，共產組織的角色應是促進資本主義發展。

這種詭譎的歷史怎麼發生？為何我們到現在才真正看清共產主義的作用？

這是因為許多人認為西方發展路線是普世通用的。此錯誤觀點使我們無法看清西方與其他地區的不同。在西方，資產階級革命是原生的，但在其他地區，外國資本進來的主要目的是征服，外國資本實施或移植西方原生的資本主義制度不過是順便，且不是最主要的推動力。的確，如果當初西方帝國主義及殖民主義更為強大，且其主要目標是建立資本主義制度而剝削（如羅莎·盧森堡（Rosa Luxemburg）所主張，與前資本主義社會形態交流，經常使剝削變得更容易」，那麼第三世界就有可能採行西方發展道路，且殖民主義有可能將第三世界轉變成自己的形象。如此一來，當初「文明使命」就會成功。

無可否認，資本主義的確成功移植於若干地區。這些地區有些是小型且獨立的地區（例如香港與新加坡），有些則是原住民人口稀疏或遭到滅絕，且歐洲人在和其他歐洲人進行交易的同時，成功移植西方體制（例如阿根廷、烏拉圭、澳洲、紐西蘭）。[1]但在其他地區，歐洲人無法移植自己的制度，或因為剝削比較有利可圖而選擇保存其原有的封建體制，這些地區也就只有在邊緣實施資本主義制度（有些地區甚至是地理上的邊緣。例如在非洲，資本主義制度只有在沿岸發展），而其餘的人口仍然活在原有的體制之下。越南、印度、印尼曾被三個不同的歐洲帝國征服，這些國家的資本主義制度僅僅是覆蓋在原有社會制度之上的薄層，九〇%的人民仍活在薄層底下。

馬克思主義歷史編纂學家，甚至是馬克思本人在討論印度時，皆認為英國殖民者想要、也有能力將印度轉變為資本主義社會，但事實並非如此。馬克思曾於一八五三年六月寫道：

> 英格蘭在印度斯坦引發社會革命，其背後動機其實惡劣至極，而其手段則愚蠢至極。但

> 這並非問題所在。真正的問題在於，如果亞洲不爆發徹底的社會革命，人類是否有辦法實現自己的命運？如果無法的話，英格蘭無論犯下何種罪行，都只不過是歷史導致該革命的無意識工具。[2]

數月後，馬克思撰寫另一篇文章說：「英格蘭必須在印度達成雙重使命：一個是毀滅，另一個是再生，毀滅古老的亞洲社會，並在亞洲建立西方社會的物質基礎。」[3]然而，英國殖民者並沒有做到，印度太大了。同理，華倫在其著作《帝國主義》（參考文獻第二〇二項）中提出與正宗馬克思主義一致的看法。他強烈支持西方發展道路，主張放棄西方發展道路是致命錯誤，而此錯誤源自布爾什維克黨（Bolsheviks），因為他們將無產階級鬥爭與反帝國主義鬥爭混為一談。華倫認為，正宗馬克思主義中只有無產階級鬥爭，而且西方世界及第三世界皆需進行無產階級鬥爭。他主張，這個錯誤使第三世界國家的勞工運動和當地資產階級的反殖民運動融合，反而緩解了社會衝突。

的確，無產階級鬥爭與反帝國主義鬥爭的結合，是一項重要的決策，起源於一九二〇年「第一次東方人民代表大會」（First Congress of the Peoples of the East）中的巴庫會議（Baku Meetings），並於同年舉行的「共產國際第二次代表大會」（Second Congress of the Comintern）受到持續討論。此二大會揚棄了共產國際原本歐洲中心主義的觀點，也就是西方發展道路。華倫認為這是一項錯誤，但是他錯了。此決策使第三世界的左派及共產運動得以正大光明地結合社會革命及民族解放運動。我在本書曾主張，這樣的獨特結合使他們取得權力。

歷史的詭譎之處在於，這些人以為自己在建立無階級的國際主義共產社會，但並不「知道」自己好似「受到一隻看不見的手所引領」，其實正為母國的民族資本主義創造條件。由此脈絡看來，佛拉迪米爾・伊里奇・列寧（**Vladimir Ilyich Lenin**）於共產國際決定轉向「東方勞動者」，並將世界劃分為「帝國主義國家」及「受殖民的國家」，竟深深確立接下來的發展：不是帶來共產主義，而是帶來資本主義。[4]因此我們可以提出一個起初看似矛盾的論點：列寧可能就是自己論述中最重要的「走資派」，因為他主張結合西方的無產階級鬥爭與非洲、亞洲的民族解放運動，引發一連串的發展，導致五六十年後越南、中國、安哥拉、阿爾及利亞等各類差異甚大的國家出現資本主義。如果沒有此決策，資本主義無法散播至全世界，或者散播的速度會非常緩慢。

共產主義「轉向東方」與資本主義散播全球

此結果是否完全推翻馬克思主義史觀？我覺得沒有。馬克思主義很重視經濟發展階段的演替。在《政治經濟學批判》（*Critique of Political Economy*）的序言中，馬克思概括定義了此演替進程，但一直到馬克思及恩格斯逝世後，此進程仍未確立。如同我在本書所論，此階段演替是錯誤的，但其實，馬克思唯物史觀最重要的部分並不是這個階段演替。艾瑞克・霍布斯邦（Eric Hobsbawm）曾言：「廣義的唯物史觀只需要生產模式的演替，不一定要……遵循預定順序……如果〔馬克思對於社會經濟形態演替順序的〕觀點錯誤，或如果這些觀點的依據是偏頗及因此誤導的資訊，廣義的唯物史觀並不會因此受影響。」[5]

此詮釋對於我們的未來展望有何意義？首先必須了解，資本主義的下一階段究竟為何，我們沒有定論。本書對於共產主義真正作用的闡述，證明共產主義的任務已經達成了。共產主義已實現其功能，未來不太可能再發揮作用。共產主義不是未來，而是過去。

然而，馬克思主義分析有一大優勢：根據馬克思主義分析，任何社會經濟系統皆有時限。隨著生產條件演變，一切皆會改變。馬克思自己曾說：「任何生產模式，也就是工業階段，必定結合特定的合作模式，也就是社會階段，而這合作模式本身就是一種生產力。」[6]我們知道，資本主義也將演變。但究竟會不會發生重大突變，例如私有資本失去主導地位，或是僱傭勞動不再重要，我們不得而知。或許，未來有可能出現新的科技發展，使自僱人士的小規模生產，或小型團隊使用自有資本及國有銀行提供的優惠貸款進行生產，成為標準的生產模式。或者，未來會出現其他組合，像馬克思及韋伯所說的那樣把資本主義邊緣化。

現在我們完全無法做出這樣的預言，因為今日資本主義無所不在，其勢力及影響範圍似乎處在史上最強的階段，以本書先前所提之兩個超級商業化及全球化的變種：自由資本主義及政治資本主義大行其道。本書第五章提出，資本主義已進入居家等私人領域，並影響我們使用自由時間及個人財產（現已成為一種資本）的方式，影響我們和親人的關係，影響我們的婚姻等諸多面向。由此可見，資本主義正處在史上最強盛的階段，但我們並不知道這是否就是資本主義的最高巔峰。或許，這不過只是一個小巔峰，而資本主義關係在未來還有待擴張。

附錄二　超級商業化與亞當・斯密之「看不見的手」

本書第五章提到超商業化的全球化如何影響我們的價值觀及行為。在本附錄中，我要探討亞當・斯密在資本主義發展初期如何面對此類議題，以及亞當・斯密「看不見的手」的論點之意義。

「看不見的手」這類論點的基礎是：權力、享樂、利益（大衛・伍頓（David Wootton，參考文獻第二〇九項）的分類）等啟蒙運動前普遍認為具有毀滅性且貪得無厭的欲望，只要能加以控制並促進社會利益，就可以容許。亞里斯多德及基督教的價值觀看重的是勇氣、自律及誠實等個人美德，但大衛・休謨（David Hume）、亞當・斯密等人卻跳脫這樣的價值觀，主張如果能駕馭自利或野心等傳統觀念中人類的劣根性，就能夠運用它們來促進社會利益。如果人唯有靠改善其他人的生活才能致富，或者唯有靠自願且暫時的授權才能取得更大的權力，那麼傳統觀念中的劣根性就可以用來提升社會的幸福快樂、財富及安全。把個人劣根性轉化成社會美德的「魔法」，就是亞當．斯密所謂的「看不見的手」。

唯有仰賴個人利益，才能達成社會的「至善」（summum bonum），但一般認為個人利益本身並非美德。而且，有美德的人也不一定享受得到獎勵。這種個人層面與社會層面的反差，曼德維爾就曾明白提出，而馬基維利更是凸顯其差異，但或許是因為宗教信仰，亞當．斯密呈現的方法比較微妙細膩，尤其是其著作《道德情操論》。書中，亞當．斯密的立場接近萊布尼茲（Leibniz），而萊布尼茲的「所有可能世界中最好的一個」（the best of all possible worlds）的論點曾被伏爾泰（Voltaire）在《憨第德》（*Candide*）中嘲諷。亞當．斯密寫道：

> 大自然的作者創造人類及所有其他理性生物，其目的似乎就是要讓他們幸福。沒有其他目的配得上祂至高的智慧與神聖的仁慈。我們藉由考量祂廣大無邊的完美，而得出此結論，更是藉由觀察大自然的運作，而印證之。大自然運作的目的似乎就是提升幸福，並避免苦難。（《道德情操論》第三卷第五章第七節）

亞當．斯密接著說，人所得到的，就是人所應得的：

> 如果考量人生起伏之普遍分配規律，就會發現雖然世界看起來很混亂，但每一項美德都會得到相稱的獎賞。（《道德情操論》第三卷第五章第八節）

如果美德沒有得到獎賞，這不過是意外，和地震或洪水沒有什麼不同（雖然不知為何「大自然的作者」會允許這類意外發生）：

> 在特殊且不幸的情境下，一位善人可能會遭冤枉，被冠上莫須有的罪名，且因此終其一生受人恫嚇、受人厭惡。如果發生這種意外，這位善人可能會失去一切，他的美德與公義於事無補；這就猶若一位謹慎的人，雖然行事小心翼翼，但仍有可能死於地震或洪水。（《道德情操論》第三卷第五章第八節）

我在第五章探討超級商業化的全球化如何影響我們的價值觀與行為，而我們的價值觀又如何形塑現在的商業化社會。我的論點基本上符合亞當・斯密的觀點：個人的自利可以轉變為社會利益。然而，我們的論點並非完全無條件一致。

亞當・斯密的結論是樂觀的，但我的觀點卻有兩點不同。其一，我主張人類的生活不斷商品化，將使我們擴大使用權力、享樂與利益的欲望，而且也會經常無限制仰賴這些。那麼，如果要使這些欲望發揮正面社會效益，就必須不斷強化政府的「管制」，透過嚴格的法規防止濫用。即便在最理想的情境中，這都不容易實行。更何況掌權者沒有推動政府管制的誘因。其二，如果這些欲望發展成某些極端形式，任何方法都無法駕馭。例如，許多行為原本就犯法或違反倫理，而在更崇尚商業的社會中，這些行為有可能變得更重要。此二案例顯示，在超級商業化的社會中，亞當．斯密「將劣根性轉化為美德」的做法有難行之處。

有人可能會好奇，亞當．斯密轉化論的重要假設，在何種程度上適用今日。如果有一天內隱和外顯制約無法控制個人欲望並使其促進社會利益，這些欲望便會自由發揮，進而導致不堪後果。

附錄三 方法及定義的討論

我將在本附錄詳細探討本書曾觸及的各項議題：全球不平等的衡量方式（第一章「亞洲崛起和世界的再平衡」與圖一）、資本占總淨所得比的估算方式（第二章「國民所得中資本所得比重不斷上升」），以及富國和窮國的所得差距將會減少的理由（第三章「共產主義成功的地區」與圖十一）。

衡量全球不平等

全球不平等指的是任一特定時間點所計得之全體人類所得不平等，其計算方法與各國之內的所得不平等相似。唯一的差異是涵蓋範圍更廣，但計算方法與衡量工具（例如，使用吉尼係數，也就是最常見的不平等計算工具）皆相同。[1]

全球不平等的資料通常取自具有全國代表性的家戶調查，並以調查結果組成總體世界所得分配模型（顯然，如果有全球家戶調查資料，建立全球所得分配模型就更為容易）。全國調查中的家戶所得乃是以各國貨幣計算，這些數據必須換算成所謂的「國際元」（international dollars，又稱「購買力平價」（purchasing power parity, PPP））。原則上，國際元在各國皆有同等的購買力。換算是為了調整窮國的所得，因為窮國的物價水準通常低於富國（例如，同等分量的食物售價，印度比挪威便宜）。經過這道程序後，國家的所得資料就能互相比較。

上述方法只適用一九八〇年代中後期以後的資料，因為在這之前許多重要國家並沒有實施家戶調查。例如，許多非洲在一九八〇年代以前並無實施家戶調查，而中國的家戶調查資料最早只能追溯至一九八四年，且蘇聯的家戶調查資料則是到了一九八〇年代晚期才公布。因此，一八二〇年起的早期資料只能粗估。法蘭索瓦·布吉尼翁（François Bourguignon）與克里斯汀·莫里森（Christian Morrisson）（參考文獻第三二項）曾進行開創性的研究，將世界分成三十三塊地區，並以約二十年為間隔，在每塊地區內將同樣的所得分配估計套用至所有國家。因此，每個區塊中（任一年）的所得分配應是相同的。這方法當然非常簡化，但在缺乏歷史分配資料的情況下，這是最好的權宜之計。有些新的研究使用較為不同的歷史分配（參考文獻第一九六項；參考文獻第一四三項），證實了布吉尼翁與莫里森的主要結果。

至於國民平均所得（分配模型的必要基礎），布吉尼翁與莫里森使用安格斯・麥迪遜（Angus Maddison，參考文獻第一三一項）研究中的一九九〇年水準為基礎，估算世界多數國家自一八二〇年至二十世紀末的人均國內生產毛額。

本書圖一中，一九八八年以前的數據來自布吉尼翁與莫里森的分配及區塊定義，但將麥迪遜的一九九〇年人均國內生產毛額換成「麥迪遜資料庫計畫」（Maddison Database Project）以二〇一一年購買力平價估計的人均國內生產毛額，也就是目前最新的資料。[2]經過重新計算後，原始的分配模型就能搭配大幅改良的歷史人均國內生產毛額估計。一九八八年以後的資料則使用全國家戶調查（如先前所述），並將各國貨幣換算成二〇一一年國際元（購買力平價）。

此外還有一點很重要：不平等乃是以可支配（稅後）所得計算，且以個人為單位，將家戶所得平均分配給每個人（例如，假若總家戶稅後所得是四百，而家中有四人，則每人的所得為一百）。一八二〇至二〇一三年所有數據皆以此方法計算。

資本占總淨所得比的計算

國民所得等於財產或資本所有人（資本家）的所得加上勞動供給者（勞工）的所得。國民所得在資本與勞動之間的分配稱作「功能性所得分配」（functional distribution of income），用以區隔像是上一節討論全球所得分配時提到的「人際所得分配」。資本所得涵蓋所有來自個人財產的所得：股息、利息、租金。國民所得可以毛額表示（包含資本折舊），也可以淨額表示（不包含折舊）。因此，資本占總淨所得也分為毛占比與淨占比。實證研究通常使用毛占比。近期有研究發現，美國的毛占比增加幅度高於淨占比（參考文獻第一七二項）。然而，過去二十年間，無論以毛占比還是淨占比計算，資本的占比皆增加（如第二章「國民所得中資本所得比重不斷上升」所述）。無論先進經濟體還是新興經濟體皆是如此，但前者的影響較為明顯（參考文獻第六一項）。

要計算資本占比，就必須解決三項複雜的計算或會計問題。第一項問題，自僱人士（小型企業）的資本所得與勞動所得之區分。自僱人士有淨所得，但他們的資本是自己提供的，而且同時還進行勞動，因此兩種不同的生產要素各占多少比例，這不容易劃分，通常是以各半或勞動占三分之二、資本占三分之一的方法劃分。這種劃分法當然是武斷的，或者說傳統的，但或許，自僱人士的所得有可能變化不大，因此這樣的劃分法對於勞動資本所得比的變化影響極小。然而，如果自僱人士所得本身有所變化，這樣的劃分規則就會影響資本占比的演變。

第二項是比較近期的問題：高級經理人的超高薪水及股票式的所得。執行長等經理人無論薪水再高，都仍算是勞工，因此他們的所得似乎理應劃分為勞動所得。然而，這點在學界有爭議。有些經濟學家主張，由於執行長的所得乃是跟著股市走勢起伏（例如其薪水或獎金和股價掛鉤），他們的所得應視為資本所得。這項爭議尚未有定論。反面的論點則很有說服力：這種薪水應視為勞動收入，因為人終究必須到現場工作，才能獲得薪水。薪水高並不是重點，因為高薪有可能源自獨占或是其他干預競爭的手段，但這就屬另一個議題，和劃分規則無關。

第三項問題是究竟該不該計入房產的「設算所得」（imputed income）。這點考量尤其重要，因為房產占總財富比例甚高（占美國財富二五%至三〇%（參考文獻第二〇八項）），且房產是許多中產階級家庭唯一的重要資產（參考文獻第一一六項，第三七頁）。房產的設算所得指的是屋主「付錢」給自己，以及住在自己的房子或公寓之中。此所得顯然來自房產，故應計入資本所得。然而，並非所有國家都會公布房產設算價值。此外，房產的設算價值難以精算：家戶經常低估之，且以主要房產參數為基礎的特徵價格迴歸分析不一定可靠。然而，如果資本占比只算生產面（意即根據金融企業及非金融企業中，資本及勞動的淨所得比例），房產設算所得可以忽略。

所得差距縮減

成長經濟學的一項標準理論及實證結果，就是經濟成長率和所得水準呈現負相關。[3]因此，在任一期間，例如一至五年，富裕經濟體的成長率通常低於貧窮經濟體。在實證經濟學裡，這叫做「無條件收斂」（unconditional convergence）。如果把各國經濟成長率和資本─勞動比、人民教育程度、制度（民主、法治、實施比例代表制還是多數代表制）、女性勞動參與率等若干影響經濟成長的變數進行迴歸分析，得出的係數幾乎永遠是負值，意味在其他條件相同的情況下，富國的成長率會較低。換言之，如果兩國其他所有條件都一樣，唯一的差異是所得水準，比較窮的那國成長率會高於另一國。這叫做「條件收斂」（conditional convergence）。

之所以會有這樣的結果，直覺而論是因為任一時候，科技發展是有限度的，國家越接近科技發展的最前端，其成長就越仰賴新科技的發明及生產組織的創新。然而，創新與發明並非易事，且普遍認為能促進生產力的創新者，每年至多只能貢獻一%至一．五%的成長率。另一方面，窮國有更多成長空間，因為他們可以使用、複製或模仿現有的科技。

在探討中國和越南等國的高速成長比上美國和日本等國的低速成長時（如圖十一所示），就必須考量到經濟成長率和所得水準的關係。確實可以主張，隨著中國和越南越來越富裕且經濟越來越成熟，其成長率將會下降。日本、南韓的案例更是支持這項假說。因此，如果直接把較貧窮的亞洲國家與較富裕的西方國家拿來做經濟成長率的比較，前者必定會比較高。

另一方面，有人可能會主張，就政治而言，重要的就是當下的成長率比較，而非對於未來的假設。再者，即便現在高速成長的亞洲國家在二十至四十年後，經濟發展將會減速至西方國家現在的水準，也不會降低其他貧窮國家對於亞洲經濟體的嚮往。這些貧窮國家也想要和中國、越南、新加坡一樣在短時間內拉近與富裕世界的所得差距。總歸而言，亞洲經濟體就算在未來發展減速，可能依然是其他想迎頭趕上的國家最理想的發展模型。

注釋

第一章　後冷戰世界的輪廓

1. 一九七〇至二〇一六年之間，全球國內生產毛額按實價計算成長了幾乎五倍（以二〇一一年購買力平價為準，從二十二兆成長到一百零五兆美元），全球總人口則翻倍（從三十五億到七十億人）。
2. 二〇一六年英國市調公司 YouGov 發表的結果。請見 Jeff Desjardins, "What People Think of Globalization, by Country," Visual Capitalist, November 9, 2017, http://www.visualcapitalist.com/globalization-by-country/.

第二章　自由菁英資本主義

1. 安德烈・歐雷恩（André Orléan）使用了類似定義（參考文獻第一五五項，第二三頁），以資本主義經濟有勞工薪資來和市場經濟做區別。富瑞斯（參考文獻第一九九項）的做法類似但加入了「海外權力投射」作為資本主義的中心特徵（這是我們將於第三章討論的主題）。

2. 我曾在二〇一七年的發表中提出對資本主義的相似分類。
3. 條件是，勞動所得能儲蓄起來的金額非常少。
4. 請注意我們假設的是所得中資本所得和勞動所得的比例恆常不變，而不是絕對收入值。因此一個人的收入中有七單位來自勞動，三單位來自資本；另一個的勞動和資本收入則分別是十四單位和六單位。兩人的總收入不同，但兩種收入的比例相同。
5. 而且，因為有錢人通常存得更多，再加上資本充裕的人通常是有錢人，兩者形成推升貧富不均的額外作用力。
6. 然而，理論上並不是非得如此。一套資本主義體系，即使資本所得的比重上升，其實可以做到所有所得階級的資本和勞動所得比例相當。這樣就能破除個人的「資本充裕」和所得排名之間的連結。
7. 過去經驗顯示，勞工也不儲蓄，尤其當收入幾乎等於基本生活費時。
8. 關於他們是否應該被稱為勞工始終有所爭議，因為一部分的收入是依照資產報酬來決定（例如有些人的薪水和公司股價表現相關），但這仍然可以稱之為薪水或工資，因為唯有提供勞務才能獲得該收入。請注意，以證券形式支付的酬勞則不一定，不管是證券的股利或所賺的價差都是資本所得。
9. 請見參考文獻第一六〇項，第八章，特別是圖八．三和圖八．四；參考文獻第一六二項；參考文獻第一四項；參考文獻第一八項。
10. 戴倫朵夫（Dahrendorf，參考文獻第五九項，第一一三頁）推斷跨世代流動在美國、英國和德國的程度相對較高，而且「流動比率似乎大致和國家的工業化程度相符」。
11. 我不認為此觀點有很大的爭議性。社會秩序遵循世襲安排的貴族社會和較為民主的社會，兩者的「純粹偏好」一定不同。
12. 衡量資本比重時的一些技術問題，詳見附錄三。

13. 資本所得到底應該包括哪些項目有時缺乏明確的定義。附錄三中有相關解釋。

14. 關於壟斷力和資本比重上升，請參見科茲（Kurz，參考文獻第一一七項）。他發現美國的「剩餘所得」（壟斷利益在產出值中所占的值）從一九八六年接近〇的程度一直飆升到二〇一五年的二二%（表七）。關於買方壟斷力請見參考文獻第一六項。

15. 請見本人二〇一五年五月二日發表於部落格Globalinequality的文章，"Bob Solow on Rents and Decoupling of Productivity and Wages," http://glineq.blogspot.com/2015/05/bob-solow-on-rents-and-decoupling-of.html.

16. 已經有數位經濟學家拿市場力量或競租行為，來解釋資本所得相較於勞動所得的比重升高，包括安格斯・迪頓（Angus Deaton）於二〇一八年二月八日接受部落格ProMarket編輯的採訪：https://promarket.org/angus-deaton-discussed-driver-inequality-america-easier-rent-seekers-afect-policy-much-europe/.

17. 二〇一五年的企業獲利率為過去半世紀以來的最高點（參考文獻第二〇八項，第二七頁）。

18. 根據高盛研究公司：「我們估計自二〇〇〇年代以來，產品市場和勞動市場的集中度上升已經使年度工資調漲幅度每年被削減〇・二五%。」（引用自Alexandra Scaggs, "On Juggernaut Companies and Wage Growth," *Financial Times*, February 4, 2018, version）

19. 預期性或慢性通貨膨脹，像一九七〇年代的巴西，對資本擁有者的影響不大。因為資本家有能力避險，甚至回報比擁有房子的窮人還好，因為後者的日常生活主要是以不斷貶值的現金為主。

20. 請注意，財富排名前一〇%的人並不必然是收入排名前一〇%。

21. 在此隱含的假設是財富排名和收入高低有高度正相關，也就是說收入高的人通常也是富裕的人；這也獲得經驗上的證實。

22. 吉尼係數是根據家戶調查中的個人資料所計算得出，家庭總勞動所得除以家庭總人數，接著計算個體的吉尼數並且定義其值。資本所得也是用一樣的方法。請注意，此計算法顯示出資本所得和勞動所得對家庭的重要性，而且直接和國民經濟會計的數據相關。這和以單一收入者為單位的計算不同。舉例來說，後者的計算方法中即使兩位高收入人士結婚，仍然是兩個獨立個體，但以家戶為單位的計算則會加總他們的收入。

23. 由資本而來的所得包括股利、利息、租金等，但不包括已實現的資本收益（或資本損失）。

24. 這裡的結論其實低估了資本集中度，因為所使用的家庭調查數據通常不包括資本最富裕的個體，或是為了避免破壞隱私，家庭調查數據做了一點「頂端編碼」（top-coding）（超過上限的所得不納入），或者「交換」（swapping）（將最有錢的人們彼此的勞動和所得薪資互換，降低個人辨識度）。財政資料通常會顯示出比較高的資本所得集中度，但也有缺點：由於稅則更改，有時候的單位是家庭有時又變成個人；或者個人所得和公司利潤所申報的資本所得金額突然出現變動（要申報哪個取決於哪個課稅較低，就像美國一九八六年《稅收改革法》所規定）。

25. 富裕國家中有部分人口完全沒有資產並非美國的獨有現象。葛拉卡（Grabka）和魏斯特米爾（Westermeier）（參考文獻第九四項）估計二八%的德國人為零資產或負資產，而瑞典人口收入排名後面一半的人都是負資產（參考文獻第一二七項，表一）。

26. 附帶收益（carried interest）是當作資本收益來課稅，稅率約二〇%。儲蓄戶頭的利息則是以一般所得來課稅，最高稅率大約為四〇%。

27. 巴斯・凡・巴佛（Bas van Bavel）提供我關於法巴富通（BNP Paribas Fortis）財富管理基金的私人未公開資料，客戶分為零售、優先、私人銀行，和財富管理客戶。最後一種客戶的投資金額下限為四百萬歐元，可以做的投資選擇更多，而且管理費（投資金額百分比）較低。

28. 該分析只針對異性婚姻，因為這段時期的同性婚姻數量稀少。

29. 我們不能用女性職場投入程度上升來解釋此結果，因為這兩組的樣本都是「非零收入」的人。因此一九七〇年較多男性迎娶無職業女性並不會影響收入前端男性迎娶高收入或低收入女性的比重分析。

30. 德肯克（Decancq）、培克（Peichl）和凡克姆（Van Kerm）（參考文獻第六五項）發現美國吉尼係數從一九六七年的〇・三四九上升至二〇〇七年的〇・四一五，但是如果二〇〇七年的通婚模式仍維持一九六七年的面貌，吉尼係數則變成〇・三九四。因此同質性上升導致貧富不均上升了超過兩個吉尼點（〇・四一五至〇・三九四）。但同質婚姻增加不平等的程度仍不明朗。在一份早期估計中，格林伍德等人（Greenwood et al.，參考文獻第九六項）發現同質婚姻是美國一九六〇至二〇〇五年貧富不均惡化的最大原因。之後他們撤回這個說法，在修正報告（參考文獻第九七項）中的新估計為，上升的九個吉尼點中，同質婚姻大約占了〇・一到一個吉尼點。

31. 費歐理歐（Fiorio）和維奇羅（Verzillo）（參考文獻第七六項）發現義大利所得前一%的男性和女性都有強烈的門當戶對觀念。所得前一%女性嫁給所得前一%男性的機率是所得中位數女性的二十五倍。但是他們認為這對整體貧富不均的影響很小，而且同質婚姻只局限於義大利所得金字塔的頂端人口。

32. 《法律、立法，與自由》（*Law, Legislation and Liberty*）第二卷，第一八八至一八九頁的注腳，藏了一段發人省思的討論。作者海耶克以他自己（應該說他兒子）的例子提到對美國機會平等的看法。當海耶克為了逃避納粹而到倫敦時，他決定送兒子去其他國家寄居在當地家庭。他在美國、瑞典、阿根廷當中選了美國，因為他相信美國能給外國人比較平等的機會：家庭背景對是否成功的影響較小。他發現有趣的是，對他自己來說高社會地位是在倫敦生活的優勢，在美國卻不是這樣，因為他沒什麼名氣。但是從零出發的話，他兒子在美國的機會比在阿根廷好上許多。不過他也認為這是因為他假設兒子不會被安置在黑人家庭，那種情況下美國流動性大這項優勢會反過來。

33. 塔雷伯在《不對稱的陷阱》（參考文獻第一八七項）中提出同樣的想法。他稱之為「遍歷性」（ergodicity），意思是在人的一生，或者以跨世代來說是好幾個世代的時間內，如果有充分流動性，人們應該會在所得分配的不同部位待上相同長度的時間。換句話說，所有人會有二〇%的機會（很長遠來看）待在所得排名最後二〇%，也有二〇%的機會待在所得排名頂端二〇%。

34. 相對流動是衡量多個世代間，所得分配排名的變化：如果父親的排名是第五十百分位數（percentile），兒子是第六十，這就表示出現向上流動。請注意，因為相對流動是以排名來看，因此每一次向上移動一定會對應到一個向下移動。「理想」情況是雙親和子女間的所得排名完全無交集（沒有關聯）。

35. 切堤等人（Chetty et al.，參考文獻第四八項）在分析中誇大了美國絕對流動性的下滑。他們的基線情境顯示早期（出生於一九四〇年的群組）有九二%的子女收入高過雙親，但後期（出生於一九八四年的群組）只有五〇%的子女收入高過雙親。然而這種計算法是根據家戶總收入，無法相提並論，因為家戶規模持續縮小。經過調整後，他們發現只看個人所得的話，下滑幅度小了許多，從九二%到六二%。而且，他們使用總收入而非可支配收入。隨著重分配社會移轉和稅金的增加，絕對所得流動應該降低的幅度更小才對。強納生・戴維斯和馬尊德（參考文獻第六四項，第一二頁）就發現美國跨世代絕對流動的下滑幅度更小，而且不具統計意義。

36. 這章節的部分內容來自於我二〇一七年張貼在部落格Global Inequality（http://glineq.blogspot.com/）的文章。

37. 亭博根估計美國到一九九〇年時大學學歷者和平均所得者的所得比例將介於〇・八三（表示大學學歷帶來一七%的負溢酬）到一・〇七間。荷蘭的大學溢酬則顯著許多（約是二比一），但和一九七〇年的水準相比也將會減半（參考文獻第一八九項，表六・七）。

38. 孟德斯鳩曾經提出，國家對待擁有可移動資產或本身能自由輾轉於國家間的國民，和對待不具備此條件的國民必須不一樣〔如赫希曼（Hirschman）在著作《狂熱與利益》（*The Passions and the Interests*，參考文獻第一〇四項，第九四頁）提醒了我們〕。亞當・斯密也持相同看法，因為「資產的持有者比較像世界公民，並不一定隸屬於任一國家。當他遇上為了課徵重稅而發生的惱人調查，就傾向拋棄國家，然後將資產轉移到可以經營生意或更輕鬆享受財富的國家。」（《國富論》第五卷第二章）

39. 在這樣的烏托邦世界中，強制社會保險可能存在。稅金和轉移不會消失，但可能相對較小，而且存在的目的是所得平穩化，而不是重分配或解決貧窮。

40. 我們可以預期，由於義務教育年限增加還有受教年數的自然上限，每個人的教育存量（教育年數）差距將會越來越小。這現象已經發生在富裕國家。例如，約在二〇〇〇年時受教年限的吉尼係數在印度為〇・六，巴西為〇・四三（這是從低入學率進入中入學率的過渡期），但教育程度高的美國和瑞典則係數只介於〇・一六到〇・一八（參考文獻第一八八項）。

41. 舉個例子，當投資人一整年的金融投資低於某個金額時能獲得免承受負面損失的保障（如果真的有淨虧損，可以巧妙地做稅金抵免）。有人或許認為這種保證會讓小投資人做出不合理的高風險決定，因為贏了是自己贏，輸了是政府負責。我們可以設定政府的擔保範圍來修正這個問題，比方說虧損不超過總投資額的三〇%，而且只適用於真正小型投資人，這樣就能控制政府的責任範圍而且遏阻高風險行為。

42. 伊莎貝爾・索希爾（Isabel Sawhill，參考文獻第一七七項）建議，只有當公司採行利潤共享或證券共享制度時，高額的執行長報酬才能被視為工資（如此才能從公司的應納稅利潤中扣除）。這是個有趣的主意，因為能連結起最高管理層和工人階層的利益。英國工黨提議的制度是當公司僱用超過二百五十名員工，公司就必須分出一%至一〇%的股份給員工。

43. 為了保護民主而透過一次性金援來紓解貧窮和貧富不均的方法，可以回溯到亞里斯多德：「真正民主政治家的職責是確保人們不處於貧困，因為貧困正是民主崩壞的原因。因為必須盡一切力量維持繁榮。而且，既然這對富人和窮人都有好處，政府的所有稅收應該放進單一個基金當中，然後分配給需要之人，可能的話金額最好足夠購買一片土地，如果不行，至少要足以在這片土地上做生意或勞動。」（《政治學》第六卷第五章，參考文獻第一〇項，第二四六頁）。湯瑪斯・潘恩（Thomas Paine）也曾在一七九七年出版的《土地正義》（*Agrarian Justice*）中提出非常類似的建議。

44. 道德勸說或許是達成目的的另一（可能）辦法。可以要求最有錢的大學簽署「捐款宣言」，從捐款免稅優惠所帶來的年度收益中，撥出一定比例給針對公立教育的特別基金。請注意，私立大學收到的捐款免稅，通常使得私立大學省下來的稅金比州政府撥給公立學校的預算還高。

45. 請見參考文獻第一四六項，第一九四至一九九頁。

46. 英國退休金就是一個例子。一九七〇年代晚期，政府退休金占了所有領取退休金的九〇%，雇主提供的職業退休金只占一〇%。到了二〇一三年，職業退休金的重要性已經超過政府退休金（依據盧森堡所得研究中心的英國微觀資料計算，https://www.lisdatacenter.org/）。

47. 有趣的是，德國的「綠卡系統」在長久吸引高技能勞工上不算成功。如果只看收入的話，這些勞工可能會選擇比較不平等的美國系統，而不是溫和平等的西歐系統。

48. 亞里斯多德，《政治學》第三卷第八章（參考文獻第一〇項，第一一七頁）。

49. 例如，假使九〇%的富人偏好某一項改變，那麼這個改變大概有五〇%獲得考慮；如果有九〇%的中位數收入者在乎某項議題，那麼這個議題被討論的機率是三〇%（參考文獻第九〇項）。

50. 也就是說，這群富人的政治獻金是一般民眾的四千倍。請見Thomas B. Edsall, “Why Is It So Hard for Democracy to Deal with Inequality?” *New York Times*, February 15, 2019，根據參考文獻第二八項。

51. 如果能共同研究的話，一個人的資本所得或財富分配和此人的政治捐款將會是個有趣的題目。兩部分的資料都存在，只是來自不同調查。而且據我所知，頂級捐款者和頂級富豪之間的連結除了《富比士》的前四百名美國富豪名單外，沒有人研究過。針對這份名單，波尼卡（Bonica）和羅森索（Rosenthal）（參考文獻第二九項）發現在一九八四至二〇一二年間，美國前四百富豪中有政治捐款的人數始終維持在七〇%，但在二〇一二年突然升高到八一%，而且政治獻金的財富彈性略高於一（意思是財富每上升一個百分點，獻金也跟著上升一個百分點）。

52. Trevor Timm, "Money Influences Everybody. That Includes Hillary Clinton," *Guardian*, April 14, 2016.

53. 這並不像某些粗糙的解讀所認為，政治人物會像張白紙一樣任由富人隨意寫上自己喜歡的政策。關鍵在於社會存在一套讓富人能「選出」對自己利益有共鳴的候選人，並且能夠進一步影響這些候選人朝「好的」方向前進。

54. 私立大學的學雜費實質（通膨校正後）成本從一九八八至二〇一八年間增加了二．三倍。參見Emmie Martin, "Here's How Much More Expensive It Is for You to Go to College That It Was for Your Parents," CNBC, November 29, 2017, https://www.cnbc.com/2017/11/29/how-much-college-tuition-has-increased-from-1988-to-2018.html。同一時期，美國人均實質收入的中位數上升約二〇%（由盧森堡所得研究中心資料計算得來，https://www.lisdatacenter.org/）。

55. "Some Colleges Have More Students from the Top 1 Percent Than the Bottom 60," The Upshot, *New York Times*, January 18, 2017.引述專欄的報告則請見參考文獻第四七項。

56. 如果貧窮和中產家庭的平均孩童數量高於富裕家庭，那麼富家子弟的優勢甚至高於六十倍。

57. 關於教育系統和階級制度的社會複製關聯之討論，請見參考文獻第三四項。

58. 這段話是在二〇一九年二月美國爆發有錢父母為了讓子女入學而高額賄賂頂尖學校的醜聞之前寫下的。請見Jennifer Medina, Katie Benner, and Kate Taylor, "Actresses, Business Leaders and Wealthy Parents Charged in U.S. College Entry Fraud," *New York Times*, March 12, 2019.

59. 法國的情況也相去不遠。二〇一七年，法國頂尖學院的學生中只有二．七%的學生父母屬於社經地位階梯的後段。請見Philippe Aghion and Benedicte Berner, "Macron's Education Revolution," Project Syndicate, May 7, 2018, https://www.project-syndicate.org/commentary/macron-education-reforms-by-philippe-aghion-and-benedicte-berner-2018-03.

60. 直到最近，要從美國頂尖大學取得任何學生雙親收入或資產的相關資料都十分困難。這種封鎖訊息的做法和所有頂尖學院都聘僱大量員工專門調查學生雙親以及歷年校友的財務狀況，以便調整捐款請求金額的事實，呈現強烈對比。

61. 唯一能夠獲得相關估計資料的國家是英國。阿金森發現遺產占國內生產毛額的比例從二十世紀初期的二〇%，到一九八〇年代末下降到了五%左右，接著回升至目前的八%。這仍然低於法國的水準。阿金森也證實了皮凱提發現的μ值上升，也就是相對的死者財富。

62. 同一時期，先進經濟國家（其中以美國為大宗）中靠遺產致富的億萬富翁比例也下降，從四二%到三七%（參考文獻第八二項，第二二頁）。

63. 「統治階級試圖……捍衛權力並且避免暴動之險……以各種方式……〔統治階級〕用編造〔意識形態〕來安撫〔受壓迫者〕，告訴他們『所有的權力來自神』，使用暴力是一種『犯罪』，沒有使用武力的理由，因為如果事屬『正義』，就能夠以『道理』獲取。這些說法的主要目的是阻止〔受壓迫者〕在自己的土地上以武力開戰，然後引領他們到另一個戰場，以勾心鬥角為武器，因為在此他們注定落敗。」（參考文獻第一五七項，第十二章，第一五三四頁）

第三章　政治資本主義

1. 在此我討論的是執政共產主義，實質的社會經濟體制，不是共產主義意識形態。

2. 參考文獻第二六項（根據一九二四年於莫斯科發表的演說）。

3. 對於「歷史接續法則學說」最權威的批評當屬卡爾．巴柏（Karl Popper）的《歷史決定論的貧困》（*The Poverty of Historicism*）：「歷史決定論是……一種社會科學方法，認定歷史預測是主要目標，而且認定可以透過找出歷史演進的『規律』或『模式』、『法則』或『趨勢』來達成此一目標。」（參考文獻第一六六項，第三頁）

4. 「社會主義」一詞在此處的使用，和具有大型福利制度的資本主義經濟體所說的「社會主義者」大不相同。我認為後者是種誤導性敘述，因此不採用。

5. 孟德斯鳩以降，貿易，乃至資本主義，都被認為伴隨著和平。

6. 馬克思寫給查蘇莉琪的信在此，https://www.marxists.org/archive/marx/works/1881/zasulich/zasulich.htm. 也可以參閱馬克思一八七七年寫給俄國文學雜誌 *Otechestvennye Zapiski* 的信：「我得出這樣的結論：如果俄國持續朝著一八六一年（廢除農奴制）方向前進，人民將會失去有史以來最大的契機，毫無選擇地臣服於資本體制的興衰更迭裡。」https://www.marxists.org/history/etol/newspape/ni/vol01/no04/marx.htm. 見參考文獻第一五項。

7. 此外，亞洲生產模式概念無法套用於包括中國在內的許多亞洲社會，這些社會呈現出的是小農商品生產，加上和同期西方國家相比，給人民較少稅收壓力（占國內生產毛額比重）的政府（參考文獻第一二九項，第九至二一頁）。換句話說，生產者和生產工具之間並未疏離化，國家並非實質地主，沒有苛刻稅政，也沒有大量受迫勞工，這些都違反了我們以為的亞洲生產模式特徵。正如富瑞斯（參考文獻第一九九項，第三五四頁）所說，比起同期歐洲，清朝反而更接近亞當．斯密的自然競爭市場經濟。

8. 一八八五年，最熱烈支持法國殖民主義的法國左派政客朱爾斯．費里（Jules Ferry）訂定了法國殖民政策三大目標；第三點是「高等種族有義務促進低等種族文明」（參考文獻第二〇六項，第一七頁）。

9. 其餘第三世界中經歷過殖民但未曾發生共產革命的國家，可視為依照標準自由主義路徑前往發展資本主義的經濟體。印度、奈及利亞和印尼都符合此觀點。

10. 在〈英國在印度的統治〉（The British Rule in India）中，馬克思寫道：「我們不可忘記（被英國帝國主義摧毀的）明媚農村風光，雖然看來祥和，卻一直是東方專制主義的基石，將人們的思考局限於最小格局，令心智無法抵抗迷信……剝奪了所有雄偉和歷史能量。」（參考文獻第一三六項，第二一八頁）

11. 這種由外部引發社會主義轉型的觀點，和列寧認為勞工只能透過專業革命家從外部取得無產階級意識是種有趣的對應。兩種看法中，沒有任何能引起主體（第三世界國家或工人）革命的自動內發生成力量。

12. 參考文獻第二〇二項，第一〇五頁。毛澤東在一九四〇年《新民主主義論》（*On New Democracy*）特別認同此觀點：

「無論受壓迫國家的哪個階級、政黨或個人參與革命，無論本身是否意識並了解這一點，只要他們反抗帝國主義，這些革命就成了無產社會主義者的世界革命。」（於參考文獻第五一項中引用，第二二三頁）

13. 在此我們所討論的第三世界發展程度低落是相對於西方而言，這才是關鍵，而不是第三世界和過去的西方國家一樣貧窮。相對貧窮意味了科技落後和武力衰弱，因此無法抵禦外國入侵。

14. "The Foolish Old Man Who Removed the Mountains," in *Selected Works of Mao Tse-tung*, vol. 3 (Beijing: Foreign Languages Press, 1969), 272（於參考文獻第一一三項，第一一一頁引述）。

15. 於參考文獻第一九〇項，第一〇四頁引述。

16. 根據莎拉．瑪瑞特（Sarah Merette）的計算（參考文獻第一四〇項），一九二九年不平等榨取比例（實質不平等值除以絕大多數人都勉強餬口的不平等最大值），分別為七五%和八〇%，前者是北圻，後者是南圻（榨取比例百分之百的話表示所有人口都是勉強溫飽，殖民者拿走了所有剩餘資源）。請注意，當時這兩處的殖民者人口比例非常低：北圻〇．二%，南圻〇．二%。再加上法國還沒有動到越南的大型領土。所以，生產的封建關係依然故舊，外國剝削又到達顛峰，導致絕大多數人民只能勉強生存。

17. 克里斯．布拉摩（Chris Bramall）形容毛澤東時代的最大成就是「壓制了阻礙成長的利益團體」（於參考文獻第八六項，第一七一頁引述）。

18. 參考文獻第二〇〇項，第二六九頁。請見作者評論，http://glineq.blogspot.com/2018/02/i-wont-go-to-moscow-until-revolution.html.

19. 這個詞源於中國共產黨第一位總書記陳獨秀（參考文獻第二〇〇項，第一七四頁）。

20. 國家角色在德國和日本有相似之處。但這些國家並未遭受外國統治，因此民族主義的表現方式不同，是透過帝國主義形式而非民族解放。

21. 這是根據工業約占中國國內生產毛額的三分之一，因此國營企業的比重經過換算約為國內生產毛額的七%。其餘國營部分比重則來自運輸和服務業，像是金融及通訊。二〇一八年十月，中國副總理劉鶴宣稱中國國內生產毛額有六〇%來自私部門（“Xi Reaffirms Support for Private Firms,” *China Daily*, October 22, 2018, 1）。這符合約有二〇%來自國營事業的數據，因為剩下的二〇%是來自集體、合作企業（包括鄉鎮企業）、外資企業，還有港澳資金成立的公司。

22. 一九八〇年代，國有企業約占固定投資的八五%，剩下的則多半來自地方政府控制的共同企業（參考文獻第二一一項，第八頁）。

23. 雖然是以西方為中心，關於中國採取改革項目的意識形態，朱利安．葛維茲（Julian Gewirtz）做出了值得參考的論述。請見本人評論，http://glineq.blogspot.com/2017/09/how-china-became-market-economy-review.html.

24. 之後將談到此矛盾是因為前兩個體系特徵彼此衝撞。

25. 中國人大代表會是世界上最有錢的國會。二〇一八年初，人代們的財產估計有四．一二兆人民幣，或六千六百億美元。請見“Wealth of China’s Richest Lawmakers Rises by a Third: Hurun,” Reuters, March 1, https://www.reuters.com/article/us-china-parliament-wealth/wealth-of-chinas-richest-lawmakers-rises-by-a-third-hurun-idUSKCN1GD6MJ.

26. 即使是中國在形式上也採多黨制，其餘政黨扮演非常受限、儀式性質的角色。

27. 馬來西亞爭取脫離英國獨立的過程的確是武裝鬥爭，而且有共黨游擊隊和其他單位的內戰。因為當時新加坡仍屬於馬來西亞，所以某方面來說，新加坡的確有此經驗。但後來新加坡脫離馬來西亞的過程則是和平的。

28. 蘇聯陣營的國家不在此類，原因除了這些國家的殖民狀態不明確外，也由於一九九一年後都已轉向自由資本主義；雖然有部分國家（白俄羅斯、俄國、烏茲別克、哈薩克、亞塞拜然）仍維持一黨制或準一黨制。

29. 即使排除中國，中國產值占全球比重仍快速成長，從一九九〇年的一．七%到二〇一六年的二．七%。

30. 據估計，中國人口中有一六%沒有戶口，但仍住在城鎮（二〇一八年九月在北京舉辦的中國發展論壇中提出的數據）。

31. 參考文獻第九九項和參考文獻第二一八項都是針對研究中國不平等數據來源的好評論。參考文獻第二二三項則是將國家統計局自一九五〇年代至二〇一三年的統計做了詳盡的概述。

32. 還有其他證據顯示薪資溢價減少。參考文獻第二二五項，第七頁的報告顯示，從二〇一〇年起低技能產業的薪資成長持續高於高技能產業。

33. 這項結果也被二〇〇五年中國小普查的證實：吉尼數為四八．三。該普查訪問了幾乎一百萬戶家庭，可能是中國歷來最大規模的家戶調查（參考文獻第二一八項，表一）。

34. 不過，美國國會預算局（參考文獻第五四項，表二）提供的數據是，總收入排名前一%的人，資本收入和資本收益加上商業收入占了總所得五八%。

35. 參考文獻第九三項根據城鎮家庭調查的部分微資料，得出父母子女收入的跨世代相關程度是〇．六四，即使與美國類似調查的結果相比都屬於偏高。參考文獻第一九四項證實了中國跨世代教育流動下滑，程度和美國不相上下。然而，因為其他國家類似研究的結果並未得出穩定係數，所以我們應該保守看待這些數據。至於財富不平等，參考文獻第六七項的研究顯示，根據最可靠的中國家庭收入調查資料，二〇〇二年（有數據的最後一年）中國的金融資產淨值吉尼係數是〇．八一；同時期的美國金融資產淨值吉尼係數為〇．九（參考文獻第二〇八項，表二．〇）。

36. 對「新」中產階級來說，公部門仍然具主導地位：二〇〇六年，超過六〇%的經理人和專業人士任職於公部門。「舊」中產階級之所以為舊，是因為和他們相對的功能等同者（小雇主），只存在改革前的中國，甚至是一九六〇年代。

37. 截至二〇一七年，一百名中國最大逃犯中有六十六人在美國和加拿大。最近中國綁架了其中一名逃犯導致中美關係緊張，直到美國調查局終於同意和中國當局合作逮捕並交出最嚴重的罪犯為止。請見Mimi Lau "China's Graft-Busters Release List of 100 Wanted Fugitives in Operation Sky Net," *South China Morning Post*, April 23, 2015, http://www.scmp.

com/news/china/policies-politics/article/1773872/chinas-graft-busters-release-list-100-wanted–fugitives.

38. 參考文獻第一一項，第一五頁中引述。

39. 這是中國共產黨前總書記趙紫陽所建議的方式。他在自己的「祕密」回憶錄（在他死後出版）寫著：「沒有獨立司法，法院將無法以無私態度裁決案件。」及「如果不做政治改革來監督共產黨的統治，貪腐問體永遠不會解決。」（參考文獻第二二四項，第二六五、二六七頁）

40. “Is China Succeeding in the War against Corruption,” interview with Bernard Yeung, ProMarket blog, April 1, 2017, https://promarket.org/china-succeeding-war-corruption-qa-bernard-yeung/.

41. 根據彭博新聞社二〇一二年的一篇報導，習近平和家人似乎過著與職位和官方收入不符的生活方式，但貪腐調查不太可能到這麼高層，至少習近平在位時不會。請見“Xi Jinping Millionaire Relations Reveal Fortunes of Elite,” *Bloomberg*, June 29, 2012, https://www.bloomberg.com/news/articles/2012-06-29/xi-jinping-millionaire-relations-reveal-fortunes-of-elite.

42. 正如某本關於貪腐的官方出版品所說：「嚴刑峻法不見能會有廉潔政府，但缺乏嚴刑峻法，貪腐勢必（永遠）存在。」（參考文獻第二一七項，第二三頁）

43. 來自中國當局的公開數據。

44. 或者如裴敏欣（參考文獻第一五九項）所說，這些人可能賣官給效忠自己的人，以此建立起日後索賄的網絡。

45. 亞當·斯密在可接受保護的特殊情況相關章節裡讚揚《航海法》（第四卷，第二章），甚至說出：「航海法案，或許是英國所有商業法中最明智的。」

46. 在亞當·斯密看來，當時存在這套體系的國家只有荷蘭。

47. 這個詞最早由吉斯·馮·德·皮爾（Kees van der Pijl，參考文獻第一九三項）提出。

48. 李春玲（Chunling Li，參考文獻第一二四項，表二）認為中國中產階級的人數低於城鎮人口數的二〇%。

49. 這顯然是中國人用來指稱外國人的術語，依照對方的發展程度高低而使用（實際上是看對方是否接受中國宗主權）。請見參考文獻第一〇六項。

50. 關於歐洲式「強取密集」（coercion-intensive）道路，請見參考文獻第一六四項，第一九五、二〇二至二〇三頁。

51. 「中國是一個文明佯裝成國家」（賈克引述白魯恂的話，參考文獻第一〇六項，第二四五頁）。

52. 舉例而言，請見許成鋼二〇一一年針對中國體制的長篇評論（參考文獻第二一九項）。

53. 後來推展至全中國的責任制，發源於安徽省小崗村的二十戶農家。這些農民像中世紀密謀者一樣效忠彼此，祕密在文件上蓋下手印同意將土地劃分給個人，收成只要上繳完國家要求的額度後，多的可以自己留下來。這些「走資派」被嚴懲的可能性其實不小，所以這些農民發誓「即使面臨死刑〔他們〕也不後悔〔這個決定〕。剩下的成員許諾會撫養遺孤直到十八歲」（參考文獻第二一四項，第三二頁）。契約正本目前保存在中國國家博物館（National Museum of China）。

54. 或者就像一位中國朋友說的：「西方政府像科學家，而中國政府則像經驗老到的藝術家；這使得大量製造，也就是知識的轉移，更加困難。」（楊利，個人手稿）

55. 中國是目前海外旅遊人數最高，也是觀光支出最高的國家〔超出第二名美國的兩倍；資料來自二〇一六年世界旅遊組織（World Tourist Organization）〕。

56. 貨運從重慶走陸路到德國杜伊斯堡（Duisburg）是十六天，海運從上海到鹿特丹則是三十六至四十天（參考文獻第一六五項）。

57. 除非情況像辛巴威一樣失控。

58. 記載於一九四一年三月的羅威爾講座（Lowell Lectures），轉載於理查・史威伯（Richard Swedberg）的著作（參考文獻第一八四項，第三八七頁）。

59. 請見參考文獻第一〇六項，第四八〇頁。以及本人對賈克著作的評論，http://glineq.blogspot.com/2018/01/the-aloofness-of-pax-sinica.html.

60. 關於西方如何一手創建從萬國郵政聯盟（postal union）到世界貿易組織（World Trade Organization）等國際機構的精采討論，請見馬克．馬卓爾（Mark Mazower）的《誰將主宰世界》（*Governing the World*，參考文獻第一三八項）。

第四章　資本主義與全球化的互動

1. 馬克思對「租金」有另一種定義，但同樣貼切：「這〔收入〕並不取決於接收者的行為，而是……取決於獨立的發展……接收者並不參與其中。」〔《資本論》（*Capital*）第三卷第六部第三七章〕參見http://www.marxists.org/archive/marx/works/1894%20-c3/ch37.htm.

2. 此外，有時還能享有同國公民運用資本在海外從事生產而產生的利潤。

3. 參考文獻第一四五項，該研究不只將各國公民權的價值兩兩相比，更是以收入十分位數做比較（例如，瑞典公民權對於收入底層及收入頂層的巴西公民有不同的價值）。

4. 雖然有時候老年人亟需「更好」的公民權，以獲得免費醫療服務或護理之家名額等福利。

5. 過去，奴隸也屬於次公民。在羅馬帝國，奴隸制屬於法律範疇而非經濟範疇（參考文獻第一九七項），但和自由公民相比，奴隸享有的權利有限。奴隸即便獲得自由，享有的權利也不盡然和生而自由的公民相同。

6. 英國除外，因為英國有許多海外領土，這些領土上的人民收入遠低於母國。一九四八年，英國確立大英國協（Commonwealth）內的人民得以自由遷徙（第一次世界一次大戰前其實也是如此），但二十年後通過《大英國協移民法案》（Commonwealth Immigration Act）撤回自由遷徙的權利。奧佛（參考文獻第一五二項）曾說，英國對於「有色」人種移民至澳洲及加拿大等「自治」領土的態度非常複雜，也非常矛盾。澳洲和加拿大在名義上和印度同等，但經常拒絕勞動力的自由遷徙。自治領土對於接收非白人勞工最為擔心，這或許是因為如果印度人大量移入，將會改變政治權力的平衡，並對白人不利。

7. 齊格蒙·包曼（Zygmant Bauman，在“Le coût mondial de la globalisation”中提出，引用於參考文獻第二〇七項，第七〇頁）精闢地提出，移動權是新的優等財。富國公民得以自由移動，但窮國公民卻被困在本地。

8. 起初，這有可能會提升移民規模，因為原本很多人不移民出國是因為缺乏財力。

9. 根據一項計算，解除現有的國際勞工遷徙障礙，將會使全球收入成長超過一倍（參考文獻第一〇九項）。根據波加斯（參考文獻第三一項，表一）的估算，中間情境（既非樂觀，也非悲觀）之下，世界總國內生產毛額將增加近六〇%。這些估算中，全球收入增加乃是由於勞工遷徙至高收入國家後，得以利用更好的基礎建設與更高的資本存量，進而層架邊際產量。

10. 有研究發現，世界銀行及國際貨幣基金提供的貸款對於接收國的淨效益幾乎是零（參考文獻第一六七項），即使對外援助或優惠貸款所資助的項目之報酬率經常為正值（參考文獻第六〇項）。

11. 例如，參見弗格森（Ferguson）與舒拉瑞克（Schularic）（參考文獻第七五項）的研究，該研究探討風險溢價的下降，也就是所謂的「帝國效應」。

12. 有些工具至今已過時了（例如「國家收支平衡」，或尤其是「雙邊國家平衡」），因為今日的全球化和第一波全球化有重大差異。許多經濟學概念還停留在過去的全球化。

13. 因此，有人也稱之為生產的「全球分裂」（global fragmentation）（參考文獻第一二六項）。

14. 然而，當地制度對於資本輸出者而言極為重要。

15. 有些職業可能仍需勞工在場，但重點是此類職業將會減少。

16. 如同先前所述，我們假定大幅縮減國際所得差距在短中期難以達成。

17. 亞里斯多德在《尼各馬可倫理學》（*Nicomachen Ethics*）第八卷提出，每個社群之內皆有*philia*（關愛、善意），但隨著同心圓向外延伸，距離核心社群越遙遠，此*philia*便會遞減。

18. 很可惜，目前缺乏實證研究探討全球化與貪腐之間的關係。最接近此類研究的是本諾・托格勒（Benno Torgler）與馬可・皮雅提（Marco Piatti）（參考文獻第一九一項）所進行的跨國研究，結果顯示一國的全球化指數和貪腐指數呈現正相關。

19. 這些研究不同於「親生經濟貪腐」的研究。我認為後者較佳，但數量更為稀少。

20. 有一項真實實驗揭露人們開設避稅天堂帳戶的目的（參考文獻第一〇七項）。二〇〇五年，歐盟說服瑞士政府對歐盟公民在瑞士銀行帳戶的利息進行所得扣繳，結果短短四個月內，此類帳戶的數量銳減四〇%。

21. 有些其他估算的結果稍高。例如，荷黑・白斯拉（Jorge Becerra）等人（參考文獻第二四項）的估算結果是六兆七千萬美元，高於祖克曼的五兆九千萬美元。若欲了解至二〇一五年以前的估計，請見參考文獻第八項。

22. 國際貨幣基金《二〇一七年國際收支統計年鑑》（*Balance of Payment Statistics Yearbook 2017*），表A-1；國際貨幣基金國際收支統計委員會《二〇一〇年度報告》（*Annual Report 2010*），表二。

23. 弗蘭德認定億萬富翁有政治人脈的標注為：「如果有新聞報導顯示其財富和曾任之公職、在政府任職之近親，或可疑的執照有關」（參考文獻第八二項，第二四頁）。此族群也包含擁有民營化之國有企業的億萬富翁（因為必須獲得政府默許才能轉型），以及靠石油、天然氣、煤礦和其他自然資源賺取財富的億萬富翁，因為要掌控有天然資源的地區，通常需要政府許可。

24. 感謝弗蘭德與莎拉・奧立佛（Sarah Oliver）提供資料以供計算。

25. 這是馬基維利的觀點。雖然自由產生財富〔「以史而論，城必先自由而後富強」，馬基維利在致弗朗切斯科・維托里（Francesco Vettori）的信中如此寫道（引用於參考文獻第二〇九項，第四〇頁）〕，但財富導致腐敗。因此，唯有羅馬共和及中世紀日耳曼城邦等貧窮的農業社會才得以實行自由共和制度（今日我們稱之為「民主」），而馬基維利時期的佛羅倫斯是座商業城市，所以無法實行自由共和制度。

26. 傑克・阿布拉莫夫（Jack Abramoff）是一位惡名昭彰的說客，後來因為進行多筆不正當交易且服務可疑人士而入獄六年。但有從事同「產業」的業界人士向我透露，阿布拉莫夫的所做所為其實是業界常態，只不過他可能比較明目張膽。

27. 此類貪腐只限於少數領導高層，不能算是大規模貪腐。此外，靠此類貪汙得來的利益無法傳承給下一代。

28. 恩戈齊・奧肯尤—伊衞拉（Ngozi Okonjo-Iweala，參考文獻第一五四項）在探討奈及利亞貪腐的著作中，提到奈及利亞政府為打擊貪腐而推動部會間使用電子交易。

29. 英國於一九六〇年代至一九七〇年代實施資本管制，催生了像是海峽群島（Channel Islands）等可以避開貨幣管制的離岸金融地區。

30. José Piñera, "President Clinton and the Chilean Model," Cato Policy Report, January/February 2016, https://www.cato.org/policy-report/januaryfebruary-2016/president-clinton-chilean-model.

31. 請參見"Mauritius Largest Source of FDI in India, Says RBI," *Economic Times*, January 19, 2018, https://economictimes.indiatimes.com/articleshow/62571323.cms.

32. 瓦迪姆・尼基丁（Vadim Nikitin）在針對奧利佛・布爾魯（Oliver Bullogh）的著作《金錢國度：為何世界現在遭竊賊和騙子統治？該如何奪回來？》（*Moneyland: Why Thieves and Crooks Now Rule the World and How to Take It Back*）之書評（*London Review of Books*，二〇一九年二月二十一日）中引用該書的一段：有位倫敦公關業者表示，對於外國貪汙客戶，他的服務目標是透過把客戶塑造成「慈善家」，使客戶成為「殺不得」的人，並藉由威脅提告毀謗及索取高額賠償，使客戶成為「評論不得」的人。這套方法效果良好。

33. 布萊克（Black）、克萊克曼（Kraakman）與塔拉索瓦（Tarassova）（參考文獻第二七項，第二六頁）寫道：「梅納捷普銀行（Bank Menatep）於一九九八年中倒閉後，霍多爾科夫斯基將銀行資產轉移至一間名叫『梅納捷普—聖彼得堡』的新銀行，留下存款人及債權人在舊銀行的殘骸中撿剩下的。為確保交易無法追蹤，霍多爾科夫斯基請人將梅納捷普銀行過去數年的多數紀錄裝進卡車，然後駕駛卡車衝破橋樑，墜入杜布納河（Dybna river）中，希望紀錄永遠躺在河床上。」他們也提到霍多爾科夫斯基曾購買尤科斯石油公司（Yukos）的股票，而且有傳聞指出霍多爾科夫斯基的銀行經手的政府資金當中，約有四十四億美元「從未抵達預定目的地」（第一四頁）。

34. 截至二〇一八年，布拉瓦特尼克是英國富豪排行榜第三名。他因從事慈善活動而受封為爵士。

35. 詹姆斯・杜伊澤貝里（James Duesenberry）於一九四九年針對消費行為所提出的相對收入假說（relative income hypothesis of consumption）也是基於類似的道理：人對自身社群中正常消費及理想消費的感知，會影響其消費行為。

36. 有位塞爾維亞朋友曾替美國駐伊拉克部隊提供伙食服務，他告訴我承包商之間流傳的故事：做同一份工作，美國人的薪水是一百美元，東歐人的薪水是十美元，而非洲人的薪水是一美元。這故事當然有些許誇大。

37. 有一次在世界杯足球賽之前，我花大錢買了一張昂貴的黃牛票。賣我黃牛票的人是一位非洲國家的足球官員，這張票他當初大概是免費入手。他黃牛票賣得理直氣壯，我黃牛票買得也毫無尷尬。我猜想他一定是把自己的收入和瑞士等國的同職等足球官員相比（合情合理），然後認定自己有權賺點外快。很難主張他無權這麼做。

第五章　全球資本主義的未來

1. 在《論法律的精神》（*The Spirit of the Laws*）中，孟德斯鳩曾寫道：「Le commerce guérit des préjugés destructeurs: et c'est presque une règle gènèrale que, partout où il y a des moeurs douces, il y a du commerce; et que, partout où il y a du commerce, il y a des moeurs douces」（《論法律的精神》第二十卷第一章）「商業能治癒最具毀滅性的偏見。這幾乎是

通用法則：商業繁榮的地方，待人就和善，待人和善的地方，商業就繁榮。」取自Online Library of Liberty, https://oll.libertyfund.org/titles/montesquieu-complete-works-vol-2-the-spirit-of-laws#a_1820107.「自由和平假說」其中一位作者麥克．道爾（Michael Doyle）曾在著作《戰爭與和平之道》（*Ways of War and Peace*，參考文獻第六九項）中探討亞當．斯密與熊彼得的和平主義。

2. 在任一時間點，跨國比較顯示，人均國內生產毛額與平均自我感知幸福程度呈現高度正相關（參考文獻第一〇三項，第一〇頁），且在國內，個人的所得水準與自我感知幸福程度也呈現高度正相關（參考文獻第五三項，表五．二）。跨國研究顯示，和人生滿意度有相關的變數中，所得的相關度最高（參考文獻第九五項，圖一）。

3. 「此制度無論看似有多具有毀滅性，如果沒有在某些層面上貼近真實，不可能加諸如此多人之上，也不可能使如此多遵守善良原則的人戒慎以待。」（《道德情操論》第七部第二節第四章）

4. 伍頓曾寫道：「〔《道德情操論》與《國富論》〕兩本著作不太相容。其中一本探討人要如何對待家人、朋友、鄰居（這些人引發我們仁慈的心），但另一本卻在探討人要如何與市場上遇到的陌生人互動〔對於這些人，我們沒有關懷義務，對陌生人，我們可以合理採取『買主自行小心』（caveat emptor）的態度，但對家人、朋友、鄰居卻不行〕……市場力量的**非道德**世界和人人類互動的道德世界之間，〔存在〕一種緊張關心。《國富論》探討我們的抉擇受到市場力量控制的程度，而這些控制限縮了我們展現善良道德行為的機會。」（參考文獻第二〇九項，第一七四至一七五頁；強調為本書作者所加）

5. 「生意及其持續作用已成為他們〔資本家〕生活中不可或缺的一部分，而且成為唯一的動機。但以個人幸福的角度而言，這同時又很不理性，人存在的目的竟然是為了生意，而不是反過來。」（參考文獻第二〇四項，第七〇頁）

6. 在此必須澄清，韋伯並不是說新教徒事後再制約資本家的貪婪，反而是說宗教價值刺激了這樣的行為。因此根據韋伯，是宗教促成資本主義價值，而這些價值並非為了實現某些功能而出現。

7. 「其實，這就是建立資本主義體制的主要理由。如果富人將新得到的財富花在享樂，世界不可能容忍這種政權。然而，他們卻像蜜蜂一般儲蓄、累積，藉此為整個社會帶來益處，因為他們自己對未來有更狹隘的目標。」（《凡爾賽和約的經濟後果》第二章第三節）

8. 「消費受到限制，加上能追求利益的活動釋出，其必然結果非常明顯：透過禁欲般的強迫儲蓄以累積資本。」（參考文獻第二〇四項，第一七二頁）

9. 內隱契約的當代案例就是北歐國家，但現在卻面臨崩解的危險。北歐國家有工資壓縮（wage compression）的現象，加上資本占淨所得比高，但大家的默契就是利潤會拿去再投資，以維持高總需求水準，保持充分就業（參考文獻第一四九項）。

10. Harriet Sherwood, "'Christianity as Default Is Gone': The Rise of a Non-Christian Europe," *Guardian*, March 21, 2018.

11. 方濟各教宗所領導的羅馬公教會（天主教會）算是例外。近年，方濟各教宗企圖強化商業倫理。詳見Hannah Brockhaus, "Pope Francis: The Church Cannot Be Silent about Economic Suffering," April 12, 2018, *Crux*, https://cruxnow.com/vatican/2018/04/12/pope-francis-the-church-cannot-be-silent-about-economic-suffering/.

12. 資料來源：Tara Isabella Burton, "Prominent Evangelical Leader on Khashoggi Crisis," *Vox*, October 17, 2018, https://www.vox.com/2018/10/17/17990268/pat-robertson-khashoggi-saudi-arabia-trump-crisis.

13. 羅爾斯認為，較富裕的人不炫富，才能使較窮的人接受必然的所得不平等及財富不平等，並避免引發嫉妒或仇富情緒：「人在日常生活中遵守自然責任，享有優勢的人不會炫富，以免羞辱生活沒有那麼寬裕的人。」（參考文獻第一六八項，第四七〇頁）

14. 資料來源為二〇〇〇年早期所進行的家戶調查。同樣的趨勢也反映在超過二十五歲的成人與父母同住的比例：丹麥不到一〇%，其他（非常富裕的）北歐國家不到二〇%，美國、英國、德國三〇%，越往東南邊，比例越高。義大利、西班牙、臺灣、希臘皆介於七〇%至八〇%（以盧森堡所得研究中心約二〇一三年的數據計算，https://www.lisdatacenter.org/）。

15. 這些活動的內部化，主要由女性承擔。

16. 對於分享與排外之間的連結，孟德斯鳩曾巧妙地說：一個品行極為高尚的君子不可以有朋友，因為友情就像分享一樣，意味對特定的人展現偏好，但這偏好無法擴及整個社群。

17. 根據估計，在十九世紀中期，長江三角洲的勞工只有五%至一五%為僱傭勞工，而同時期的英格蘭鄉村，七五%的勞工都是僱傭勞工（參考文獻第一九九項，第三四〇頁）。

18. 梅森在《後資本主義》中提出，新商品的興起（例如休閒時間的商品化），乃是因為利潤經常歸零，以及有些新商品（例如軟體）的產權無法獲得充分保護。利潤歸零，資本主義就會消失。於是梅森說，資本家唯一的辦法就是將日常生活商品化，以找尋新的「行動場域」（field of action）。最終，所有人為互動皆必須商品化。例如，一群媽媽在公園遊樂場上推對方孩子盪鞦韆，就要向對方收取一分錢。然而，梅森認為商品化的擴張無法永續。人類對於日常生活商品化範圍的接受，有一種自然上限：「如此一來，人對免費接吻的態度，就會像十九世人對盜獵者的態度一樣。」（參考文獻第一三七項，第一七五頁）然而，本章稍後就會講到，我和梅森的觀點有所不同，我不太認為這種商品化有自然界線。過去大家認為不容商品化的活動，現在已漸漸商品化，且被視為常態。未來，這種商品化的趨勢沒有理由停止。

19. 楊・德・弗里斯（Jan de Vries，參考文獻第六六項）首創「勤奮革命」（industrious revolution）一詞，因為家戶生產轉變為僱用勞動後，全年工時大幅增加。因此，工業革命不只是每小時勞動輸出提升，更是勞動輸入增加。也可見參考文獻第一六四項，第九四頁；參考文獻第五項；參考文獻第七項。

20. 參考文獻第二〇四項，第一六一頁。

21. 感謝卡拉．尤瑪托（Carla Yumatle）提供此評論。
22. Daniel Markovits, "A New Aristocracy," Yale Law School Commencement Address, May 2015, https://law.yale.edu/system/files/area/department/studentafairs/document/markovitscommencementrev.pdf（原文就有粗體）。
23. 然而，可能也會有人提出反論，說現在也出現許多「去商品化」的呼聲，例如在軟體界，有人提倡開源軟體，在美國，有人提倡免費（單一支付者）醫療體系。未來，這些趨勢有可能會越來越重要，畢竟沒有人知道未來會發生什麼事。然而，我認為本書以體制內部邏輯為基礎（尤其是體制所提倡的價值觀）的論證，指向相反的方向。
24. 我在整理非洲家戶調查資料時，就親眼見證商品化對彩度的影響。許多在富裕經濟體是要營利收費的活動，在非洲都是於家戶中「免費」進行，因此這些活動的價值必須「設算」，否則調查結果將大幅低估非洲國家的家戶消費水準。
25. 塔雷伯說：「假設你是石器時代思想家，受部落委託提供詳盡未來預測報告，以供部落首領規劃之用。你必須預測輪子的發明，否則任何幾乎一切後續事情都預測不到。然而，如果你能預測輪子的發明，就代表你已經知道輪子的外觀，因此已經知道輪子的製造方法了。」（參考文獻第一八六項，第一七二頁）
26. 參考文獻第二一二項，第二三頁，圖一．一。如果一個工作被自動化的機率預估高於〇．七，就會歸類為「受到威脅」（at risk）。
27. Jean-Baptiste Say, *Cours complet d'économie politique*, 2:170，引用於參考文獻第三八項，第五三九頁。
28. 參見凱因斯在《論傳記》（*Essays in Biography*，參考文獻第一一二項，第二六六頁）中對傑文斯的描述：「〔傑文斯〕的結論受到……一種心理特性的影響。這種心理特性許多人都有，但他特別強烈。這是一種囤積的本能，一種想要被資源耗竭所驚嚇或刺激的心態。傑文斯先生〔其子〕告訴我一則有趣的事情。傑文斯對於紙張的耗竭有類似的想法……於是他出於恐懼開始囤積，不只囤積書寫用紙，更是囤積褐色的薄包裝紙。直至今日，傑文斯死後五十多年，其子孫都尚未用盡他當年所囤積的紙張。」

29. 參見參考文獻第一九五項；參考文獻第一八二項。

30. 參考文獻第二一二項，第一一〇頁。蒙古與伊朗的全民基本收入每月發放金額請見World Bank, World Development Report 2019, “The Changing Nature of Work,” working draft, April 20, 2018, p. 89, https://mronline.org/wp-content/uploads/2018/04 /2019-WDR-Draft-Report.pdf. 沙烏地阿拉伯和其他的海灣酋長國一樣，透過各類現金發放制度，將部分石油租金分配給公民。然而，這種額外之財受到油價起伏所影響，且仰賴統治者的恩惠，和無條件全民基本收入似乎無法比擬。

31. 豪尼（Hauner）、米蘭諾維奇（Milanovic）與奈篤（Naidu）（參考文獻第一〇二項）近期研究發現，霍布森式新馬克思帝國主義理論創始人（霍布森、盧森堡、列寧）所提到的要素，在第一次世界大戰之前全都存在：參戰國的財富及所得不平等升至歷史高點；「核心」帝國主義國家快速獲取外國資產，並由前一%至五%最有錢的階層所把持；這些外國資產的報酬率遠高於國內資產；資產越多的國家，軍隊規模就越大（占全國人口的比例）。這些引發戰爭的要素全都存在。

32. 戰亂死亡人數以「戰爭關聯」（Correlates of War, COW）計畫（參見http://www.correlatesofwar.org/）的數據進行計算。一九〇一至二〇〇〇年間，約有一億六千六百五十萬人死於國際戰爭，六千四百萬人死於內戰，近一百萬人死於帝國主義及殖民主義戰爭。「戰爭關聯」計畫稱後者為「體制外戰爭」（extra-systemic wars），因為這些戰爭的一方是國際承認的體制參戰方（例如英國和俄羅斯），另一方則是非體制的參戰方（例如錫克教徒和波蘭反抗軍）。「體制戰爭」指的就是交戰雙方皆為國際承認的國家。二十世紀總出生人口數量來自美國人口資料局（U.S. Population Reference Bureau）的估計；參見“How Many People Have Ever Lived on Earth,” https://www.prb.org/howmanypeoplehaveeverlivedonearth/.的表一。

33. 若果真如此，本書第四章引言中馬克思的論點就會得到證實。

34. 羅爾斯寫道：「假設……人似乎願意為了豐厚的經濟報酬而捨棄某些政治權利。這種取捨是兩個原則（廣泛個人自由相容於全體的同等自由；經濟不平等唯有在對最貧窮的人民有益時，才可接受容許）所排除的。它們有先後順序，因此基本自由和經濟及社會利益之間不得有所取捨。」（參考文獻第一六八項，第五五頁）

35. 根據參考文獻第一二一項；參考文獻第三五項。

36. 無論參考吉尼係數等綜合不平等指標，還是參考全球前一％富人的所得占比，都可以看出不平等的下滑。吉尼係數計算的是全球的所得分配（如圖一・一所示）。儘管全球所得不平等降低時，全球前一％的所得占比通常會增加，但近期就連全球前一％的所得占比都下降了（參見參考文獻第二一三項，第五六頁，圖二・一・九）。

37. 非洲對於不平等的作用，目前僅限於其人口遠低於亞洲。二〇〇五年左右，全球不平等僅約一〇％源自非洲。然而，隨著非洲人口增加，此比例必然會提升。因此，全球不平等的演變，將越來越取決於非洲的發展。

38. 亞當・斯密《國富論》第四卷第七章。

附錄一

1. 「文明國家的殖民地如果建立在無人居住的地區，或人口稀疏，原住民很容易被新開拓者所取代的地區，其繁榮興盛的速度遠高於任何其他人類社會。」（亞當・斯密《國富論》第四卷第七章）

2. “The British Rule in India,” *New York Tribune*, June 25, 1853, in Marx (2007, 218-219).

3. “The Future Results of British Rule in India,” *New York Tribune*, August 8, 1853, in Marx (2007, 220).

4. 「資本主義已成為殖民壓迫的世界體制，由少數『先進』國家掐死世界絕大多數人民的財務。」（Lenin, *Collected Works*, 19:87，引用於參考文獻第一八五項，第二四頁）

5. Eric Hobsbawm, “Introduction,” in Marx (1965, 19-20).

6. Karl Marx, "The German Ideology," in Tucker (1978, 157).

附錄三

1. 若欲了解更多方法的細節，請參見參考文獻第一四二項。
2. 見參考文獻第一三二項，https://www.rug.nl/ggdc/historicaldevelopment/maddison/releases/maddison-project-database-2018.
3. 實證結果可見參考文獻第二三項，威廉·包摩爾（William Baumol）的研究。對經濟合作暨發展組織會員國經濟成長率的研究，約自包摩爾始。自其以降，有無數論文證實這項收斂（例如，見參考文獻第二一項；參考文獻第二二項）。

1. Acemoglu, Daron, and James A. Robinson. 2006. *Economic Origins of Dictatorship and Democracy.* Cambridge: Cambridge University Press.
2. Acemoglu, Daron, and James A. Robinson. 2012. *Why Nations Fail: The Origins of Power, Prosperity, and Poverty.* New York: Crown.
3. Achen, Christopher, and Larry Bartels. 2017. *Democracy for Realists: Why Elections Do Not Produce Responsive Government.* Princeton, NJ: Princeton University Press.
4. Akcigit, Ufuk, Salomé Baslandze, and Stefanie Stantcheva. 2015. "Taxation and the International Mobility of Inventors." NBER Working Paper No. 21024, National Bureau of Economic Research, Cambridge, MA, March. Published 2016 in *American Economic Review* 106(10): 2930-2981.
5. Allen, Robert C. 2009. *The British Industrial Revolution in Global Perspective.* Cambridge: Cambridge University Press.

6. Allen, Robert C. 2011. "Technology and the Great Divergence." Discussion Paper Series No. 548, Department of Economics, University of Oxford. https://www.economics.ox.ac.uk/materials/papers/5001/paper548.pdf. Published 2012 as "Technology and the Great Divergence: Global Economic Development since 1820." *Explorations in Economic History* 49(1): 1-16.
7. Allen, Robert C. 2017. *The Industrial Revolution: A Very Short Introduction.* Oxford: Oxford University Press.
8. Alstadsaeter, Annette, Niels Johannesen, and Gabriel Zucman. 2017. "Who Owns the Wealth in Tax Havens? Macro Evidence and Implications for Global Inequality." NBER Working Paper No. 23805, National Bureau of Economic Research, Cambridge, MA, September.
9. Alvaredo, Facundo, Anthony B. Atkinson, and Salvatore Morelli. 2018. "Top Wealth Shares in the UK over More Than a Century." *Journal of Public Economics* 162: 26-47.
10. Aristotle. 1976. *The Politics,* trans. and with an introduction by T. A. Sinclair. Harmondsworth, UK: Penguin Classics.
11. Arrighi, Giovanni. 2007. *Adam Smith in Beijing: Lineages of the Twenty-First Century.* London: Verso.
12. Atkinson, Anthony. 2015. *Inequality: What Can Be Done?* Cambridge, MA: Harvard University Press.
13. Atkinson, Anthony B. 2018. "Wealth and Inheritance in Britain from 1896 to the Present." *Journal of Economic Inequality* 16(2): 137-169.
14. Atkinson, Anthony B., Thomas Piketty, and Emmanuel Saez. 2011. "Top Incomes in the Long Run of History." *Journal of Economic Literature* 49(1): 3-71.

15. Avineri, Shlomo, ed. 1968. *Karl Marx on Colonialism and Modernization.* New York: Doubleday.

16. Azar, José, Ioana Marinescu, and Marshall Steinbaum. 2017. "Labor Market Concentration." NBER Working Paper No. 24147, National Bureau of Economic Research, Cambridge, MA, December.

17. Bai, Chong-En, Chang-Tai Hsieh, and Zheng (Michael) Song. 2014. "Crony Capitalism with Chinese Characteristics." Unpublished manuscript, May. http://china.ucsd.edu/_files/pe-2014/10062014_Paper_Bai_Chong.pdf.

18. Bakija, Jon, Adam Cole, and Bradley T. Heim. 2010. "Jobs and Income Growth of Top Earners and the Causes of Changing Income Inequality: Evidence from U.S. Tax Return Data." Unpublished manuscript. https://web.williams.edu/Economics/wp/BakijaColeHeimJobsIncomeGrowthTopEarners.pdf.

19. Baldwin, Richard. 2016. *The Great Convergence: Information Technology and the New Globalization.* Cambridge, MA: Belknap Press of Harvard University Press.

20. Barkai, Simcha. 2016. "Declining Labor and Capital Shares." Unpublished manuscript. http://home.uchicago.edu/~barkai/doc/BarkaiDecliningLaborCapital.pdf.

21. Barro, Robert J. 1991. "Economic Growth in a Cross Section of Countries." *Quarterly Journal of Economics* 106(2): 407-443.

22. Barro, Robert. 2000. "Inequality and Growth in a Panel of Countries." *Journal of Economic Growth* 5(1): 5-32.

23. Baumol, William J. 1986. "Productivity Growth, Convergence, and Welfare: What the Long-Run Data Show." *American Economic Review* 76(5): 1072-1085.

24. Becerra, Jorge, Peter Damisch, Bruce Holley, et al. 2009. “Delivering on the Client Promise.” Global Wealth 2009, Boston Consulting Group, September. Executive summary at https://www.bcg.com/documents/file29101.pdf.

25. Bekkouche, Yasmine, and Julia Cagé. 2018. “The Price of a Vote: Evidence from France, 1993-2014.” CEPR Discussion Paper No. 12614, Centre for Economic Policy Research, London, January. https://cepr.org/active/publications/discussion_papers/dp.php?dpno=12614#.

26. Berdyaev, Nikolai. 2006. *The Meaning of History.* New Brunswick, NJ: Transaction.

27. Black, Bernard, Reinier Kraakman, and Anna Tarassova. 2000. “Russian Privatization and Corporate Governance: What Went Wrong?” Stanford Law School John M. Olin Program in Law and Economics Working Paper No. 178. Published 2000 in *Stanford Law Review* 52(6): 1731-1808.

28. Bonica, Adam, Nolan McCarty, Keith T. Poole, and Howard Rosenthal. 2013. “Why Hasn’t Democracy Slowed Rising Inequality?” *Journal of Economic Perspectives* 27(3): 103-123.

29. Bonica, Adam, and Howard Rosenthal. 2016. “Increasing Inequality in Wealth and the Political Expenditures of Billionaires.” Unpublished manuscript.

30. Borjas, George. 1987. “Self-selection and the Earnings of Immigrants.” *American Economic Review* 77(4): 531-553.

31. Borjas, George J. 2015. “Immigration and Globalization: A Review Essay.” *Journal of Economic Literature* 53(4): 961-974.

32. Bourguignon, François, and Christian Morrisson. 2002. “Inequality among World Citizens: 1820-1992.” *American Economic Review* 92(4): 727-744.

33. Bournakis, Ionnis, Michela Vecchi, and Francesco Venturini. 2018. "Of-shoring, Specialization and R&D." *Review of Income and Wealth* 64(1): 26-51.

34. Bowles, Samuel, and Herbert Gintis. 1976. *Schooling in Capitalist America: Education Reform and the Contradictions of Economic Life.* New York: Basic Books.

35. Bowles, Samuel, and Herbert Gintis. 1986. *Democracy and Capitalism: Property, Community and the Contradiction of Modern Social Thought.* New York: Basic Books.

36. Bowley, Arthur. 1920. *The Change in the Distribution of National Income, 1880-1913.* Oxford: Clarendon Press.

37. Bramall, Chris. 2000. *Sources of Chinese Economic Growth: 1978-1996.* Oxford: Oxford University Press.

38. Braudel, Fernand. 1979. *Civilization and Capitalism 15th-18th Century,* vol. 3: *The Perspective of the World,* trans. Sian Reynolds. New York: Harper and Row.

39. Bregman, Rutger. 2017. *Utopia for Realists: How We Can Build the Ideal World.* New York: Little, Brown.

40. Broadberry, Stephen, and Alexander Klein. 2008. "Aggregate and Per Capita GDP in Europe, 1870-2000: Continental, Regional and National Data with Changing Boundaries." Unpublished manuscript. Published 2012 in *Scandinavian Economic History Review* 60(1): 79-107.

41. Broadberry, Stephen, and Alexander Klein. 2011. "When and Why Did Eastern European Economies Begin to Fail? Lessons from a Czechoslovak/UK Productivity Comparison, 1921-1991." *Explorations in Economic History* 48(1): 37-52.

42. Brunori, Paolo, Francisco H. G. Ferreira, and Vito Peragine. 2013. "Inequality of Opportunity, Income Inequality

and Economic Mobility: Some International Comparisons." IZA Working Paper No. 7155, IZA Institute of Labor Economics, Bonn, January. http://ftp.iza.org/dp7155.pdf.

43. Calvino, Italo. 1994. "Apologo sull'onestà nel paese dei corrotti." In *Romanzi e racconti,* ed. Mario Berenghi and Bruno Falcetto, vol. 3, 290-293. Milan: Mondadori.

44. Capussela, Andrea Lorenzo. 2018. *The Political Economy of Italy's Decline.* Oxford: Oxford University Press.

45. Carlin, Wendy, Mark Schafer, and Paul Seabright. 2012. "Soviet Power Plus Electrification: What Is the Long-Term Legacy of Communism?" Working Paper 43-212, Department of Studies on Economic Development, Universita degli studi de Macerata, June. Published 2013 in *Explorations in Economic History* 50(1): 116-147.

46. Chen, Shaohua, and Martin Ravallion. 2007. "Absolute Poverty Measures for the Developing World, 1981-2004." *Proceedings of the National Academy of Sciences of United States of America* 104(43): 16757-16762.

47. Chetty, Raj, John N. Friedman, Emmanuel Saez, Nicholas Turner, and Danny Yagan. 2017a. "Mobility Report Cards: The Role of Colleges in Intergenerational Mobility." NBER Working Paper No. 23618, National Bureau of Economic Research, Cambridge, MA, rev. July.

48. Chetty, Raj, David Grusky, Maximilian Hell, Nathaniel Hendren, Robert Manduca, and Jimmy Narang. 2017b. "The Fading American Dream: Trends in Absolute Income Mobility since 1940." *Science* 356(6336): 398-406.

49. Chi, Wei. 2012. "Capital Income and Income Inequality: Evidence from Urban China." *Journal of Comparative Economics* 40(2): 228-239.

50. Chiappori, Pierre-André, Bernard Salanié, and Yoram Weiss. 2017. "Partner Choice, Investment in Children and

the Marital College Premium." *American Economic Review* 107(8): 2109-2167.

51. Chi Hsin. 1978. *Teng Hsiao-ping: A Political Biography.* Hong Kong: Cosmos Books. China Statistical Yearbook. 2017. National Bureau of Statistics, Beijing.
52. China Statistical Yearbook. 2017. National Bureau of Statistics, Beijing.
53. Clark, Andrew, Sarah Flèche, Richard Layard, Nattavudh Powdthavee, and George Ward. 2017. "The Key Determinants of Happiness and Misery." In *World Happiness Report 2017,* ed. John Helliwell, Richard Layard, and Jefrey Sachs, 122-143. New York: Sustainable Development Solutions Network.
54. Congressional Budget Office. 2014. "The Distribution of Household Income and Federal Taxes, 2011." CBO Report, Washington, DC, November 12. https://www.cbo.gov/publication/49440.
55. Corak, Miles. 2013. "Inequality from Generation to Generation: The United States in Comparison." In *The Economics of Inequality, Poverty, and Discrimination in the 21st Century,* ed. Robert Rycroft. Santa Barbara, CA: Praeger.
56. Crabtree, James. 2018. *A Billionaire Raj: A Journey through India's New Gilded Age.* New York: Tim Duggan Books of Crown Publishing.
57. Credit Suisse Research Institute. 2013. "Global Wealth Report 2013." October. https://www.files.ethz.ch/isn/172470/global_wealth_report_2013.pdf.
58. Creemers, Rogier. 2018. "Party Ideology and Chinese Law." Unpublished manuscript, July 30. https://papers.ssrn.com/sol3/papers.cfm?abstract_id=3210541.

59. Dahrendorf, Ralf. (1963) 1978. "Changes in the Class Structure of Industrial Societies." In *Social Inequality,* ed. André Béteille. Reprint. Harmondsworth, UK: Penguin.

60. Dalgaard, C. J., and H. Hansen. 2001. "On Aid, Growth and Good Policies." *Journal of Development Studies* 37(6): 17-41.

61. Dao, Mai Chi, Mitali Das, and Zoka Koczan, and Weiching Lian. 2017. "Why Is Labor Receiving a Smaller Share of Global Income?" IMF Working Paper wp/17/169, International Monetary Fund, Washington DC, July. https://www.imf.org/en/Publications/WP/Issues/2017/07/24/Why-Is-Labor-Receiving-a-Smaller-Share-of-Global-Income-Theory-and-Empirical-Evidence-45102.

62. Dasgupta, Rana. 2015. *Capital: The Eruption of Delhi*. New York: Penguin.

63. Davis, Gerald F. 2016. *The Vanishing American Corporation: Navigating the Hazards of a New Economy.* N.P.: Berrett-Koehler.

64. Davis, Jonathan, and Bhashkar Mazumder. 2017. "The Decline in Intergenerational Mobility after 1980." Federal Reserve Bank of Chicago Working Paper No. 17-21, revised January 29, 2019. https://www.chicagofed.org/publications/working-papers/2017/wp2017-05.

65. Decancq, Koen, Andreas Peichl, and Philippe Van Kerm. 2013. "Unequal by Marriage? Assortativeness and Household Earnings Inequality: A Copula-Based Decomposition." Unpublished manuscript. http://economics.mit.edu/files/8479.

66. de Vries, Jan. 2008. *The Industrious Revolution: Consumer Behavior and the Household Economy, 1650 to the*

Present. Cambridge: Cambridge University Press.

67. Ding, Haiyan, and Hui He. 2018. "A Tale of Transition: An Empirical Analysis of Income Inequality in Urban China, 1986-2009." *Review of Economic Dynamics* 29: 108-137.
68. Ding, Haiyan, Zhe Fu, and Hui He. 2018. "Transition and Inequality." Unpublished manuscript, IMF Seminar, August 22 version.
69. Doyle, Michael W. 1997. *Ways of War and Peace: Realism, Liberalism, and Socialism.* New York: Norton.
70. Easterly, Bill, and Stanley Fischer. 1995. "The Soviet Economic Decline." *World Bank Economic Review* 9(3): 341-371.
71. Economy, Elizabeth C. 2018. "China's New Revolution: The Reign of Xi Jinping." *Foreign Affairs* 97(3): 60-74.
72. Ellul, Jacques. 1963. *The Technological Society.* New York: Vintage Books.
73. Elsby, Michael W. L., Bart Hobijn, and Ayşegül Şahin. 2013. "The Decline of U.S. Labor Share." Brookings Papers on Economic Activity, Brookings Institution, Washington, DC, October 18 version. https://www.brookings.edu/bpea-articles/the-decline-of-the-u-s-labor-share/.
74. Feldstein, Martin, and Shlomo Yitzhaki. 1982. "Are High-income Individuals Better Stock Market Investors?" NBER Working Paper No. 948, National Bureau of Economic Research, Cambridge, MA, July.
75. Ferguson, Niall, and Moritz Schularick. 2006. "The Empire Efect: The Determinants of Country Risk in the First Age of Globalization, 1880-1913." *Journal of Economic History* 66(2): 283-312.
76. Fiorio, Carlo V., and Stefano Verzillo. 2018. "Looking in Your Partner's Pocket before Saying 'Yes!' Income

Assortative Mating and Inequality." Working Paper 2/2018, Dipartmento di Economia, Università degli Studi di Milano, February. http://wp.demm.unimi.it/files/wp/2018/DEMM-2018_02wp.pdf.

77. Fisher, Irving. 1919. "Economists in Public Service: Annual Address of the President." *American Economic Review* 9(1) supp.: 5-21.

78. Frank, André Gunder. 1966. "Development of Underdevelopment." *Monthly Review* 18(4): 17-31.

79. Fraser, Nancy. 2012. "Can Society Be Commodities All the Way Down? Polanyian Reflections on Capitalist Crisis." FMSH-WP-2012-18, Fondation Maison des sciences de l'homme, Paris, August. https://halshs.archives-ouvertes.fr/halshs-00725060/document. Published 2014 in *Economy and Society* 43(4): 541-558.

80. Freeman, Richard B. 2006. "People Flows in Globalization." *Journal of Economic Perspectives* 20(2): 145-170.

81. Freeman, Richard B. 2014. "Who Owns the Robots Rules the World." *IZA World of Labor*: 5, May. https://www.sole-jole.org/Freeman.pdf.

82. Freund, Caroline. 2016. *Rich People Poor Countries: The Rise of Emerging Market Tycoons and Their Mega Firms*. Washington, DC: Peterson Institute for International Economics.

83. Freund, Caroline, and Sarah Oliver. 2016. "The Origins of the Superrich: The Billionaire Characteristics Database." PIIE Working Paper 16-1, Peterson Institute for International Economics, February. https://piie.com/system/files/documents/wp16-1.pdf.

84. Fukuyama, Francis. 1992. *The End of History and the Last Man*. New York: Free Press.

85. Fukuyama, Francis. 2011. *The Origins of Political Order*. New York: Farrar, Straus and Giroux.

86. Gabriel, Satyananda J. 2006. *Chinese Capitalism and the Modernist Vision.* London: Routledge.

87. Gernet, Jacques. 1962. *Daily Life in China on the Eve of Mongol Invasion, 1250-1276.* New York: Macmillan; repr. Stanford University Press.

88. Gewirtz, Julian. 2017. *Unlikely Partners: Chinese Reformers, Western Economists, and the Making of Global China.* Cambridge, MA: Harvard University Press.

89. Gilens, Martin. 2012. *Affluence and Influence: Economic Inequality and Political Power in America.* Princeton, NJ: Princeton University Press.

90. Gilens, Martin. 2015. "Descriptive Representation, Money, and Political Inequality in the United States." *Swiss Political Science Review* 21(2): 222-228.

91. Gilens, Martin, and Benjamin I. Page. 2014. "Testing Theories of American Politics: Elites, Interest Groups, and Average Citizens." *Perspectives on Politics* 12(3): 564-581.

92. Goldin, Claudia, and Lawrence F. Katz. 2010. *The Race between Education and Technology.* Cambridge, MA: Belknap Press of Harvard University Press.

93. Gong, Honge, Andrew Leigh, and Xin Meng. 2012. "Intergenerational Income Mobility in Urban China." *Review of Income and Wealth* 58(3): 481-503.

94. Grabka, Markus, and Christian Westermeier. 2014. "Anhaltend hohe Vermögensung-leichheit in Deutschland." *DIW Wochenbericht* 9: 151-164. https://www.diw.de/documents/publikationen/73/diw_01.c.438708.de/14-9.pdf.

95. Graham, Carol, Kate Lafan, and Sergio Pinto. 2018. "Well-being in Metrics and Policy." *Science* 362(6412): 287-288.

96. Greenwood, Jeremy, Nezih Guner, Georgi Kocharkov, and Cezar Santos. 2014a. "Marry Your Like: Assortative Mating and Income Inequality." *American Economic Review* 104(5): 348-353.
97. Greenwood, Jeremy, Nezih Guner, Georgi Kocharkov, and Cezar Santos. 2014b. "Corrigendum to 'Marry Your Like: Assortative Mating and Income Inequality.'" http://pareto.uab.es/nguner/ggks_corrigendum.pdf.
98. Greenwood, Jeremy, Nezih Guner, and Guillaume Vandenbroucke. 2017. "Family Economics Writ Large." NBER Working Paper No. 23103, National Bureau of Economic Research, Cambridge, MA, January.
99. Gustafson, Björn, Shi Li, and Hieroshi Sato. 2014. "Data for Studying Earnings, the Distribution of Household Income and Poverty in China." IZA Working Paper 8244, IZA Institute of Labor Economics, Bonn, June. Published 2014 in *China Economic Review* 30: 419-431.
100. Hallward-Driemeier, Mary, and Gaurav Nayyar. 2018. *Trouble in the Making? The Future of Manufacturing-Led Development.* Washington, DC: World Bank Group. https://www.worldbank.org/en/topic/competitiveness/publication/trouble-in-the-making-the-future-of-manufacturing-led-development.
101. Harrington, Brooke. 2016. *Capital without Borders: Wealth Managers and the One Percent.* Cambridge, MA: Harvard University Press.
102. Hauner, Thomas, Branko Milanovic, and Suresh Naidu. 2017. "Inequality, Foreign Investment and Imperialism." Munich Personal RePEc Archive (MPRA), Working Paper 83068, 30 November. https://mpra.ub.uni muenchen.de/83068/1/MPRA_paper_83068.pdf.
103. Helliwell, John F., Haifang Huang, and Shun Wang. 2017. "Social Foundations of World Happiness." In *World*

Happiness Report 2017, ed. John Helliwell, Richard Layard, and Jeffrey Sachs, 8-47. New York: Sustainable Development Solutions Network.

104. Hirschman, Albert O. 1977. *The Passions and the Interests: Political Argument for Capitalism before Its Triumph.* Princeton, NJ: Princeton University Press.
105. Hobson, John. 1902. *Imperialism: A Study.* London: J. Nisbet. Reprint Ann Arbor: University of Michigan Press, 1965.
106. Jacques, Martin. 2012. *When China Rules the World,* 2nd ed. London: Penguin.
107. Johannesen, Niels. 2014. "Tax Evasion and Swiss Bank Deposits." *Journal of Public Economics* 111: 46-62.
108. Karabarbounis, Loukas, and Brent Neiman. 2013. "The Global Decline of the Labor Share." NBER Working Paper No. 19136. National Bureau of Economic Research, Cambridge, MA, June (rev. October). Published 2014 in *Quarterly Journal of Economics* 129(1): 61-103.
109. Kennan, John. 2014. "Freedom of Movement for Workers." *IZA World of Labor* 2014: 86, September. https://wol.iza.org/uploads/articles/86/pdfs/freedom-of-movement-for-workers.pdf.
110. Keynes, John Maynard. 1919. *The Economic Consequences of the Peace.* London: Macmillan.
111. Keynes, John Maynard. 1930. "The Economic Possibilities for Our Grandchildren," parts 1 and 2. *The Nation and Athenaeum* 48, October 11 and 18.
112. Keynes, John Maynard. 1972. *Essays in Biography.* London: Macmillan.
113. Kissinger, Henry. 2011. *On China.* New York: Penguin.

114. Kristov, Lorenzo, Peter Lindert, and Robert McClelland. 1992. "Pressure Groups and Redistribution." *Journal of Public Economics* 48(2): 135-163.

115. Krouse, Richard W. 1982. "Polyarchy and Participation: The Changing Democratic Theory of Robert Dahl." *Polity* 14(3): 441-463.

116. Kuhn, Moritz, Moritz Schularick, and Ulrike Steins. 2017. "Income and Wealth Inequality in America, 1949-2016." Discussion Paper 20547, Centre for Economic Policy Research, London, September.

117. Kurz, Mordecai. 2018. "On the Formation of Capital and Wealth: IT, Monopoly Power and Rising Inequality." Unpublished manuscript, dated June 25, 2017, rev. May 11, 2018. https://papers.ssrn.com/sol3/papers.cfm?abstract_id=3014361.

118. Lakner, Christoph. 2014. "Wages, Capital and Top Incomes: The Factor Income Composition of Top Incomes in the USA, 1960-2005." Chap. 2 of "The Determinants of Incomes and Inequality: Evidence from Poor and Rich Countries." PhD diss., Oxford University.

119. Lakner, Christoph, and Branko Milanovic. 2016. "Global Income Distribution: From the Fall of the Berlin Wall to the Great Recession." *World Bank Economic Review* 30(2): 203-232.

120. Landes, David. 1998. *The Wealth and Poverty of Nations: Why Some Are So Rich and Some So Poor.* New York: Norton.

121. Leijonhufvud, Axel. 1985. "Capitalism and the Factory System." In *Economics as a Process: Essays in the New Institutional Economics,* ed. Richard N. Langlois. Cambridge: Cambridge University Press.

122. Levy, Harold O., and Peg Tyre. 2018. "How to Level the College Playing Field." *New York Times,* April 7.

123. Li, Cheng. 2016. *Chinese Politics in the Xi Jinping Era.* Washington, DC: Brookings Institution Press.

124. Li, Chunling. n.d. "Profile of Middle Class in Mainland China." Unpublished manuscript.

125. Lin, Justin Yufu, and Celestin Monga. 2017. *Beating the Odds: Jump-starting Developing Countries.* Princeton, NJ: Princeton University Press.

126. Los, Bart, Marcel P. Timmer, and Gaaitzen de Vries. 2015. "How Global Are Global Value Chains? A New Approach to Measure International Fragmentation." *Journal of Regional Science* 55(1): 66-92.

127. Lundberg, Jacob, and Daniel Walderström. 2016. "Wealth Inequality in Sweden: What Can We Learn from Capitalized Income Tax Data?" Unpublished manuscript, April 22. http://www.uueconomics.se/danielw/Research_files/Capitalized%20Wealth%20Inequality%20in%20Sweden%20160422.pdf. Published 2018 in *Review of Income and Wealth* 64(3): 517-541.

128. Luo, Xubei, and Nong Zhu. 2008. "Rising Income Inequality in China: A Race to the Top." Policy Research Working Paper No. 4700, World Bank, Washington, DC, August.

129. Ma, Debin. 2011. "Rock, Scissors, Paper: The Problem of Incentives and Information in Traditional Chinese State and the Origin of Great Divergence." Economic History Department Working Papers 152/11, London School of Economics. http://eprints.lse.ac.uk/37569/.

130. Machiavelli, Niccolò. 1983. *The Discourses.* Edited with an introduction by Bernard Crick, using the translation of Leslie J. Walker, S.J., with revisions by Brian Richardson. London: Penguin.

131. Maddison, Angus. 2007. *Contours of the World Economy, 1-2030 AD: Essays in Macro-economic History.* Oxford: Oxford University Press.
132. Maddison Project. 2018. See Jutta Bolt, Robert Inklaar, Herman de Jong, and Jan Luiten van Zanden, "Rebasing 'Maddison': New Income Comparisons and the Shape of Long-Run Economic Development," Maddison Project Working Paper 10, https://www.rug.nl/ggdc/historicaldevelopment/maddison/research.
133. Daniel Markovits, "A New Aristocracy," Yale Law School Commencement Address, May 2015. Available at https://law.yale.edu/system/files/area/department/studentaf-fairs/document/markovitscommencementrev.pdf (accessed August 31, 2018).
134. Marx, Karl. 1965. *Pre-Capitalist Economic Formations,* trans. Jack Cohen. New York: International Publishers.
135. Marx, Karl. 1973. *Grundrisse: Foundations of the Critique of Political Economy,* trans. Martin Nicolaus. London: Penguin.
136. Marx, Karl. 2007. *Dispatches for the New York* Tribune: *Selected Journalism of Karl Marx,* ed. James Ledbetter. London: Penguin.
137. Mason, Paul. 2016. *Postcapitalism: A Guide to Our Future.* New York: Farrar, Straus and Giroux.
138. Mazower, Mark. 2012. *Governing the World: The History of an Idea.* New York: Penguin.
139. Meade, James. 1964. *Efficiency, Equality, and the Ownership of Property.* London: Allen and Unwin.
140. Merette, Sarah. 2013. "Preliminary Analysis of Inequality in Colonial Tonkin and Cochinchina." Unpublished manuscript, June.

141. Milanovic, Branko. 1989. *Liberalization and Entrepreneurship: Dynamics of Reform in Socialism and Capitalism.* Armonk, NY: M. E. Sharpe.

142. Milanovic, Branko. 2005. *Worlds Apart: Measuring International and Global Inequality.* Princeton, NJ: Princeton University Press.

143. Milanovic, Branko. 2011. "A Short History of Global Inequality: The Past Two Centuries." *Explorations in Economic History* 48(4): 494-506.

144. Milanovic, Branko. 2012. "Global Inequality Recalculated and Updated: The Effect of New PPP Estimates on Global Inequality and 2005 Estimates." *Journal of Economic Inequality* 10(1): 1-18.

145. Milanovic, Branko. 2015. "Global Inequality of Opportunity: How Much of Our Income Is Determined by Where We Live?" *Review of Economics and Statistics* 97(2): 452-460.

146. Milanovic, Branko. 2016. *Global Inequality: A New Approach for the Age of Globalization.* Cambridge, MA: Belknap Press of Harvard University Press.

147. Milanovic, Branko. 2017. "Increasing Capital Income Share and Its Effect on Personal Income Inequality." In *After Piketty: The Agenda for Economics and Inequality,* ed. Heather Boushey, J. Bradford DeLong, and Marshall Steinbaum. Cambridge, MA: Harvard University Press.

148. Mill, John Stuart. 1975. *Three Essays.* Oxford: Oxford University Press.

149. Moene, Kalle. 2016. "The Social Upper Class under Social Democracy." *Nordic Economic Policy Review* 2: 245-261.

150. Novokmet, Filip, Thomas Piketty, and Gabriel Zucman. 2017. "From Soviets to Oligarchs: Inequality and Property in Russia 1905-2016." WID.world Working Paper Series 2017/9, July. Published 2018 in *Journal of Economic Inequality* 16(2): 189-223.
151. OECD. 2011. *Divided We Stand: Why Inequality Keeps Rising*. Paris: OECD Publishing.
152. Offer, Avner. 1989. *The First World War: An Agrarian Interpretation.* Oxford: Oxford University Press.
153. Offer, Avner, and Daniel Söderberg. 2016. *The Nobel Factor: The Prize in Economics, Social Democracy, and the Market Turn.* Princeton, NJ: Princeton University Press.
154. Okonjo-Iweala, Ngozi. 2018. *Fighting Corruption Is Dangerous: The Story behind the Headlines*. Cambridge, MA: MIT Press.
155. Orléan, André. 2011. *L'empire de la valeur: refonder l'économie.* Paris: Seuil.
156. Overbeek, Hans. 2016. "Globalizing China: A Critical Political Economy Perspective on China's Rise." In *Handbook of Critical International Political Economy: Theories, Issues and Regions,* ed. Alan Cafruny, Leila Simona Talani, and Gonzalo Pozo-Martin, 309-329. London: Palgrave Macmillan.
157. Pareto, Vilfredo. 1935. *The Mind and Society,* vol. 4 [*Trattato di Sociologia Generale*]. New York: Harcourt Brace.
158. Pei, Minxin. 2006. *China's Trapped Transition.* Cambridge, MA: Harvard University Press.
159. Pei, Minxin. 2016. *China's Crony Capitalism.* Cambridge, MA: Harvard University Press.
160. Piketty, Thomas. 2014. *Capital in the Twenty-First Century,* trans. Arthur Goldhammer. Cambridge, MA: Harvard University Press.

161. Piketty, Thomas, Li Yang, and Gabriel Zucman. 2017. "Capital Accumulation, Private Property and Rising Inequality in China, 1978-2015." WID.world Working Paper Series 2017/6, April. https://wid.world/document/t-piketty-l-yang-and-g-zucman-capital-accumulation-private-property-and-inequality-in-china-1978-2015-2016/.

162. Piketty, Thomas, and Emmanuel Saez. 2003. "Income Inequality in the United States, 1913-1998." *Quarterly Journal of Economics* 118(1): 1-39.

163. Piñera, José. 2016. "President Clinton and the Chilean Model." Cato Policy Report, Cato Institute, Washington, DC, January/February. https://www.cato.org/policy-report/januaryfebruary-2016/president-clinton-chilean-model.

164. Pomeranz, Kenneth. 2000. *The Great Divergence: China, Europe and the Making of the Modern World Economy.* Princeton NJ: Princeton University Press.

165. Pomfret, Richard. 2018. "The Eurasian Landbridge: Linking Regional Value Chains." *VoxEU,* CEPR Policy Portal, Centre for Economic Policy Research, London, May 1. https://voxeu.org/article/eurasian-landbridge-linking-regional-value-chains.

166. Popper, Karl. (1957) 1964. *The Poverty of Historicism.* New York: Harper and Row.

167. Rajan, Raghuram G., and Arvind Subramanian. 2005. "Aid and Growth: What Does the Cross Country Evidence Really Show?" NBER Working Paper 11513, National Bureau of Economic Research, Cambridge, MA, February, rev. 2007.

168. Rawls, John. 1971. *A Theory of Justice.* Cambridge, MA: Belknap Press of Harvard University Press.

169. Rawls, John. 1999. *The Law of Peoples.* Cambridge, MA: Harvard University Press.

170. Raworth, Kate. 2018. *Doughnut Economics: Seven Ways to Think Like a 21st Century Economist.* White River Junction, VT: Chelsea Green.

171. Ray, Debraj. 2014. "Nit-Piketty: A Comment on Thomas Piketty's *Capital in the Twenty-First Century*." Unpublished manuscript, May 25, https://www.econ.nyu.edu/user/debraj/Papers/Piketty.pdf.

172. Rognlie, Matthew. 2015. "Deciphering the Fall and Rise in the Net Capital Share: Accumulation or Scarcity?" Brookings Papers on Economic Activity, Spring. https://www.brookings.edu/wp-content/uploads/2016/07/2015a_rognlie.pdf.

173. Rotman, David. 2015. "Who Will Own the Robots?" MIT Technology Review, June 16. https://www.technologyreview.com/s/538401/who-will-own-the-robots/.

174. Samuelson, Paul. 1976. *Economics.* New York: McGraw Hill.

175. Sapio, Flora. 2010. *Sovereign Power and the Law in China.* Leiden: Brill.

176. Sapir, André. 1980. "Economic Growth and Factor Substitution: What Happened to the Yugoslav Miracle?" *Economic Journal* 90(358): 294-313.

177. Sawhill, Isabel. 2017. "Post-Redistribution Liberalism." *Democracy: A Journal of Ideas* 46, Fall.

178. Schäfer, Armin. 2017. "How Responsive Is the German Parliament?" Blog post, July 26. http://www.armin-schaefer.de/en/how-responsive-is-the-german-parliament/.

179. Shiroyama, Tomoko. 2008. *China during the Great Depression: Market, State, and the World Economy, 1929-1937.* Cambridge, MA: Harvard University Asia Center.

180. Solimano, Andres. 2018. "Global Mobility of the Wealthy and Their Assets in an Era of Growing Inequality." Paper presented at the Investment Migration Council (IMC) Forum, Geneva, June 4-6.
181. Stamp, Josiah. 1926. "Inheritance as an Economic Factor." *Economic Journal* 36(143): 339-374.
182. Standing, Guy. 2017. *Basic Income: And How We Can Make It Happen.* New York: Penguin.
183. Stewart, Matthew. 2018. "The 9.9% Is the New American Aristocracy," *Atlantic,* June. (Published with the title "The Birth of a New American Aristocracy.")
184. Swedberg, Richard, ed. 1991. *The Economics and Sociology of Capitalism.* Princeton, NJ: Princeton University Press.
185. Sweezy, Paul. 1953. *The Present as History.* New York: Monthly Review Press.
186. Taleb, Nassim Nicholas. 2007. *The Black Swan: The Impact of the Highly Improbable.* New York: Random House.
187. Taleb, Nassim Nicholas. 2018. *Skin in the Game: Hidden Asymmetries in Daily Life.* New York: Random House.
188. Thomas, Vinod, Yan Wang, and Xibo Fan. 2001. "Measuring Education Inequality—Gini Coefficients of Education." Policy Research Working Paper No. WPS 2525, World Bank, Washington, DC, January. http://documents.worldbank.org/curated/en/361761468761690314/pdf/multi-page.pdf.
189. Tinbergen, Jan. 1975. *Income Distribution: Analysis and Policies.* Amsterdam: North-Holland.
190. Tooze, Adam. 2014. *Deluge: The Great War, America and the Remaking of the Global Order, 1916-1931.* New York: Penguin.
191. Torgler, Benno, and Marco Piatti. 2013. "Extraordinary Wealth, Globalization, and Corruption." *Review of Income and Wealth* 59(2): 341-359.

192. Tucker, Robert C., ed. 1978. *The Marx-Engels Reader,* 2nd ed. New York: Norton.

193. van der Pijl, Kees. 2012. "Is the East Still Red? The Contender State and Class Struggles in China." *Globalizations* 9(4): 503-516.

194. van der Weide, Roy, and Ambar Narayan. 2019. "China versus the United States: Different Economic Models but Similarly Low Levels of Socio-economic Mobility." Unpublished manuscript.

195. van Parijs, Philippe, and Yannick Vanderborght. 2017. *Basic Income: A Radical Proposal for a Free Society and a Sane Economy.* Cambridge, MA: Harvard University Press.

196. van Zanden, Jan-Luiten, Joerg Baten, Peter Foldvari, and Bas van Leeuwen. 2014. "The Changing Shape of Global Inequality, 1820-2000: Exploring a New Dataset." *Review of Income and Wealth* 60(2): 279-297.

197. Veyne, Paul. 2001. *La sociétéromaine.* Paris: Seuil.

198. Vonyó, Tamas. 2017. "War and Socialism: Why Eastern Europe Fell Behind between 1950 and 1989." *Economic History Review* 70(1): 248-274.

199. Vries, Peer. 2013. *Escaping Poverty: The Origins of Modern Economic Growth.* Göttingen: V & R Unipress.

200. Wang Fan-hsi. 1991. *Memoirs of a Chinese Revolutionary,* trans. Gregor Benton. New York: Columbia University Press.

201. Wang Hui. 2003. "Contemporary Chinese Thought and the Question of Modernity (1997)." In Wang, *China's New Order,* ed. Theodore Huters. Cambridge, MA: Harvard University Press.

202. Warren, Bill. 1980. *Imperialism: Pioneer of Capitalism,* ed. John Sender. London: New Left Books.

203. Weber, Max. 1978. *Economy and Society,* ed. Guenther Roth and Claus Wittich. Berkeley: University of California Press.

204. Weber, Max. 1992. *The Protestant Ethic and the Spirit of Capitalism,* trans. Talcott Parsons. Reprint. London: Routledge.

205. Weitzman, Martin, and Colin Xu. 1993. "Chinese Township Village Enterprises as Vaguely Defined Cooperatives." CEP Discussion Paper no. 155, Centre for Economic Performance, London School of Economics and Political Science, June. http://cep.lse.ac.uk/pubs/download/DP0155.pdf.

206. Wesseling, H. L. 1996. *Divide and Rule: The Partition of Africa, 1880-1914,* trans. Arnold J. Pomerans. Westport, CT: Praeger.

207. Wihtol de Wenden, Catherine. 2010. *La question migratoire au XXI siècle: migrants, réfugiés et relations internationales.* Paris: Presses de Sciences Po.

208. Wolff, Edward N. 2017. *A Century of Wealth in America.* Cambridge, MA: Harvard University Press.

209. Wootton, David. 2018. *Power, Pleasure, and Profit: Insatiable Appetites from Machiavelli to Madison.* Cambridge, MA: Belknap Press of Harvard University Press.

210. World Bank. 2011. *Inside Inequality in the Arab Republic of Egypt: Facts and Perceptions across People, Time, and Space.* Report No. 86473. Washington, D.C. http://documents.worldbank.org/curated/en/707671468247494406/pdf/864730PUB0ISBN00Box385175B00PUBLIC0.pdf.

211. World Bank. 2017. "China: Systematic Country Diagnostic: Towards a More Inclusive and Sustainable Development." Report No. 113092, Washington DC. http://documents.worldbank.org/curated/en/147231519162198351/pdf/China-

SCD-publishing-version-final-for-submission-02142018.pdf.

212. World Bank. 2019. *The Changing Nature of Work.* World Development Report 2019. http://pubdocs.worldbank.org/en/816281518818814423/2019-WDR-Concept-Note.pdf.

213. *World Inequality Report 2018,* coordinated by Facunto Alvaredo, Lucas Chancel, Thomas Piketty, Emmanuel Saez, and Gabriel Zucman. Paris, December 2017.

214. Wu, Guoyou. 2015. *The Period of Deng Xiaoping's Reformation.* Beijing: Xinhua Publishing House/Foreign Language Press.

215. Wu, Ximing, and Jefrey Perlof. 2005. "China's Income Distribution, 1985-2001." *Review of Economics and Statistics* 87(4): 763-775.

216. Xia, Ming. 2000. *The Dual Developmental State: Development Strategy and Institutional Arrangements for China's Transition.* Aldershot, UK: Ashgate.

217. Xie, Chuntao. 2016. *Fighting Corruption: How the CPC Works.* Beijing: New World Press.

218. Xie, Yu, and Xiang Zhou. 2014. "Income Inequality in Today's China." *Proceedings of the National Academy of Sciences* 111(19): 6928-6933.

219. Xu Chenggang. 2011. "The Fundamental Institutions of China's Reforms and Development." *Journal of Economic Literature* 49(4): 1076-1151.

220. Yang, Li, Filip Novokmet, and Branko Milanovic. 2019. "From Workers to Capitalists in Less than Two Generations: A Study of Chinese Urban Elite Transformation between 1988 and 2013." Unpublished manuscript.

221. Yonzan, Nishant. 2018. “Assortative Mating and Labor Income Inequality: United States 1970-2017.” Unpublished manuscript.

222. Yonzan, Nishant, Branko Milanovic, Salvatore Morelli, and Janet Gornick. 2018. “Comparing Top Incomes between Survey and Tax Data: US Case Study.” LIS “Inequality Matters” Newsletter, Issue 6, pp. 10-11, LIS Cross-National Data Center in Luxembourg, June. https://www.lisdatacenter.org/newsletter/nl-2018-6-h-4/.

223. Zhang, Yi, and Ran Wang. 2011. “The Main Approach of the Proposed Integrated Household Survey of China.” Paper presented at the 4th meeting of the Wye City Group on Statistics of Rural Development and Agriculture Household Income, Rio de Janeiro, November 9-11.

224. Zhao Ziyang. 2009. *Prisoner of the State*. New York: Simon and Schuster.

225. Zhuang Juzhong and Li Shi. 2016. “Understanding Recent Trends in Income Inequality in the People’s Republic of China.” ADB Economics Working Paper Series, No. 489, Asian Development Bank, July. https://www.adb.org/publications/understanding-recent-trends-income-inequality-prc.

226. Zucman, Gabriel. 2013. “The Missing Wealth of Nations: Are Europe and the U.S. Net Debtors or Net Creditors?” *Quarterly Journal of Economics* 128(3): 1321-1364.

227. Zucman, Gabriel. 2015. *The Hidden Wealth of Nations: The Scourge of Tax Havens,* trans. Teresa Lavender Fagan. Chicago: University of Chicago Press.

謝詞

寫書如同許多其他活動，大功告成後就難以回想其細節。對於書的最初靈感來源、想法的演變、放棄、修改歷程、寫作的過程、書寫的內容，作者通常只有依稀記憶。每次草稿完成後，我都有同樣的感覺：這本書幾乎是靠奇蹟才寫成的。

然而對於本書，我記得在二〇一七年夏天的倫敦，和哈佛大學出版社（Harvard University Press）編輯伊恩．麥爾坎（Ian Malcolm）對談時，想到本書的架構。麥爾坎也成為本書的編輯。在那之前，我曾想過要寫一本短篇幅的書探討共產主義在全球歷史中的定位，但在倫敦和麥爾坎共進午餐時，我才想到其實可以把這個想法與其他的寫作想法進行結合。對於共產主義歷史定位的重新詮釋，便寫入本書第三章。

本書第三章探討政治資本主義與中國，曾接受以下人士的閱評（依字母順序）：米夏．阿朗達倫科（Misha Arandarenko）、克里斯多福・甘納遜（Christer Gunnarsson）、拉維・坎布（Ravi Kanbur）、馬德斌、卡列・莫內（Kalle Moene）、馬力歐・努提（Mario Nuti）、亨克・歐弗比克（Henk Overbeek）、馬辛・皮亞科夫斯基（Marcin Piatkowski）、羅伯茲、約翰・羅美（John Roemer）、巴斯・凡・巴維爾（Bas van Bavel）、富瑞斯、李陽、卡拉・尤瑪托（Carla Yumatle，她也曾為第五章提供評論）。

第二章探討自由菁英資本主義及美國，曾接受以下人士的閱評（同樣依字母順序）：阿朗達倫科、安德烈亞・卡普希拉（Andrea Capussela）、安格斯・迪頓（Angus Deaton）、薩爾達多列・莫列里（Salvatore Morelli）、尼爾斯・普列諾（Niels Planel）、羅美、保羅・西加（Paul Segal，他也曾為第一章提供評論）、馬歇爾・史坦包姆（Marshall Steinbaum）。

他們的評論使我受益良多，每一則評論我仔細讀過，希望夠仔細。

我也很感謝裴敏欣、皮亞科夫斯基、尼尚・永讚（Nishant Yonzan）、張春霖願意提供各項數據及為發表的計算結果。我也曾和格蘭・威爾（Glen Weyl）討論書的架構。

整份草稿經過兩名優秀的審稿人評閱，他們的建議我基本上是全盤接受。第一位當然是麥爾坎，他提供許多最寶貴的批評與改善建議。如同前一本書，路易斯・羅賓斯（Louis Robbins）再次替我進行優質的編輯，並一針見血質疑我的論述。安・麥奎爾（Anne McGuire）檢查所有參考文獻。我由衷感謝他們。

本書草稿也另受兩位傑出的不平等學者評閱（他們提出請求）：傑米・加爾布雷斯（Jamie Galbraith）與湯瑪斯・皮凱提（Thomas Picketty）。我也非常感謝他們對我的書有興趣。

本書撰寫期間，我在紐約市立大學研究生中心（Graduate Center, City University of New York）教書，並在史東社會經濟不平等研究中心（Stone Center on Socio-Economic Inequality）內和珍娜・哥尼克（Janet Gornick）密切合作。一如往常，珍娜的支持與協助對我而言非常重要。我遠行時，必定將最新的草稿留給珍娜：我知道如果我遭遇什麼不測，珍娜一定會將我的草稿出版。我也很感謝珍娜和研究生中心允許我在寫書的部分期間進行學術休假。

如同以往，我很感謝我的妻子，以及（現今）兩位成年的兒子。本書第五章所論之未來展望，他們此生將會目睹。

BA8023

只有資本主義的世界

原文書名／Capitalism, Alone: The Future of the System That Rules the World
作　　者／布蘭科·米蘭諾維奇（Branko Milanovic）
譯　　者／陳松筠、孔令新
編輯協力／林嘉瑛
責任編輯／鄭凱達
版　　權／黃淑敏
行銷業務／莊英傑、周佑潔、王　瑜、黃崇華

國家圖書館出版品預行編目（CIP）資料

只有資本主義的世界／布蘭科·米蘭諾維奇（Branko Milanovic）著；陳松筠、孔令新譯. -- 初版. -- 臺北市：商周出版：家庭傳媒城邦分公司發行, 2020.06
面；　公分
譯自：Capitalism, alone : the future of the system that rules the world
ISBN 978-986-477-842-3（平裝）
1. 資本主義　2. 全球化　3. 國際經濟關係
550.187　　109005899

總　編　輯／陳美靜
總　經　理／彭之琬
事業群總經理／黃淑貞
發　行　人／何飛鵬
法律顧問／台英國際商務法律事務所　羅明通律師
出　　版／商周出版
臺北市104民生東路二段141號9樓
電話：(02) 2500-7008　傳真：(02) 2500-7759
E-mail: bwp.service @ cite.com.tw
發　　行／英屬蓋曼群島商家庭傳媒股份有限公司　城邦分公司
臺北市104民生東路二段141號2樓
讀者服務專線：0800-020-299　24小時傳真服務：(02) 2517-0999
讀者服務信箱E-mail: cs@cite.com.tw
劃撥帳號：19833503　戶名：英屬蓋曼群島商家庭傳媒股份有限公司城邦分公司
訂購服務／書虫股份有限公司客服專線：(02) 2500-7718；2500-7719
服務時間：週一至週五上午09:30-12:00；下午13:30-17:00
24小時傳真專線：(02) 2500-1990；2500-1991
劃撥帳號：19863813　戶名：書虫股份有限公司
E-mail: service@readingclub.com.tw
香港發行所／城邦（香港）出版集團有限公司
香港灣仔駱克道193號東超商業中心1樓
電話：(852) 2508-6231　傳真：(852) 2578-9337
馬新發行所／城邦（馬新）出版集團
Cite (M) Sdn. Bhd.
41, Jalan Radin Anum, Bandar Baru Sri Petaling, 57000 Kuala Lumpur, Malaysia.
電話：(603) 9057-8822　傳真：(603) 9057-6622　E-mail: cite@cite.com.my

封面設計／廖勁智
印　　刷／鴻霖印刷傳媒股份有限公司
經　銷　商／聯合發行股份有限公司　電話：(02) 2917-8022　傳真：(02) 2911-0053
地址：新北市新店區寶橋路235巷6弄6號2樓

■2020年6月4日初版1刷　　Printed in Taiwan

CAPITALISM, ALONE: The Future of the System That Rules the World by Branko Milanovic
Copyright © 2019 by the President and Fellows of Harvard College
Published by arrangement with Harvard University Press through Bardon-Chinese Media Agency
Complex Chinese translation copyright © 2020 by Business Weekly Publications, a division of Cité Publishing Ltd.
ALL RIGHTS RESERVED

定價450元
ISBN 978-986-477-842-3

版權所有・翻印必究

城邦讀書花園
www.cite.com.tw